国家社科基金项目(16BMZ105)结项成果

我国西南地区生计转型农户城镇化融入能力提升研究

黄利民　刘成武　著

气象出版社
China Meteorological Press

内容简介

本书在分析农户生计转型与城镇化融入的理论关系的基础上，基于我国西南地区6个省（区、市）的1635个农户的家庭基本状况、生计状况、城镇化情况对生计转型的影响的调查，构建农户城镇化融入能力测度模型，从融入过程和融入维度两个侧面分别测度村组多元型、乡镇多元型、外出务工型、外出创业型农户的城镇化融入能力，同时结合精准扶贫政策分析影响农户城镇化融入的因素，提出提升农户城镇化融入能力的策略。

本书适用于从事农村经济、土地经济、城镇化等方面的教学、科研人员及行政管理工作人员阅读，也可作为相关专业研究生的参考用书。

图书在版编目（CIP）数据

我国西南地区生计转型农户城镇化融入能力提升研究/黄利民，刘成武著. -- 北京：气象出版社，2023.5
ISBN 978-7-5029-7977-5

Ⅰ．①我… Ⅱ．①黄… ②刘… Ⅲ．①农户－城市化－研究－西南地区 Ⅳ．①C924.247

中国国家版本馆CIP数据核字（2023）第094728号

我国西南地区生计转型农户城镇化融入能力提升研究
WOGUO XINAN DIQU SHENGJI ZHUANXING NONGHU CHENGZHENHUA RONGRU NENGLI TISHENG YANJIU

黄利民　刘成武　著

出版发行：气象出版社	
地　　址：北京市海淀区中关村南大街46号	邮政编码：100081
电　　话：010-68407112（总编室）　010-68408042（发行部）	
网　　址：http://www.qxcbs.com	E-mail：qxcbs@cma.gov.cn
责任编辑：蔺学东　王聪	终　　审：张斌
责任校对：张硕杰	责任技编：赵相宁
封面设计：艺点设计	
印　　刷：北京中石油彩色印刷有限责任公司	
开　　本：787 mm×1092 mm　1/16	印　　张：9.75
字　　数：260千字	
版　　次：2023年5月第1版	印　　次：2023年5月第1次印刷
定　　价：80.00元	

本书如存在文字不清、漏印以及缺页、倒页、脱页等，请与本社发行部联系调换。

前 言

四十多年来,我国处于城镇化快速发展时期,城镇化数量和质量逐年上升,但不同区域城镇化水平差别较大,少数民族地区明显低于其他地区。城镇化新增人口中,生计转型农户是主力军,但由于农民工文化水平、非农就业能力、子女受教育限制、医疗社保、农地宅基地问题等一系列原因,生计转型农户城镇化融入不稳定、不全面。在这种背景下,本书瞄准我国西南地区生计转型农户的城镇融入问题,在分析农户生计转型与城镇化融入的理论关系的基础上,基于6省8县(市)1635个少数民族农户家庭的调查数据,采用相关分析、回归模型、结构方程模式等方法,区分了农户生计转型的方向和类型,测度与评价了生计转型农户的城镇化融入能力,剖析了农户生计转型与城镇化融入的内在关系,分析了精准扶贫对农户城镇化融入能力的影响,提出了西南地区生计转型农户城镇化融入能力提升的路径与策略。主要包括以下几个部分。

第一部分是农户生计转型与城镇化融入关系的基础理论。农户生计转型是一种农户生计方式发生变化的过程,并通过农户的不同生计类型反映出来。农户城镇化融入是我国新型城镇化过程中迁入城镇的农户家庭对城镇的适应过程,农户城镇化融入能力是农户家庭适应城市生活、城市社会的一系列能力。从城镇化融入过程来看,农户城镇化融入能力包括退出农村、进入城镇与融入城镇的能力;从城镇化融入维度来看,农户城镇化融入能力包括经济融入、文化融入与社会融入的能力。城镇化促进区域经济发展,增强区域非农劳动力接纳能力,为农户生计转型提供出路和渠道,而生计转型农户是城镇化发展的主要劳动力来源,农户生计的类型、转型生计的稳定性和收入水平影响其城镇化的意愿;农户生计转型的非农化和多样化程度不仅影响其自身城镇化经济能力,还从经济发展、科技支撑、生态环保和协调共享等方面影响区域城镇化发展质量。

第二部分是西南地区农户生计转型的特征及原因。研究区农户的生计目前存在纯农型、村组多元型、县镇多元型、外出务工型与外出创业型五种类型,后四种为生计转型农户;随着非农化程度的加深,农户人力资本和金融资本增加,以价值量衡量的物质资本增加,但可利用的自然资本和感知的社会资本减少。人力资本、金融资本、用价值量衡量的物质资本对农户非农生计的选择存在正向影响,自然资本、社会资本对农户非农生计的选择存在负向影响。西南民族地区农户生计方式非农化明显,其中外出型生计占比趋于稳定,村组、县镇多元型生计是目前的主流生计方式,且随着经济的发展,在本县就地就近的具体就业行业不断调整。

第三部分是对生计转型农户的城镇化融入能力测度与评价。外出创业型、县镇多元型、外出务工型、村组多元型农户基于融入过程的城镇化能力分别为0.6702、0.5820、0.5475、0.3508,基于融入维度的城镇化能力分别为0.6344、0.5335、0.4684、0.4515,不同类型农户基于城镇化融入过程和维度的城镇化能力变化趋势相同,均是外出创业型农户最强,县镇多元型农户第二,外出务工型农户第三,村组多元型农户最弱。同一类型农户在不同视角下的城镇化融入能力存在差异,村组多元型农户基于融入维度的城镇化能力值更大,县镇多元型农户基于过程和维度的城镇化能力基本相同,外出务工型农户基于过程的城镇化能力值更大,外出创业型农户基于过程的城镇化能力值稍大。

第四部分是对农户的城镇化意愿、城镇化融入能力的关键影响因素进行分析。在城镇化意愿上,家庭经济基础和可持续生计能力对纯农型农户影响显著;家庭人均年收入、劳动力年龄和受教育程度对村组多元型农户影响显著;县镇多元型农户除受家庭人均年收入、劳动力年龄和受教育程度因素影响外,还受城市接纳度等社会融入因素影响;外出务工型农户最关心的是子女入学、城市落户、生活习惯与民族文化的适应度等因素;外出创业型农户一般城镇化意愿较强,乡村情结是重要的负向影响因素。随着生计转型程度的加深,农户更关注社会因素和文化因素。在城镇化融入能力上,村组多元型农户的关键影响因素是职业类型和可持续非农生计能力;县镇多元型农户的关键影响因素是劳动力受教育程度和城市房价;外出务工型农户的关键影响因素是社保、子女入学、城市房价、对城市文化生活的适应性;外出创业型农户的关键影响因素是乡村情结。

第五部分研究精准扶贫和农户城镇化融入能力的关系。精准扶贫和城镇化发展相互影响,城镇化发展可提升和巩固精准扶贫成效,精准扶贫可通过提升农户城镇化融入能力促进城镇化发展,基于结构方程模型的精准扶贫成效影响农户城镇化融入能力分析较好地解析了其影响路径。精准扶贫成效对农户城镇化的经济适应能力、社会身份适应能力和文化认同能力均存在正向的直接或间接影响。其中,对农户经济适应能力的直接效应为 0.330,对农户社会身份适应能力的直接和间接效应分别为 0.585 和 0.097,对农户文化认同能力的间接效应为 0.378。

第六部分提出了提升西南地区农户城镇化融入能力的策略。在农户城镇化过程中,深化户籍制度改革和消除附着于户籍上的利益和歧视,完善宅基地和农地制度改革并为生计转型农户留后路,完善集体经营性建设用地收益分配制度和保障生计转型农户收益,可减少进城的风险,提升农户离村的经济能力;加大基础教育投入和提高职业教育的针对性、实用性,提高农户素质和非农职业适应能力,可提升农户的进城能力;扩大城市公共服务和文化容量,优化城市住房政策,保障进城农户在城市的基本生活需求,并尊重他们的民风民俗,可提升农户的融入城镇能力。对于不同类型农户可分类施策,利用地区资源优势振兴乡村经济是提升村组多元型农户城镇化能力的策略;加大区域协作力度并坚定地走可持续发展之路是振兴县域经济、提升县镇多元型农户城镇化融入能力的路径;而提升外出务工型农户的城镇化融入能力,一方面要引导外出务工型农户转化为县镇多元型农户;另一方面要改革城市基本公共服务政策,完善地区金融扶持体系并破解农户创业资金短缺困境,建立农村创业人才培育体系并保障农村创业人才有效供给,打造"三农"综合服务平台和消除农户创业后顾之忧,是支持农户创新创业和完全融入城镇的政策和措施。

本书是国家社科基金项目"民族地区生计转型农户城镇化融入能力提升研究"的研究成果,感谢国家社科基金委的资助,同时也感谢中南民族大学对本书出版的资助。课题研究过程中,中南民族大学本科生张梦霞、张晴、王三红、袁嘉诚、梁佳伟、吴观露、梁倩、杨盼盼、杨梦思、张新立,硕士研究生谢佳铭、郭元武、秦颖淳等同学参与了田野调查工作,硕士研究生陈宇达、张玲凤同学参与了项目的研究工作。对他们的付出一并感谢。

由于作者水平有限,书中难免有疏漏及不足之处,敬请读者批评指正。

著者
2023 年 5 月

目 录

前言

第一章 绪论 1
 一、研究背景及意义 1
 二、国内外研究进展分析 4
 三、研究目标与主要研究内容 15
 四、研究思路与研究方法 16
 五、研究特色与创新之处 18

第二章 农户生计转型与城镇化融入关系的基础理论 19
 一、农户生计转型相关理论 19
 二、城镇化的相关理论 24
 三、新型城镇化与民族地区农户生计转型的理论关系 37
 四、精准扶贫与农户生计转型及城镇化融入能力提升的理论关系 ... 41
 五、本章小结 44

第三章 西南地区农户生计转型的特征及原因 46
 一、研究数据来源 46
 二、研究区社会经济发展状况及制约因素 47
 三、研究区农户生计类型及其生计资本构成 52
 四、西南地区农户生计转型特征 60
 五、农户生计选择的影响因素分析 61
 六、本章小结 66

第四章 生计转型农户的城镇化融入能力测度与评价 67
 一、生计转型农户城镇化融入现状 67
 二、基于过程的农户城镇化融入能力测度 74
 三、基于融入维度的农户城镇化能力测度 84
 四、农户城镇化融入能力测度结果比较分析 93
 五、本章小结 95

第五章 农户生计转型与城镇化融入能力关系研究 96
 一、城镇化过程中农户生计方式转型 96
 二、农户生计方式变化对城镇化意愿的影响 102
 三、农户生计资本对城镇化融入能力的影响 107
 四、本章小结 111

第六章　精准扶贫对农户城镇化融入能力的影响分析 ·················· 112
  一、精准扶贫影响农户城镇化融入能力的理论分析 ·················· 112
  二、精准扶贫工作成效的测度 ······································ 113
  三、构建精准扶贫影响农户城镇化融入能力的结构方程模型 ········· 115
  四、模型拟合评价与修正 ·· 118
  五、精准扶贫影响农户城镇化融入能力的结构方程模型结果分析 ····· 123
  六、本章小结 ··· 124

第七章　西南地区农户城镇化融入能力提升的途径与策略 ·············· 126
  一、生计转型农户城镇化的路径和障碍 ······························ 126
  二、基于生计类型的农户城镇化融入能力提升策略 ··················· 127
  三、加速推进农户城镇化过程的策略 ································ 131
  四、本章小结 ··· 133

第八章　结语与展望 ·· 135

参考文献 ··· 136

附录：农户生计与城镇化能力调查问卷 ······························ 147

第一章 绪 论

一、研究背景及意义

(一)研究背景

1. 我国仍处于城镇化快速发展时期

1949年中华人民共和国成立时,城镇化水平为10.64%,1949—1958年,我国城镇化处于起步和正常发展阶段,1958年城镇化率为16.25%;1958—1976年,由于知青上山下乡等原因,城镇化处于调整和停滞阶段,1976年城镇化率为17.44%;1977年开始,随着知青返城、改革开放,国家经济开始恢复,工业化发展加速,城镇化处于快速发展阶段,如图1-1所示,1977—1994年城镇化率年均增长0.61%,1994—2013年年均增长率为1.26%,2014—2019年年均增长率为1.17%。

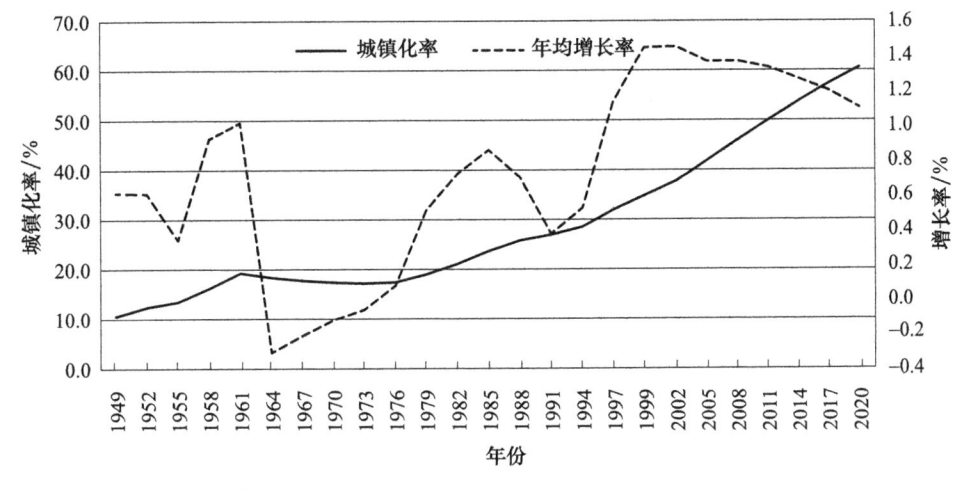

图1-1 1949—2019年中国城镇化率及其年均增长率

(数据来源:国家统计局)

2014年以来,随着新型城镇化发展策略实施,城镇化速度略有放缓,年均1.17%的增长率相当于年均新增城镇人口1985.4万人,同时城镇化质量显著提高,户籍城镇化率与常住人口城镇化率的差距逐渐缩小。依据Northam(1979)的城市发展阶段理论,城镇化水平在60%~70%为城镇化水平急剧上升的加速阶段和城镇化水平较高且发展平缓的最终阶段的分界点,我国2019年城镇化率为60.60%,比2018年增加1.10%,增加城镇人口1706万人,所以目前我国依然处于城镇化快速发展时期,且越来越重视城镇化发展质量。

2. 我国西南地区城镇化水平明显低于其他地区

依据各省(区、市)所在的地理区域,可将我国除港澳台外的31个省(区、市)分成7个地区,各地区2019年城镇化率如表1-1所示,华南地区最高,为66.12%;西南地区最低,为50.00%。

表 1-1　2019 年中国各地区常住人口城镇化率　　　　　　　　　　　％

地区	包含省(区、市)	城镇化率
华南地区	广东、海南、广西	66.12
华东地区	上海、江苏、浙江、福建、山东、安徽	66.10
华北地区	北京、天津、山西、河北、内蒙古	65.06
东北地区	辽宁、黑龙江、吉林	63.32
华中地区	湖北、江西、湖南、河南	57.15
西北地区	宁夏、陕西、青海、新疆、甘肃	55.03
西南地区	重庆、四川、贵州、云南、西藏	50.00
全国		60.60

数据来源:中国及省统计年鉴(2020 年)。

我国各民族在地理分布上呈现出大杂居、小聚居、相互交错居住的特点,华南、华东和华北地区以汉族为主,城镇化水平高;华中地区的湖北、湖南省西部都聚居了一定的少数民族,城镇化水平居中;西北地区的宁夏回族自治区和新疆维吾尔自治区、西南地区的西藏自治区和云南省是典型的少数民族地区,城镇化水平低;西南地区的城镇化率比华南地区低 16.12 个百分点,差距明显,可见我国西南地区的城镇化水平明显低于其他地区。

3. 生计转型农户是城镇化的重要人群

城镇人口的增加是城镇化发展的最基本特征。如图 1-2 所示,2015 年以来,中国在总人口以年均 0.46% 的速度增长的同时,城镇人口持续增加,从 2015 年到 2019 年增加了 7727 万人,年均增长率 2.5%,而同时段的乡村人口持续减少,4 年共减少了 5184 万人,说明大量乡村人口转移为城镇人口。

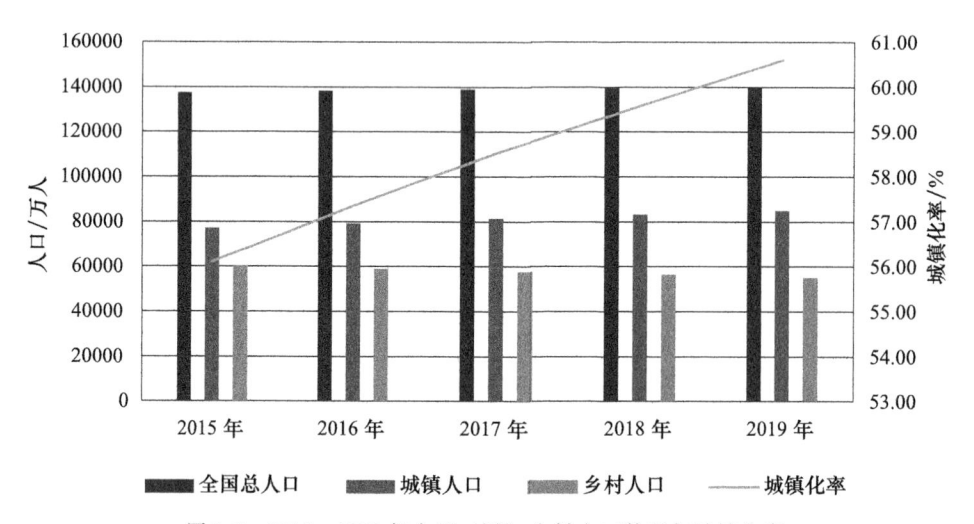

图 1-2　2015—2019 年全国、城镇、乡村人口数量与城镇化率
(数据来源:国家统计局)

农民工是中国城乡二元结构下的特殊产物,是指不从事传统农业生计而从事非农业生计的生计转型农民。农民工进城始于工业化、城镇化快速发展的 20 世纪 80 年代,为我国经济建设提供了源源不断的劳动力。如图 1-3 所示,我国近年来的农民工数量依然庞大,2019 年为 2.9 亿人,占到乡村人口的近一半。其中进城农民工数量在农民工总规模中占比稳定在

46%～50%。当进城农民工在城市通过自身的努力拼搏慢慢站稳脚跟扎根城市,逐渐完成整个家庭的市民化过程并融入城镇,就完成了真正的城镇化过程。

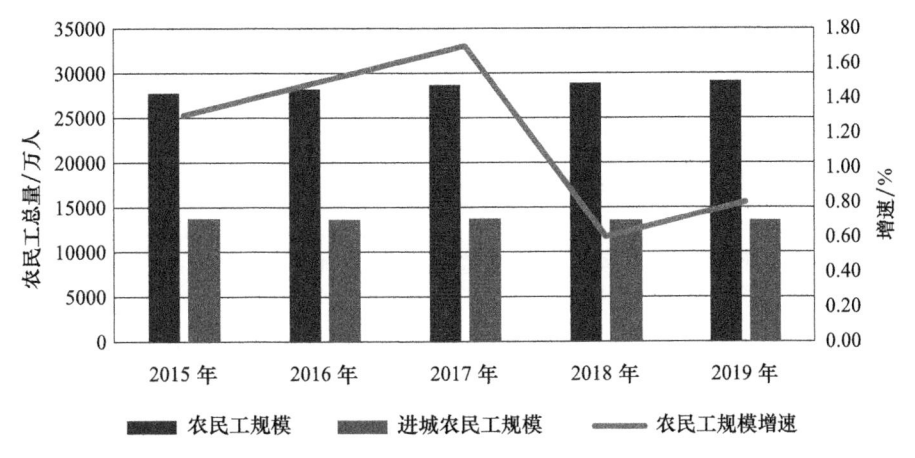

图 1-3 2015—2019 年农民工总量及增速
(数据来源:国家统计局)

总之,我国新增城镇人口的主要贡献来源是城镇迁移人口的增加,而自然人口增加的贡献一直很小。其中城镇迁移人口的增加主要来源于农村来城市务工的生计转型农户的市民化。

4. 农民工生计转型不稳定,市民化存在障碍

进城农民工与城市的关系仅限于劳动力换取经济报酬的层面上,否则被城市拒之门外,农民工实际处于"经济吸纳,社会拒入"的尴尬局面(马广海,2001),王春光(2005)也认为当前我国农民工中的大部分人处于一种生计转型不稳定的状态之中,即一种半城市化的状态,不能融入城市生活完成真正的市民化过程。总之,农民工要想真正被城市接纳,完成其市民化过程,还存在许多的障碍。

已有研究成果表明,农民工市民化存在的障碍大致可以分为主体性障碍、制度性障碍、社会性障碍和经济性障碍。主体性障碍主要包括农民工本身的素质障碍、文化障碍、认识障碍;制度性障碍主要包括城乡二元割裂的户籍制度、城乡二元劳动力市场以及僵化的土地承包制度和宅基地制度;社会性障碍主要包括传统城市的流动人口管理政策对流动人口的偏见、来自于城市居民的歧视和排斥以及农民工自身社会资本的匮乏;经济性障碍主要表现为农民工市民化过程中所需的巨大的社会成本,大多数农民工无力负担。随着相关研究的深入,一些学者开始深入关注农民工市民化的成本问题,认为表面上农民工市民化过程的上述诸多障碍的根本问题在于市民化的社会成本过高。

(二)研究意义

1. 理论意义

揭示西南地区农户生计方式的调整规律及其与城镇化之间的内在关系,探索提升西南地区生计转型农户城镇化融入能力的策略。

随着我国工业化进程的加快,农户的生计方式已出现多样化转型,单纯以农业收入为主要收入来源的农户越来越少,务工、经商、生产生活服务、乡村旅游等收入占农户总收入比例越来越大,那么农户的生计方式调整存在哪些共性特征? 主要影响因素是什么? 农户生计转型是如何影响其城镇化融入能力的? 这些问题的研究将揭示西南地区农户生计方式的调整规律及

其与城镇化之间的内在关系。新型城镇化策略的实施,虽然在一定程度上提高了我国城镇化质量,但农民工市民化依然存在着较多障碍。户籍制度改革、精准扶贫工程等均有助于生计转型农户城镇化融入能力的提升,但由于西南地区生态环境脆弱、文化习俗多样、经济发展相对落后等特殊性,少数民族农户生计方式的调整及城镇化融入能力的提升也有其特殊性。如何实现西南地区新型城镇化的健康快速发展,也是个需要研究的新课题。

本书将从理论上揭示西南地区农户生计方式的调整规律及其与城镇化之间的内在关系,探索新型城镇化过程中我国民族地区农户生计调整路径及其城镇化融入能力提升策略。

2. 实践意义

为西南地区地方政府明晰城镇化发展的道路、优化精准扶贫措施、强化生计转型农户城镇化融入能力等提供参考。

西南地区是国家生态文明建设、乡村振兴与新型城镇化发展的关键区域。农户生计方式的转型不仅事关综合扶贫工作的成败,而且在很大程度上决定农户家庭的命运,事关区域的协调发展与社会的和谐稳定。因此,在乡村振兴与精准扶贫过程中,重视农户的生计转型、强化农户生计转型过程中的可持续生计能力就显得极为重要,成为新型城镇化过程中综合扶贫的关键抓手。本书的成果将在实践中为新型城镇化过程中农户生计方式的合理调整提供技术指导,为西南地区地方政府明晰城镇化发展的道路、优化乡村振兴策略、强化生计转型农户城镇化融入能力等提供参考。

二、国内外研究进展分析

新型城镇化发展的核心是人的城镇化,本质上是传统乡村社会的解体和现代城市生活方式的传播与建构(房冠辛 等,2015),而对于城市生活方式,农户对生计转型和谋生能力表现出不自信,担心生活习惯和价值观可能一时难以适应城镇生活,对融入城镇生活比较迷茫和不安(黄文秀 等,2015)。下面围绕"西南地区生计转型农户城镇化融入能力"这一核心主题,从"农户生计转型、农户城镇化融入及农户生计转型与城镇化融入关系"三个方面对国内外的研究进行梳理。

(一)农户生计转型方面的研究进展

1. 农户的可持续生计

关于可持续生计的研究,最早在20世纪80年代和90年代,出现在致力解决贫困问题的学者 Amartya(1989)、Chambers 等(1992)的研究思想当中,他们不仅关注传统意义的收入贫困,还强调可持续发展能力的缺乏;英国国际发展署(DFID,2000)认为只有当一种生计能够应对压力,保持和加强其能力和资产,同时又不损坏自然资源基础,这种生计才是可持续的;它定义的可持续生计分析框架(SLA)包括脆弱性背景、生计资本、结构和制度的转变、生计策略和生计输出五个部分。

农户生计脆弱性指农户所面临的风险性环境,包括外部冲击、社会主要趋势以及周期性因素等(罗丞 等,2020),近年来学者们比较关注气候变化(Pandey et al.,2017;Adud et al.,2018)对农户的冲击,任威等(2020)认为农户生计脆弱性受到许多因素的影响,包括生态环境问题和气候灾害胁迫、农户受教育水平等静态因素和应对灾害的适应能力、生计多样化、生计资产的匮乏与转换能力等动态因素;安祥生等(2014)认为进城务工农户的生计脆弱性主要表现在就业不稳定。

生计资本包括人力、社会、自然、物质、金融资本(DFID,2000)五个方面,在对生计资本进行量化分析(Campbell et al.,2001)时,不同区域的具体评价指标和指标权重应有所区别,徐定德等(2015)评估了典型山区农户的生计资本,刘俊等(2019)评估了旅游地农户的生计资本,孙特生等(2018)评估了农牧民的生计资本,刘精慧等(2019)比较分析了不同类型农户的生计资本。

结构和制度的转变主要指部门组织结构以及法律、政策、文化、制度的变化对农户生计的影响,国内外学者对政策制度的变化对农户生计的影响研究较多。Simpson(2009)研究了旅游对农户生计的影响;张建等(2020)发现土地流转影响农户经济作物种植等生计多样化的决策;李金香等(2013)、杨皓等(2015)发现退耕对自然资本和物质资本有显著的正向影响;袁梁等(2017)发现精准的生态补偿政策能够提升农户的可持续生计能力;谢旭轩等(2010)的研究表明退耕还林对农户的种植业收入产生显著的负面影响,虽然外出务工收入明显增加,但退耕还林在其中发挥的直接促进作用不显著,认为不能夸大退耕还林的作用;关于精准扶贫政策对农户生计的影响,学者们的研究结果比较一致,认为精准扶贫在改善村域社会环境和提升农户生活能力方面成效显著(李明月 等,2020),对经济能力和社交能力也有显著的提升作用;产业扶贫政策显著增加了贫困户的农业种植收入、畜禽养殖收入和家庭总收入(胡晗 等,2018),但该政策对经营商业收入和家庭人均收入影响并不显著;精准扶贫对于贫困户可持续生计的提升不显著(李明月 等,2020)。

生计策略是指人们对资产利用的配置和经营活动的选择,以实现他们的生计目标。这个过程是动态的,人们随着外界环境和自身条件的变化而适时调整资产配置及组合,最终所寻求的结果即是生计输出。生计资本是农户生计策略选择的基础(苏芳 等,2009),对农民工生计策略的研究主要集中在农民工返潮、留城意愿、务工目的地的选择(高更和 等,2012)等方面;当前农户生计策略越来越多样化,关于农户生计多样化策略的原因,现有文献进行了大量研究,户主及农户家庭禀赋特征、非农业机会和工资的增加、自然环境风险、农业政策等均对农户生计多样化策略有着重要的影响(Chibwana et al.,2012)。

生计目标是生计策略最终想要达成的效果,在英国国际发展署(DFID)的可持续分析框架里面,生计目标又称之为"生计输出",两者内含基本一致,表述为"生计目标"更易于理解(Carney,1998)。汤青(2015)将生计输出定义为"生活水平提高、脆弱性降低、食物安全增加、资源利用优化"。

2. 农户生计转型的影响因素

当农户面临的自然和社会环境、拥有的生计资本或生计目标发生变化时,就会调整生计策略,该过程称为"农户生计转型"。本书研究生计转型农户的城镇化融入能力变化,关注的生计转型是从农业生计向非农生计或多元生计的转型,该类研究可概况为以下几方面。

(1)自然环境的脆弱导致的农户生计转型方面的研究

国外关于环境要素导致农户生计转型的研究以气候变化而促使农户由单一生计策略转向多元化生计策略以及由纯农型逐渐转向非农型或兼业型(Mubaya et al.,2017;Musinguzi et al.,2016)的研究为主。中国的贫困人口相对集中在自然环境恶劣、自然资源匮乏、地理位置偏僻的农村山区(汪三贵 等,2015;Mcculloch et al.,2003),而自然环境的脆弱所伴随着的生存环境恶劣、基础设施的落后等因素导致农户自然资源禀赋的缺乏,最初的自然资源禀赋很大程度上决定着农户初始生计策略的选择(张芳芳 等,2015);同时,自然环境的脆弱不时对农户造成冲击,形成风险威胁;不管是自然环境本身的资源匮乏、衍生的其他资源匮乏,还是时不时对农户造成威胁的天灾人祸,都促使着农户为了自身的资源禀赋、降低风险还是提高自身抗风险能力的考量而进行生计转型。而农户多样化生计选择和非农化倾向,不仅能够加强农户自身抵御风险的能力,反过来也会有利于脆弱生态环境的恢复。

随着社会经济的不断发展,推动着人们为了追求更好的生存发展权,摆脱恶劣的自然环境(Julián et al.,2020),普遍做法即是进行易地搬迁,而易地搬迁和生计转型往往是密不可分的。我国于2015年11月颁布的《关于打赢脱贫攻坚战的决定》提出了对于生存环境恶劣、生态环境脆弱、自然灾害多发的贫困地区人口实行易地扶贫搬迁政策,通过搬迁改善贫困人口的生存发展环境,以达到摆脱贫困及致富的目的。黎洁(2017)在对陕南避灾移民搬迁项目前后农户的生计选择和分工分业情况进行对比后,认为规避自然环境的脆弱的移民农户搬迁后的生计选择非农化倾向明显。

除了实行易地移民搬迁,改善农户生存发展环境以脱贫致富外,还有在本地自然环境发生变化后,进行生计转型尝试的案例。徐黎丽等(2017)研究了在长庆石油资源枯竭以后的村庄生计转型的个案,即在经历了石油枯竭后的发展阵痛和迷茫后,当地村民因地制宜,结合现实情况逐步实现了生计转型。

(2)政策制度的变化导致的农户生计转型方面的研究

当前国外相关领域研究者集中于土地政策、金融政策及城市发展政策对于农户生计变化的作用和影响(Michael,2020;Karen et al.,2018;Walelign,2016;Korah et al.,2018),主张政策制度设计应该系统合理,否则会对农户的生计状况及生计选择造成负面影响(Joseph et al.,2012)。

我国关于政策制度变化而导致的农户生计转型方面的研究主要集中在生态保护、易地搬迁安置、土地流转、精准扶贫和乡村振兴战略等方面。这些政策制度有时单一实施,有时同时实施。如宁夏和贵州的退耕还林政策的出台短期内导致农户的种植业收入锐减,农户为了补偿损失继而外出务工,退耕还林政策短期内导致了种植业农户生计的非农化和多样化倾向(谢旭轩 等,2010),而且经济欠发达地区的政策对农户生计转型的影响较之发达地区更明显(赵丽娟 等,2011)。

易地搬迁安置常常与其他政策捆绑在一起,如出于生态保护、避灾、精准扶贫等目的而进行的易地搬迁安置(刘天平 等,2020)。农户的生活生产环境的变化促使着农户进行生计转型,主要由搬迁之前的单一生计方式向非农化方面发展且分工及职业选择越来越多元化。

罗文斌等(2019)强调发展产业的重要性,构建"土地—产业—生计"可持续发展模式,在对土地整理、乡村旅游和农户生计进行实证分析后发现,土地整理对乡村旅游和农户生计策略起积极的推动作用;而土地整理、乡村旅游均会对农户生计资本增加和生计模式选择的非农化、多样化起到积极作用,故而提倡三者融合发展,互相促进。

李明月等(2020)基于可持续生计理论和可行能力理论,从农户生计视角研究发现精准扶贫虽然在改善农村社会环境和农民生活能力上有明显作用,但整体效果不明显,对农户生计能力发展、生计资本积累和农户生计转型促进作用有限。

(3)生计资本的变化导致的农户生计转型方面的研究

生计资本对农户的可持续生计起着重要作用,对生计资本的变化如何影响农户的生计策略选择的研究受到学者们的广泛关注(Jeffrey,2004;徐定德 等,2015)。由于生计资本的匮乏导致农户生计脆弱性,增大农户遭受生计风险的概率。国内外学者一致认为设法增加农户生计资本是增强农户抵御风险能力、提升其可持续生计能力的重要基础。

不同的生计资本组合对农户的生计策略选择有影响(Liu et al.,2018)。自然资本的缺乏倒逼农户进行生计转型,其他生计资本的缺乏,如社会、物资、金融等资本的不足制约着农户生计策略的选择及多元化(赵雪雁,2011),而且生计资本的多样化也会带来生计策略的多样化。另外,生计资本变化对不同类型的农户的影响也存在差异,自然、物质资本变化对农业型农户影响显著,非农型农户对金融资本变化敏感。

(4)生计目标的变化导致的农户生计转型方面的研究

随着城市化、工业化的不断发展,农村大量劳动力向城市转移,非农化和多元化逐渐成为农民生计模式的主流(杨伦 等,2019),同时,农民的生计目标也在发生变化,不再是只追求吃饱穿暖、衣食无忧,而是追求更高的生计目标,如追求更高的生活水平、融入城市成为市民等。生计目标作为一种结果,其变化的表现是生计方式的变化,熊正贤(2018)认为生计方式转变的动力有城镇化的发展和乡村要素裂变产生的拉动,而生计目标的变化也会促使着农户进行生计转型。

3. 西南地区农户生计转型

随着40年来我国社会经济的快速发展,西南地区农户生计方式也在发生转型,但由于自然环境的脆弱性,民族生活习惯和生活方式的特殊性等,西南地区农户生计转型有其特殊性,学者们的研究主要集中在以下几个方面。

(1)西南地区传统生计模式面临挑战

民族地区传统生计模式面临两个方面的挑战。一方面,由于生态环境的变化等导致传统生计模式已不能满足农民的生活需求。张丙乾等(2007)对赫哲族的传统渔猎经济进行研究发现:随着人口的不断增长,大量的土地被垦殖,渔猎资源也接近枯竭,当地农民的收益日益减少,传统的生计模式已然不能满足生活需求。罗承松(2010)对云南省苦聪人的生计模式调查研究发现,他们的传统生计模式主要是游耕农业为主,农户耕种收益受自然环境影响大,并且生活"居无定所"。周建新等(2013)调查研究了西双版纳哈尼族的生计方式,发现他们传统的一年一季的"刀耕火种"的种植方式生产力低下,满足不了农民日益增长的生活需求。李在坤(2014)对湖北巴东县进行了研究,发现巴东县以前森林茂密、生物具有多样性,现在却是成片的荒地,生物多样性不断减少,这些生态环境的变化对当地人们的传统生计造成了极大的威胁。国外学者的研究也发现了类似情况,如 Belcher 等(2005)通过对非洲、亚洲和拉丁美洲的一些商业化非林木产品进行研究发现,外部因素如气候、水分等的变化是影响当地人们转换生计的重要因素。Ray(2014)对印度的孙德尔班人的生计方式进行了研究,认为内外部社会、经济和环境压力及新生代的职业选择都是他们改变传统生计的原因。另一方面,有时天然的气候生态条件和优质的地区旅游资源所产生的旅游生计也会让传统的生计模式面临着挑战,这些民族地区的特色文化或优质的气候资源和特色农业吸引着旅游开发资源的进入。随着城市化进程的加快,国民收入水平不断提高,城镇居民的旅游、度假等精神文化需求大幅度提升,这让农村优质的自然风光成为生计要素。

(2)西南地区农村劳动力非农转移具有脆弱性

农村劳动力非农转移首先需要有非农产业的发展(Charsombut,1981),同时也需要转移劳动力对非农岗位的胜任。很多学者的研究发现少数民族地区农村劳动力转移带有脆弱性。丁赛(2006)分析了汉族地区和少数民族地区劳动力转移的区别,认为民族地区劳动力文化水平偏低,且深受传统文化影响,观念落后,迁移率低于其他农村地区;民族地区闭塞的地理环境使得农户对外界了解较少,生活习惯和信仰的差异性使得劳动力的非农转移发展和城市化对其吸引力不够。刘公政(2012)研究发现,在岷江上游民族地区的大多数的务工家庭中,多数务工者受教育水平为初中及以下,由于缺乏一定的文化知识和劳动技能,在就业中竞争力较差,无法在第二、三产业中获得稳定就业以及较高水平收入。另外,近年来我国一些学者的研究表明,农业劳动力转移的脆弱性与宏观经济的变动密切相关,不同的发展阶段,非农劳动力转移的情况也有所不同。

(3)生计转型与民族文化融合研究

民族地区农户的生计转型若能与民族文化较好地融合,就能促进转型的稳定性。Tolossa(2018)研究了埃塞俄比亚南部的博拉纳牧民的生计转型路径,认为牧民的生计多样化不仅需要推行信贷计划、加强财政支持、进行基础设施建设,更需要牧民发展自身人力资本、融合牧区文化主动去适应新的生活方式。我国学者在研究少数民族生计转型时,发现文化融合同样重要,哈萨克族牧民的生计方式从游牧转向定居生产时,由于牧民有改变传统生产习俗的愿望和能力,他们主动去适应社会,利用当地的传统游牧文化来进行手工业和旅游业的发展作为辅助生计(刘正江,2012),加速了他们传统生计方式的变迁。西双版纳哈尼族在从以粮食种植为主向以橡胶种植为主的生计方式转型时,通过民族文化资本化、村落共同体建构、文化农民培养等文化融合发展策略,克服了新的生计方式带来的问题和发展困境,实现经济、社会和文化的融合发展(张雨龙,2019)。

(4)民族政策助力农户生计转型

我国实施的一系列的政策措施如生态退耕、异地搬迁安置、土地流转、精准扶贫和乡村振兴等都有助于农户的生计转型,异地搬迁安置和精准扶贫对民族地区农户生计转型的作用更典型。

朱玉福等(2018)对西藏边境地区南伊乡珞巴族进行研究发现,通过精准扶贫政策,该乡人民已整体上实现脱贫,特色产业扶贫初见成效,南伊乡的旅游风景区、特色旅游商品售卖、特色农产品种植加工、特色织布和服饰制作产业有了明显的外溢效益。叶青等(2018)对宁夏回族的研究发现,利用资金要素来带动民族产业的发展、转型和升级是一种有效的方式,在这种方式下,宁夏回族的养殖业、经济林产业、旅游业以及电商产业都有了大幅度的发展。

在易地扶贫搬迁政策方面,王鑫(2018)认为易地扶贫政策是武陵山片区实现脱贫攻坚的重要抓手,该政策的实施改变了湘西苗族和土家族以往单一的生计模式,创新了一系列的旅游链条发展新模式。冯伟林等(2020)发现易地扶贫搬迁的农户形成了不同的生计资产结构,生计活动也会呈现出多样性,形成了与以往生产活动不同的生计模式。

(二)农户城镇化融入方面的研究进展

1. 农户城镇化融入等相关概念的研究

(1)农民工城镇融入

改革开放后城镇化、工业化进程的快速发展,出现了"农民工"这一特殊群体,但大量农民工进入城市后只停留在务工谋生的层面,并没有真正实现自身的市民化,融入城市社会。而这一群体是否能够真正融入城市事关新型城镇化战略的成功。国内相关领域的学者认为,城镇化融入这一概念包含了从社会、经济、心理、文化等多维度来评价农民工的城镇化融入水平(杨菊华,2015),现有土地制度、户籍制度等体制制度性障碍是影响农民工城镇化融入的主要因素(刘传江 等,2009)。除此之外,就业、社会保障、随迁子女教育、社会心理、人际交往、住房、语言等问题也是农民工城镇化融入过程中亟待解决的问题(刘燕 等,2018)。正是这些问题横亘在农民工面前,制约其真正融入城市生活,使其陷入城市边缘境地,处于半城镇化的尴尬状态。

要实现稳定的城镇化,单个的农民工融入城镇是不够的,需要以家庭为单位全方位衡量农户的经济融入、社会融入、文化融入、心理融入以及身份融入,农民工市民化是农户城镇化融入的重要指标,也是农户城镇化融入的重要过程。

(2)农民工城镇融入能力

农民工能否融入城镇,与很多因素有关,金崇芳(2011)分析了农民工的人力资本状况与城市融入的关系,发现农民工自身的健康状况越好、文化水平越高、工作技能越强就对其城市融入越有帮助;罗明忠等(2013)研究了农民工对自身职业认同对城市融入的影响,发现提高其对自身的职业认同程度,对其在文化、心理等层面融入城市有正面积极效果;周全德(2014)提倡提升家庭发展能力以促进新型城镇化。李永庆(2014)从新型城镇化的"人的城镇化"本质出发,基于人力资本理论,率先创造性提出"人的城镇能力"这一概念,把人们的适应城镇、融入城镇的能力素质称为"城镇能力"。姚毓春(2014)认为,人的城镇化的内在逻辑除了个人消费能力的提高,还包括人的自由发展和农民可行能力的提升,可行能力的提出,关注了提升农民的可持续生计能力的重要性;张先亮(2015)认为,语言能力也影响着城镇化融入能力。

综上所述,农民工城镇融入能力是指农民工开展融入城市生活、城市社会等活动的一系列能力,包括农户家庭经济实力、消费能力、工作技能及对职业的认同、人际交往能力、社会适应能力、语言学习能力等。

2. 城镇化进程、机理与策略研究

(1)城镇化进程研究

中华人民共和国成立以来的城镇化历程,大致可以分为计划经济和市场经济两个时期,具体包括以下五个阶段(叶耀先,2006):一是健康正常的城镇化阶段(1949—1958年)。这一阶段的城镇化主要由国家主导的计划经济下的工业化所带动,大批农村人口成为工人有序进入城市,城镇化平稳增长。二是大起大落和停滞不前的城镇化阶段(1959—1978年)。城镇化从"大跃进"时期的突飞猛进到1963—1966年自然灾害时期的直线下滑,而在1966—1976年"文化大革命"时期,整个国家经济停滞不前,加之大批知识青年下乡,导致这一时期城镇化率不升反降。三是快速发展的城镇化阶段(1979—1996年)。随着改革开放政策的实施,大量农村人口转移,城镇化进程开始加快,出现了第一次城镇化浪潮。四是深化改革、扩大对外开放的城镇化阶段(1997—2014年)。21世纪前后,进一步实行深化改革和扩大对外开放,城市规模经济效应、聚集效应和外溢效应的显现以及房地产业的火热发展,出现了第二次城镇化浪潮。五是新型城镇化阶段(2015年至今)。随着《国家新型城镇化规划(2014—2020年)》出台,新型城镇化成为城镇化研究领域的热点问题,学者们围绕这一问题进行了大量的理论研究和实践探索(陆大道 等,2015)。这标志着我国的城镇化进程开始进入到以人为本的城镇化新阶段。

(2)城镇化机理研究

关于城镇化机理的相关研究主要集中于城镇化的动力机制、主要特征以及存在的主要问题等方面。城镇化动力机制是指推动城市化发生和发展所必需的动力的产生机理,以及维持和改善这种作用机理的各种经济关系、组织制度等所构成的综合系统的总和(孙中和,2001)。中国城镇化发展的多元动力正在取代之前的一元或二元城镇化动力,主要有工业化推进、比较利益驱动、农业劳动力和经济剩余及制度变迁促进(Shen,2006;Ma,2002);市场力、行政力及内源力对城镇化推动作用较强而外向力较弱,体现了我国城镇化内生化的特点。

我国的城镇化主要有如下几个特征:一是城镇化进程呈现明显的阶段化特征。二是存在明显的空间异质性和不平衡性,即受自然环境、经济发展水平差异影响,城镇化水平呈东部、中部、西部阶梯状依次递减,东部高、中部其次、西部低(师满江 等,2015)。三是城镇人口增长来源主要是农村流动人口,呈现明显"候鸟型"特征。四是城镇化动力会由当前第二、三产业驱动过渡到主要由第三产业所驱动,城镇化与工业化、信息化、市场化及全球化同时进行。

中国的城镇化进程在取得巨大成就的同时,也衍生出了一系列经济、社会和环境问题。一是土地城镇化、人口城镇化和产业城镇化三者之间的发展不协调问题(张莹 等,2019)。二是城乡发展、区域发展不平衡问题,导致部分乡村凋敝,农村老龄化、农村空心化现象日益严重,进而出现一系列"农村病",大城市发展迅速而中、小城市发展动力不足。三是农村迁移人口处于候鸟式的半城市化状态,在身份认同、心理归属、政治权利、公共服务、居住就业等方面都难以完全融入城市(吴华安 等,2011)。

(3)城镇化策略研究

基于对城镇化进程、城镇化机理的研究,并结合当时社会经济发展环境,学者们也提出了一些有代表性的城镇化发展策略,可总结为三点。一是优化产业结构、产业布局,实现产业、土地及人口等城镇化要素之间的协调发展(倪鹏飞,2013)。二是尊重工业化伴随城镇化的客观规律,协调区域间发展,关注农村工业化发展,减轻贫困,防止生态环境退化(叶耀先,2006);调整城镇化发展方针,兼顾空间效率与公平,促进大城市与中小城市协调发展。三是做好城市化过程中的人的城市化,可从两个方面着手:①解决城镇化融入过程的户籍制度、土地制度、就业制度及社会保障制度等阻碍,实现农村转移人口有序市民化和公共服务均等化,努力破除城乡二元体制;②结合农村人口的迁移意愿和方向的变化,推进分层有序地城镇化,跳出了传统城镇化以异地城镇化为主导、以人口异地迁移实现就业非农化和市民化的路径,进行就地就近城镇化(严瑞河,2017),不仅可以降低城镇化成本和制度性门槛,而且有利于农业农村可持续发展,带动区域内均衡发展(李强 等,2015)。

3. 民族地区城镇化问题研究

民族地区城镇化发展战略可以帮助少数民族和民族地区有效缩小城乡收入差距,推进城乡协调发展,真正实现全面小康。城镇化进程的加速推进是民族地区实现跨越式发展的一条根本途径(Ray et al.,1979)。

(1)民族地区城镇化现状

当20世纪80年代我国由于改革开放后乡镇企业蓬勃发展和工业化进程迅速推进而出现了第一次城镇化浪潮时,民族地区城镇化进程依然停滞不前;2000年全国城镇化水平为36.22%,而西部民族地区仅为12.09%。这一时期关于少数民族和民族地区城镇化相关研究几乎没有,只有一些学者零星提及,如唐卫宇(1998)研究了国家大中型基本建设项目对少数民族地区的影响。

我国第二次城镇化浪潮出现在21世纪初,开始自房地产业的蓬勃发展和城市经济规模效应、集聚效应、外溢效应的显现。由于西部大开发战略的推进,这一次的城镇化浪潮也波及了少数民族及民族地区。截至2019年年底,全国平均城镇化水平为60.60%,少数民族聚居的西部地区的平均城镇化水平为53.31%,可见民族地区的城镇化水平与全国平均城镇化水平的差距相较20年之前缩小了许多,但与东南沿海经济发达地区如江浙沪地区平均城镇化水平的76.23%依然存在不小的差距。

民族地区城镇化水平不仅与发达地区存在不平衡问题,在民族地区各省内及民族地区各省区之间城镇化要素方面也存在不平衡(李海英,2019)。传统城镇化模式下的固有弊端民族地区同样存在,如人口城镇化与土地城镇化的不协调、城乡发展不平衡、农民工市民化的困难、产业结构的滞后、资源环境问题等(欧丽萍,2020)。

(2)民族地区城镇化存在的主要问题

民族地区城镇化发展起步晚,工业支撑薄弱,城镇化水平发展缓慢,经济集聚效益差,辐射周边能力弱,区域发展不平衡,空间差异大(王新萍,2007)。阻碍民族地区城镇化发展的主要因素有以下几个方面:一是西部民族地区自身地理条件限制了城镇化的空间扩张,且西部自然地理环境进一步约束了西部民族地区社会经济发展,使西部民族地区的城镇化发展产业依托力量薄弱(高德胜,2011);二是政策制度等因素也使少数民族地区城镇化发展的外部动力和内部阻力形成了矛盾(李秀萍 等,2019);三是少数民族居民受教育程度偏低、生活环境闭塞、生活方式特殊等导致少数民族流动人口融入城市困难(张明斗 等,2019)。

(3)民族地区城镇化策略

由于民族地区城镇化现状及其存在问题的特殊性,民族地区城镇化策略也必然不同。一些学者基于对民族地区城镇化发展的动力机制的研究成果,认识到政府行为、产业发展、招商引资、中小企业发展、边贸带动、旅游产业开发、特色小城镇建设等对于城镇化发展的推动作用,结合制约民族地区城镇化发展的短板,提出了有针对性的对策。

在产业发展上,主张培育民族地区特色产业(Song et al.,2020;杨洪林,2020),发展绿色生态产业(杨浩 等,2016)、草原牧业(张明斗 等,2019)等。在旅游产业开发上,发展民族地区特色旅游业受到许多学者的推崇和关注(刘帅 等,2020),赖晓华等(2014)认为发展民族地区特色旅游业,不仅保护了民族地区的特色文化,有利于少数民族文化传承,而且对于少数民族农户来说,门槛低、参与程度强且经济效益明显,还有利于民族地区的生态环境保护(杨浩 等,2016)。在特色小城镇建设上,戴正等(2006)认为在西部地区建设大中型城市不切合实际,而囿于各地自然社会经济环境差异大、成功的案例难以复制推广,各地结合当地实际走特色城镇化道路是必由之路。

总之,民族地区城镇化要坚持民族特色和多元化城镇发展模式相结合,深挖文化特色、强调文化治理(房冠辛 等,2015),要采取资源开发、旅游开发、边贸商业开发、科技创新、生态建设、文化保护等不同的发展模式。

(三)农户生计转型与城镇化融入关系方面的研究进展

1. 经济增长与城镇化间的关系研究

在一个国家或地区的经济发展过程中,城镇化和经济增长总是相伴相随(钱陈,2005),且城镇化与经济增长在宏观上呈现出正相关关系,二者相互促进、协同发展,较多学者研究了它们之间的关系,取得了一定共识。

(1)城镇化与经济增长相互影响

城镇化与经济增长相互影响,但它们之间的互动关系存在一定的时空差异。Baldwin等(2004)根据集聚经济和区域经济增长理论将具有局部溢出效应地区的经济增长和没有局部溢出效应地区的经济增长进行比较研究,发现城市的集聚效应和规模效益可以促进经济的发展;Baldwin等(2008)研究了加拿大20世纪80年代到90年代的制造业部门和五大工业集团的绩效影响因素,发现集聚经济的影响比所有工厂和企业特征更为重要;张风科等(2014)对经济生产水平较高的几个国家的城镇化率和经济发展之间的关系进行研究发现,城镇化水平与经济增长之间存在着长期稳定的协调关系,但我国的城镇化率和经济发展之间的互动影响效果低于其他国家;师应来等(2011)发现湖北省的城镇化与经济发展之间存在相互促进、互为因果的紧密关系;金瑞等(2014)等发现广东省的城镇化发展及其经济结构与空间布局之间的发展不完全一致;安仁才(2013)发现江苏省的城镇化水平和经济增长之间存在长期的动态均衡关系,经济增长推动城镇化的作用显著于城镇化提升对经济增长的推动作用;马义华等(2018)主要是从成都市的工业化的发展与城镇化之间的关系进行研究发现,工业经济规模总量逐年壮大,产业结构不断优化,产业集聚趋势明显,质量效益明显提升,与此同时,该市的城镇化规模不断扩大,但是在两者的互动上城镇化是滞后于工业化的。当然也有一些学者的研究发现,有时城镇化发展对经济增长具有反面效应,如Bruckner(2011)对非洲的几个国家的经济增长、农业人口规模、城镇化率进行研究发现,城镇化率对经济增长具有显著的消极影响;郭敏等(2013)指出在城镇化过程中会产生一系列如户籍迁移受阻、土地退出等问题,会使得农户由农村转向城市后的权益大打折扣,最终的影响是经济发展带给城市化的福利减少。

(2)城镇化促进经济增长

城镇化对经济的促进作用,表现在加快人力资本积累,带动消费和投资,加快产业结构调整,提升劳动力、技术、资本等生产要素的聚集效应等诸多方面。城镇化是经济增长、生产率提高和收入增长的重要推动力;城镇化是影响人力资本的积累的一个决定性因素(Bertinelli et al.,2008),城镇化水平越高,人力资本积累就越快,经济就越容易得到发展;Krey等(2012)从家庭、能源以及对未来的潜在发展角度研究发展中国家的城镇化,发现城镇化会影响居民的收入水平、消费结构、能源供应等指标。国内学者的研究也得到了类似的结论,李程骅(2015)发现城镇化进程中的人口集聚、生产方式的变革、生产要素的配置等都能够推动区域和城市的经济转型,提高经济发展的数量和质量;郑海芝(2017)提出城镇化能够有效拉动消费增长,促进投资活动,优化产业结构,推动创新活动有效进行;张苙黎等(2019)通过对城镇化的区域增长和收敛的双重效应进行验证的基础上发现,城镇化进程对人均GDP(国内生产总值)的增长具有促进作用,可以促进西部地区经济的较快增长,缩小城乡收入差距,缩小地区增长差异,推进区域协调发展,达到城镇化发展的三重效果。

(3)经济发展带动城镇化发展

经济发展包括经济体量的增长和经济质量的提升,经济体量的增长最直观的表现有GDP增长、居民收入增加、就业率增长、消费和投资增加等,经济质量的提升包括经济结构的优化、经济效益的提高等。无论是经济体的增长还是经济质量的提升均对城镇化发展有着很强的带动作用,Mandke(2005)和Safavi(2012)研究了旅游产业发展对城镇化发展的作用,认为随着旅游产业的发展,居民的收入有所增加,城市的贫富差距就会有所缓解,这样一来城镇化的进程也会不断加快;我国也有很多利用旅游业发展就地就近城镇化的案例,杨晟乐(2019)认为旅游业可以拉动经济发展,以人口、土地、产业和基础设施来带动城镇化。张培峰(2007)认为人口、土地由农村向城市的集中过程,其本质上是由于经济发展,农业生产已经在社会经济活动中处于劣势,农户从事非农产业的比重就有所变大,其生活方式也慢慢向城市集中。李波(2011)也认为要通过发展经济,以工业化发展来吸收农村的剩余劳动力、以产业的结构升级来推进城镇化发展是实现城镇化的一项重大措施。王颂吉等(2015)通过对丝绸之路经济带的研究发现,经济带的发展可以夯实产业发展基础,促进空间结构协调,加强公共服务供给,保护生态环境良好,这些都为西部城镇化发展提供了机遇。李乃慧(2018)提出了经济的发展可以使得生产要素得以流动、资源配置得到优化,实现产业结构的重组和人口素质的提高,最后实现"主动城镇化",持续的经济发展能够促进城镇化平稳进行。

2. 半城镇化农民可持续生计与城镇化融入方面的研究

(1)半城镇化农民的可持续生计

半城镇化农民是指居住在城市从事非农产业就业,但户籍和医疗社保仍然属于农村,在农村还拥有宅基地等财产的农民(汤青 等,2018),半城镇化农民的生计和可持续发展能力是他们实现城镇化的一个重要因素。靳小怡等(2011)将可持续发展生计分析框架与农民工问题结合在一起进行分析并对目前有关农民工生计的研究进行梳理和总结,发现农民工的生计策略和结果都跟他们的生计资产有一定的关系,三者之间形成一种链条。孟丽君(2014)通过可持续生计分析框架,分析了朔州半城镇化农民生计资产、生计结果等状况以及存在的问题,发现影响朔州半城镇化农民生计可持续性的主要因素是当时的户籍制度和土地制度,关键因素则是半城镇化农民的生计资产的数量不足和质量不高。孙晓一等(2016)通过实地调研等方法对黄土高原地区的半城镇化农民工的非农生计的职业稳定性和受雇单位进行研究,发现该地区的半城镇化农民的非农生计稳定性较低,主要原因是劳动力的文化程度和职业技能偏低。

(2)半城镇化农民与城镇化融入

纵观历史发展进程,我们不难发现,几乎每个工业化国家在城镇化过程中都不可避免地要经历"半城镇化"过程,如何使这个过程慢慢变成城镇化是国内外学者共同研究的课题。在发达国家,一般城镇化进程较早、水平较高,国内农户融入城市没有严重不适问题,所经历的"半城镇化"过程就比较短。而作为一个移民国家,美国的外来移民由于种族文化、语言、生计能力等差异,在融入美国城市过程中面临更多挑战,因而受到关注(Richard,2012);在人口流动中,发展符合当地人口结构、有助于改善就业的劳动密集型产业,使越来越多的半城镇人口能够在当地从事非农业工作,通过就业机会在空间上的重新配置,可以巩固健康城镇化的条件;在"城乡互动"中,Tacoli(2003)认为,城乡联系不仅包括农产品等其他商品从农村生产者流向城市市场,制成品和进口商品从城市中心流向农村居民点,还包括人口、信息、资金流动,这样有助于缩短半城镇化的过程。在国内的研究中,吴晓燕等(2014)分析研究了我国形成半城镇化状态的原因以及农民在融入城镇化进程中所面临的困境并提出了以经济发展促进劳动力自主转移、提高农民综合素养化人力资源为人力资本、推动城乡一体化发展等建议。潘长亮(2019)研究发现,年龄、文化程度、就业状况、新型城镇化模式、迁到新社区时间长短对失地农民社会融入均具有显著影响。

3. 城镇化进程中农户生计方式变化研究

(1)城镇化过程中的农户生计转型

农户生活方式的变迁是一个地区乡村社会变迁的重要内容,也是该地区实现现代化的重要途径。Nasrin(2012)对印度的城市边缘地区的农民生活进行研究,发现在城市发展的过程中,城市边缘地区的农业生产方式会发生一些变化来满足城市生活需要,与此同时,城市的发展也会给边缘地区的农业生产带来发展机会。城乡经济、价值观和人与人之间的关系发展在农村和城市领域产生互利互补。Banu等(2016)对印度阿利加尔城市边缘区的农场规模、农作物销售、农用地租赁活动和集约化种植方式等进行研究,发现城市边缘区的农场相比较偏远地区的农场呈现的主要特点是农作物高度商业化,主要服务对象则为附近的城市。吴业苗(2017)认为中国城镇化发展已由传统的"物的城镇化"向新型的"人的城镇化"转变,人的城镇化发展倒逼农业转型,唯有农业实现转型才能解决人的城镇化过程中产生的农业劳动力减少等问题;而农业转型产生最直接的结果就是农户生计转型。董海珍(2017)研究了新型城镇化背景下少数民族生活方式的变迁,发现白族农户的从业类型由传统种植业为主开始向民族扎染手工业、旅游业、餐饮业、外出务工从事服务业等多种产业相结合转变,生活方式也由传统的"粗茶淡饭、节衣缩食"温饱型慢慢转向"丰衣足食、前程似锦"小康型或富裕型生活。刘自强等(2018)运用可持续生计资本分析框架对宁夏回族聚居行政区的农户生计进行分析,认为城镇化的快速发展使农户以地为生的传统生计模式发生了分化,形成了务工主导型、半工半农型和务农主导型三种生计方式,同时城镇化水平的高低不仅直接影响农户生计策略的选择,还影响农户各类生计资本的投资和使用。

(2)城镇化对农户生计资本、生计策略的影响

农户的生计资本影响其城镇化融入能力,反过来,城镇化也影响农户的生计资本。刘自强等(2017)研究了宁夏农户生计资本对城镇化的响应,发现农户生计资本无论在结构上还是在总量上都受城镇化的显著影响,受城镇化影响程度较大的村的农户自然资本拥有量较少,物质资本、金融资本、社会资本、人力资本拥有量较多。同时,生计资本又影响着农户的生计策略,城镇化和非农劳动力的转移增强了农户的人力资本,使得农户的生计来源以工资性收入为主(苏芳 等,2017);马聪等(2018)运用多分类逻辑回归模型对上海市青浦区的农户生计资本和生计策略的关系进行了研究,发现快速城镇化使该区农户的生计策略分化为不同类型,选择不同生计策略的农户拥有的生计资本不同,专业农业型农户在自然资本、物质资本和金融资本等方面均具有显著优势,非农型农户在人力资本方面具有优势,非农兼业型农户在社会资本方面表现最佳。

4. 精准扶贫与城镇化的关系研究

精准扶贫、乡村振兴和新型城镇化战略是我国在不同发展阶段的重大战略。我国长期对贫困地区、贫困家庭、贫困人口进行各项政策性的帮扶工作,加快了他们脱离贫困的步伐,精准扶贫在贫困识别、帮扶方式、扶贫管理和考核等方面更加明确,可提升扶贫效果。新型城镇化规划提出要建设以城乡统筹、城乡一体、节约集约、和谐发展、生态文明为基本特征的城镇化,可见新型城镇化的推进也要以农村的发展为基础。Mendez-Lemus(2012)认为在城镇化过程中农业生计对农村贫困家庭适应城镇化具有重要意义,只注重商业性农业发展是不合适的,这忽略了贫困农村的需要,将会造成城市贫困家庭的增加。

城镇化和精准扶贫是可以双向互动的(赵爽,2018),城镇化的发展能够有效实现人口聚集、促进产业发展,从而带动农户增收实现脱贫;反过来精准扶贫又能够促进农户劳动力转移,带动城镇化进程中二、三产业的发展,实现产业结构的优化。刘丹等(2018)提出在城镇化建设中要"以人为本"推进包括城镇化、信息化、工业化在内的四化建设,同时始终将精准扶贫作为工作目标。朱德全等(2018)从农户的文化资本视角将精准扶贫与城镇化建设相融合,认为要充分发挥职业教育功能,推进农民工市民化,才能真正实现精准扶贫由贫困县到贫困户的全面覆盖,才能减少与城镇化建设产生的冲突与矛盾。李秉文(2018)认为新型城镇化和精准扶贫的目标是趋同的,构建了两者的联动机制,认为应该从加强基础设施建设、实现特色产业发展、就业创业、社会保障等方面来实现两者的耦合协调发展。

(四)综合述评

在农户生计转型方面,学者们基于可持续生计框架,对农户生计的脆弱性背景、生计资本、结构和制度的转变、生计策略和生计目标的含义进行了广泛的探讨,对不同地区农户的生计现状进行了描述和分析;当农户面临的自然和社会环境、拥有的生计资本或生计目标发生变化时,就会调整生计策略,也就是进行生计转型。民族地区农户生计转型有其特殊性。首先,民

族地区农户的传统生计面临挑战;其次,民族地区农户由于教育程度、劳动技能相对偏低从而生计转型具有脆弱性。融合民族文化发展旅游产业及政府政策支持是促进民族地区农户生计转型的有效途径。

在农户城镇化融入方面,李永庆(2014)率先提出了"人的城镇能力"概念。较多学者研究了农民工的城市融入问题,认为就业、社会保障、随迁子女教育、社会心理、人际交往、住房、语言等问题是农民城镇化融入过程中的主要阻碍。民族地区的城镇化问题,主要表现在城镇化水平发展缓慢,民族地区与非民族地区之间、不同的民族地区之间城镇化发展不平衡等方面,主要原因是民族地区城镇化发展起步晚、基础薄弱以及地理位置造成的生活环境的闭塞等。这些研究对象主要是单个的农民工,而不是农户家庭,研究区域主要是汉族地区。

在农户生计转型与城镇化融入的关系方面,现有研究主要集中在三个方面:经济增长与城镇化的关系、半城镇化农民的城镇化融入问题、城镇化进程中农户的生计转型问题。认为半城镇化农民的生计稳定性较低,加快人口、信息、资金、技术流动可缩短半城镇化过程;城镇化进程会影响农户的生计资本类型和生计策略。

总的来看,①民族地区的城镇化研究起步相对较晚,现有研究主要从宏观视角对民族地区的城镇化现状、进程、影响因素、发展规划等进行了探索。这些探索多是基于政府主导下的城镇化发展研究,不仅忽视了农户本身在城镇化中的主体作用,而且没有突出民族地区的生态脆弱性与民族文化的特殊性。②尽管近年来部分学者开始关注城镇化过程中农户生计可持续转型问题,但现有研究并没有将农户生计调整与其城镇化融入能力结合起来,"农户生计方式调整—农户城镇化融入能力变化—农户城镇化生计策略—城镇化健康发展"这些关键环节之间的内在联系及影响机制仍没有得到深入探讨。③现有研究较多集中在东中部地区,并主要以汉族农民工为研究对象,而对少数民族农户的生计转型及其城镇化融入问题研究不多。

在这种背景下,本书瞄准新型城镇化过程中我国西南地区农户生计转型及其城镇化融入能力变化这一关键问题,采用田野调查与农户城镇化融入能力模型等方法,对不同生计类型农户的城镇化融入能力进行测量,剖析精准扶贫措施、农户生计转型与农户城镇化融入能力之间的内在关系,寻找提升生计转型农户城镇化融入能力的策略与措施。

三、研究目标与主要研究内容

(一)研究目标

本书旨在理清西南地区不同的农户生计方式对其城镇化融入能力的影响,从而找出合理的农户生计调整模式,进而促进新型城镇化进程中西南地区的城镇化水平。具体目标有三:

① 通过对西南地区农户生计方式的调整过程、调整方向、调整程度等方面的分析,揭示区域农户生计方式的调整规律;

② 建立基于生计转型的农户的城镇化融入能力模型,揭示西南地区不同生计类型农户城镇化融入的内在机理;

③ 探讨新型城镇化过程中西南地区农户可持续生计模式,寻找提升西南地区农户城镇化融入能力的政策路径与策略。

(二)主要研究内容

第一部分,新型城镇化过程中农户生计方式调整与城镇化融入能力的关系等方面的理论探讨。

① 国内外农户生计方式调整及其城镇化能力等方面的跟踪研究。

② 新型城镇化对民族地区农户生计转型的影响、农户生计转型对区域城镇化发展及自身城镇化融入能力的影响等方面的理论认识。

③ 精准扶贫与农户生计转型及其城镇化融入能力的理论关系等。

第二部分,新型城镇化过程中案例研究区少数民族农户生计方式调整的特征、原因及规律研究。

① 通过田野调查方法,获取6个省8个县(市)1635个民族地区样本农户的生计调整数据资料。

② 对农户生计方式进行分类,提炼民族地区典型农户生计方式。

③ 从农户生计方式调整的过程、方向、程度、类型等方面认识民族地区农户生计方式调整的共性特征、原因及其内在规律。

第三部分,构建农户城镇化融入能力评价模型,结合调研数据,开展西南地区农户城镇化融入能力评估,揭示不同生计类型农户融入城镇的内在机理和精准扶贫对农户城镇化融入能力的影响机理。

① 从民族文化习俗、农户素质与生计技能、农户家庭生计资产、农户社会资本、社会就业机会、城市接纳门槛与政府政策推力等方面遴选影响农户城镇化融入能力的关键因子,建立农户城镇化融入能力评价模型。

② 基于调研数据,从融入过程和融入维度两个侧面评估农户城镇化融入的能力,剖析典型农户生计方式对农户城镇化能力的影响,提炼通过生计方式调整提升农户城镇化融入能力的主要目标,即引导农户生计向城镇化融入能力强的方向调整。

③ 揭示农户生计转型与城镇化融入的内在关系。在分析区域城镇化水平对农户生计策略选择的影响的基础上,明晰不同生计方式农户的城镇化意愿以及农户生计资本如何影响其城镇化融入能力。

④ 分析精准扶贫成效对农户城镇化融入能力的影响。构建精准扶贫成效测量模型和精准扶贫影响农户城镇化融入能力结构方程模型,分析精准扶贫影响农户城镇化能力的路径和效果。

第四部分,研究典型农户生计方式向高城镇化融入能力的生计方式调整的关键路径、主要障碍,从而找出提升西南地区农户城镇化融入能力的关键途径与策略。

① 新型城镇化过程中西南地区农户生计转型与融入城镇面临的主要障碍。

② 引导少数民族农户生计合理转型的关键路径。

③ 提升西南地区农户城镇化融入能力的策略等。

四、研究思路与研究方法

(一)研究思路

研究思路如图1-4所示。在农户调研阶段,通过问卷调查、乡镇走访等方式,对少数民族农户生计变化的现状特点、变化原因与存在问题等进行了1635个有效样本农户调查;在数理统计分析基础上,对农户生计调整模式进行类型识别,对农户生计调整的共性规律进行分析,评估不同生计类型农户的城镇化融入能力;通过建立的农户城镇化融入能力评价模型,揭示不同生计农户城镇化融入的内在机理;就如何引导农户生计调整、如何强化农户城镇化融入能力等进行对策探讨。

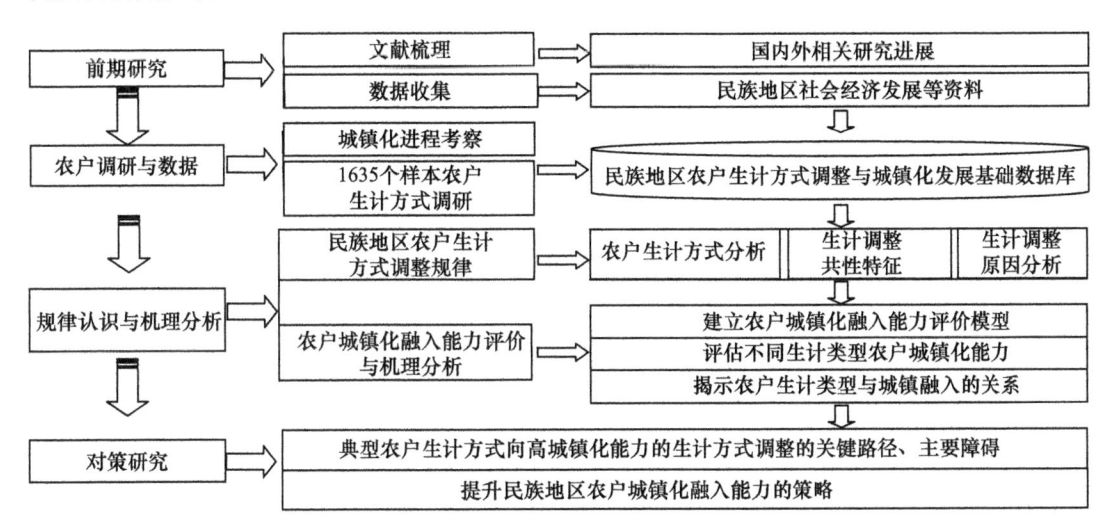

图 1-4 研究思路

(二)主要研究方法

(1) 田野调查方法

以西南地区为主的 6 个省(区、市)的少数民族聚集居住的 8 个县(市)为案例研究区,重点对土家族、苗族、侗族、白族、布依族及彝族等少数民族农户进行走访与调研。具体调查了重庆市酉阳土家族苗族自治县,湖北省恩施土家族苗族自治州鹤峰县、来凤县和宜昌市长阳土家族自治县,湖南省麻阳苗族自治县,贵州省黔南布依族苗族自治州平塘县,云南省大理白族自治州大理市,广西三江侗族自治县。每个县(市)随机选择两个以上乡镇进行重点走访与问卷调查,每个乡镇重点调查 100 个左右的少数民族农户家庭,总有效样本家庭数 1635 个。调研主要参数有:家庭情况(人口、劳动力等),民族文化(风俗习惯、宗教信仰等),资源条件(土地拥有情况、地理区位等),经济现状(收入水平与来源等),生计来源(就业与生计方式等),城镇化情况(人口数、时间、地点、途径与融入城镇意愿等),影响农户城镇化融入的因素(政策制度、社会保障、子女教育、生活习惯等)。

(2) 数理统计分析

①基于调研数据对西南地区农户生计转型的基本特点进行定量分析,明晰西南地区农户生计方式的调整过程、调整幅度、调整方向等;结合个案采用精准识别和聚类分析方法,对农户生计调整的模式进行分类。根据农户职业类型、就业地点、收入主要来源与生活主要地点等,将农户生计调整类型分成村组多元型、县镇多元型、外出务工型、外出创业型四种类型。②对西南地区农户生计选择影响因素、农户城镇化意愿影响因素等进行多元线性回归分析。③构建精准扶贫成效测量模型和精准扶贫影响农户城镇化融入能力结构方程模型,分析精准扶贫影响农户城镇化能力的路径和效果。

(3) 构建基于生计转型的农户城镇化融入能力评价模型

①遴选影响农户融入城镇的因子。在文献综述和实地调研分析的基础上,选取了户主年龄、受教育程度、职业类型、城镇化意愿、家庭经济基础、社会融资能力、可持续生计能力、语言文化及生活习俗适应性、农村资产整合、城市落户政策、子女城市入学政策、城市接纳度、对城市房价的接受度等作为影响农户城镇化融入能力的影响因子。②构建生计转型农户的城镇化

融入能力模型。在确定关键性因子的基础上,对生计转型农户的城镇化融入能力进行测度。测度模型为：

$$C_i = \sum W_j y_{ij} \qquad (1-1)$$

式中,C_i 表示第 i 个生计转型农户的城镇化融入能力值;W_j 是 j 测度指标的权重;y_{ij} 是 i 生计转型农户在 j 项指标的得分值。

五、研究特色与创新之处

① 在学术思想上,本书基于农户微观视角,通过"农户生计方式调整——农户城镇化融入能力变化——农户城镇化生计策略——城镇化健康发展"这一相互作用的生计研究链条,将农户生计方式调整与新型城镇化比较好地结合起来,这在一定程度上,突破了目前主要基于宏观视角的研究,解决了农户生计研究与城镇化研究结合不紧密的问题。

② 在学术观点上,本书持如下观点:①西南地区农户有不同的生计方式,不同生计方式融入城镇的难易程度不一样。外出创业型农户非农生计能力强,农户个人素质高,容易融入城镇;县镇多元型农户生计类型多样,收入稳定,对就近城镇生活适应性强,较易融入城镇;外出务工型农户非农收入较高但生计类型相对单一,对工作的城市适应性一般,融入城市较难;村组多元型农户生计类型多样但对农业的依赖较高,不易融入城镇。②农户类型从村组多元型到外出务工型到县镇多元型到外出创业型,其非农生计的稳定性和对城镇生活的适应性越来越高,农户融入城镇的能力愈来愈强;农户生计调整模式在一定程度上决定了农户融入城镇化的路径——就地城镇化、就近城镇化与异地城镇化。

③ 在研究方法上,本书基于可持续生计 SL 分析框架的思想,通过构建生计转型的农户城镇化融入能力模型,将农户生计转型模式与农户融入城镇的能力、路径结合起来,可以从机理上揭示西南地区农户生计方式的调整规律及其与城镇化之间的内在关系,突破了单纯基于 SL 分析方法对农户可持续生计进行研究的传统范式。

第二章 农户生计转型与城镇化融入关系的基础理论

为了研究生计转型农户的城镇化融入能力,本章厘清农户生计转型类型、驱动因素、城镇化类型、城镇化策略与问题、农户城镇化融入、农户生计转型与城镇化的关系等基础理论。

一、农户生计转型相关理论

(一)农户生计转型相关概念

1. 生计

"生计"一词在农村扶贫及农业农村发展等研究中被频繁提及,但其具体内涵在不同学科及不同情境下是不同的。

一般情境下,"生计"是一种维持生活的方法(或手段)。在强调农村生计多样化的学者 Ellis(2000)的研究中将生计定义为"生计包括资产(自然、物质、人力、金融和社会资本)、行动和获得这些资产的途径(受到制度和社会关系的调节),这一切决定了个人或农户生存所需资源的获取"。强调生计的可持续性研究的学者 Scoones(1998)认为"生计由生活所需要的能力、资产(包括物资资源和社会资源)以及行动组成"。国内学者苏芳等(2009)认为"一种生计包括能力、资产以及一种生活方式所需要的活动"。

本书研究生计转型农户的城镇化融入能力,调查和研究的农户生计包括英国国际发展署 Ellis(2000)定义的可持续生计分析的脆弱性背景、生计资本、结构和制度的转变、生计策略和生计输出五个方面。

(1)脆弱性背景

农户生计脆弱性背景指农户所面临的风险性环境,包括外部冲击、社会主要趋势以及周期性因素等。民族地区农户面临的风险性环境包括可能的周期性的恶劣的自然条件和农民自身条件容易受到外部冲击,如西藏处于高寒地区,气候灾害频繁;本书研究的西南地区,多数县(市)位于武陵山区,山高路险,水土流失或干旱少雨灾害也时有发生。少数民族农民由于其整体文化素质偏低及城市适应能力较弱等,他们的非农就业更容易受外部经济因素冲击。

(2)生计资本

生计资本指农户赖以维持其生存和发展的各类资本总和,主要包含自然、人力、社会、物质以及金融资本五个方面,它们在不同条件下可相互转化,能够全面反映农户的资本状况。

自然资本是指农户拥有的自然资源存量,包括无形的公共资本和有形可分的直接用于生产的资本以及生态服务(苏芳 等,2009);案例研究区的民族地区农户的自然资本主要有承包的农用地和宅基地。人力资本指农民自身的素质,包括受教育程度、劳动生产技能、年龄、身体健康状况、劳动承受范围和对环境的适应性等;本研究考察了农户家庭劳动力数量、性别、年龄、受教育程度。社会资本指人们能够使用的社会资源,例如,我国政府出台的各类农业激励或补贴政策和农户自身的社会关系网络等。民族地区农户的社会资本主要有政府的民族政策、农业支持政策、扶贫政策和农户家庭的亲朋好友网络。物质资本指用来维持生计的生产资料和基础设施,生产资料指农户家庭的各类生产设施设备,如小型农户机械,基础设施指公共基础设施,如交通道路、农业生产道路、农田排灌水沟渠等。金融资本指人们在消费和生产的过程中产生的资金积累和流动,如农户家庭的银行储蓄、股票基金、现金、借出资金以及合法工资、定期可得到的货币补贴或养老保险资金等。

生计资本的状况直接关系到风险规避能力的强弱、生计策略的选择基础、家庭城镇化意愿和能力等,是本书进行农户城镇化融入能力研究的重要切入点。

(3)结构和制度的转变

在资本、政策和制度相互作用机制下,农户依据生计资本情况对其进行配置和使用,采取与之相适应的生计策略,获取所需的生计结果,以期实现其生存和发展的预期目标(黎春梅等,2021)。教育扶贫、鼓励少数民族农民进城就业或创业等,是政府为促进"三农"发展、拓展农户就业渠道所实施的政策,提升了民族地区农户的城镇化能力。

(4)生计策略

生计策略是指人们在充分考虑面临的外部性环境、可能的结构和制度的转变的前提下,合理配置和利用自身的生计资本从事某种生计活动来实现生计目标的过程。Scoones(1998)基于生计活动的特征,将农户的生计策略分为扩张型生计策略、集约化生计策略、多样化生计策略和迁移策略四种类型。基于这些策略,民族地区农户具体的生计方式有传统农业、多元化现代农业、乡村旅游、务工、创业经商等。

(5)生计输出

生计输出就是生计结果。生计资本的积累、制度的变革,为农户生计策略的改变提供了条件,从而农户能得到更好的生计结果。生计结果又反作用于生计资本,当农户的某种非农生计能应对社会经济波动成为农户的可持续非农生计方式时,农户就具备了城镇化经济能力。

2. 生计转型

生计转型是指生计方式发生变化的过程。当面临的风险性环境、政府的政策制度、自身的生计资本发生变化,人们会调整生计策略以适应新的环境,于是赖以生存和发展的生计活动就从一种方式变化到另一种方式。例如,随着市场需求变化和家庭经营能力的提升,农户将生计活动从单纯的种植业活动改变为种养结合和家庭农场的经营;或者随着自身综合素质或经营管理技能的提升,农户的生计活动从农业经营改变为商业经营;又或者年轻的农户希望生活在城市,将生计活动从在乡村务农改变为在城市务工等。

(二)农户生计策略类型及生计转型的驱动因素

1. 农户生计策略类型

农户生计策略类型是农户生计策略的具体表现形式,也称为生计方式。农户生计策略类型划分的方法有依据农户的生计多样化程度、家庭发展方向、收入来源与结构(杨伦 等,2019)中的某一个方面,或者综合考虑农户生计活动的诸多方面用聚类方法划分。目前学者们采用较多的是依据收入来源与结构来进行农户类型划分,而进行聚类分类也是农户类型划分的趋势。

依据农户收入来源与结构进行类型划分的有如下两种有代表性的做法,一是阎建忠等(2010)依据农户收入来源将农户生计类型划分为四类:纯农户、一兼户、二兼户、非农户。农业收入占家庭总收入比例大于等于95%为纯农户,农业收入占家庭总收入比例小于95%、大于等于50%为一兼户,农业收入占家庭总收入比例小于50%、大于等于5%为二兼户,农业收入占家庭总收入比例小于5%为非农户。二是国家统计局的认定标准,从95%降低至90%,即农业收入占家庭总收入 90% 以上的认定为纯农业户,非农业收入占比 90% 以上的认定为非农业户,非农业收入占比在 10%～90% 的认定为兼职农户(Liu et al.,2018)。

近年来一些学者开始用统计聚类方法进行农户类型划分,代富强等(2015)基于家庭劳动力配置、资金投入、收入三个方面用潜在聚类分析方法将农户划分为农业自给型、农业经营型、兼业化型和非农化型四种类型。王娟等(2014)根据种植业结构、养殖业结构、非农活动三个方面采用 K 均值聚类法将农户生计策略分为五种类型,即以甘蔗、茶叶和咖啡生产为主;以橡胶生产为主;粮食和经济作物并重,畜禽养殖规模大;粮食作物种植为主,畜禽养殖规模较大;粮食作物种植为主,外出务工人数较多。陈方等(2017)从农业集约化、农业扩大化和生计多样化三个方面采用两步聚类法将农户划分为农业户、兼业户、非农业户三种类型。

相对于依据收入来源和结构的农户类型划分,聚类分类法对农户生计策略的考量更全面,本书的研究对象是已发生或正在发生生计转型的农户,在农户生计类型划分上首先依据收入来源划分出纯农户和非农户,然后依据农户就业产业类型、就业地点、收入主要来源与城市居住状况等结合聚类方法进行综合划分。

2. 农户生计转型的驱动因素

当农户面临的自然和社会环境、拥有的生计资本或生计目标发生变化时,就会调整生计策略,直接驱动农户生计转型的因素可概括如下。

制度政策驱动。西方新制度经济学派认为,制度因素是经济增长的关键因素,而生计策略选择很大程度上是一种经济行为,是农户经过一系列经济考量下做出的决策,故制度变迁、政策安排对于农户生计策略选择也具有重要的影响。无论是家庭联产承包责任制的出现,极大地释放了生产力,还是改革开放后,在城镇化制度安排下,农民成为城市居民的意愿强烈,大批农民选择进城务工,都体现了制度变迁对农户生计转型的驱动作用。随着户籍制度、土地制度、社会保障制度等一系列与农户息息相关的制度的进一步完善,会有更多农户选择进行生计转型,迁入城镇生活。而更直接的政策安排,如生态移民、扶贫异地安置等政策,使农户原有的生活、生产环境被改变,直接加剧了农户的非农化倾向。

城镇驱动。由于我国城乡二元结构的存在,城乡发展长期不均衡,早期的农业反哺工业,后期改革开放后城镇化迅速发展,大量农村劳动力流入城市等一系列原因,造成现在农村基础设施建设滞后、教育资源匮乏、医疗条件落后、文化服务缺失、社会保障不足等诸多问题,总体上农村落后于城镇。城镇生活在农民心中意味着好的生活,他们对城镇生活有着天然的向往。为了追求更好的生活、给子女更好的教育,农户进行生计转型,迁入城市生活和就业。

产业驱动。伴随着城镇化发展,制造业和服务业蓬勃发展,创造了大量就业岗位,产生了大量劳动力缺口。同时,由于农业基础设施的不断完善和农业技术的提升,农村出现闲置劳动力,而产业发展所需要的劳动力正好吸收了农村闲置劳动力。农户除了务农外,有了更多的就业选择,进行生计策略调整,可以选择进城务工、经商等,变为非农型农户,也可利用农闲零散打工补贴家用,成为兼业型农户。

比较利益驱动。农业相较于第二、三产业来说,比较利益较低,且要经受自然和市场的双重风险。在比较利益的驱动下,农业内部的资本、劳动力等生产要素从农业部门转移到非农部门,具体表现为农户为了更低的风险和更高的经济报酬,进行生计策略转型。

资源环境驱动。如果出于比较利益的考量而进行生计策略调整是农户主动选择的话,而受资源环境驱动进行生计转型更多是一种无奈的选择,生存环境的恶劣、自然资源的匮乏,农户的生计安全不时遭受来自于天灾的威胁。无论是追求更低的风险,还是生计目标由生存型向发展型的转变,均推动着身处恶劣自然环境的农户进行生计策略调整。

生计资本驱动。农户所拥有的生计资本的变化是驱动其生计转型的最基本因素,农户所拥有的生计资本越多,意味着其抵御风险的能力越强,发现、利用机会的能力越强,选择的机会越多;而当农户所拥有的生计资本匮乏时,其抵御风险的能力弱,缺乏开发替代资源的能力,对自然资源的依赖程度大。当农户生计资本发生变化时,其生计策略也会随之改变;如当农户的可经营农地资源等物质资本减少或稀缺时,自然会转向第二、三产业。

(三)农户生计转型效应

农户从农业生计转型成非农生计,对土地的依赖减少,势必形成一定的土地利用、生态环境效应;同时对非农就业的需求增加,也会影响农户的城镇化意愿和区域城镇化水平。

1. 农户生计转型对土地利用的影响

随着农户生计方式的变迁,农民对于土地的认知和情感随之改变,熊正贤(2018)认为,农户生计转型与土地意识嬗变密不可分。在靠天吃饭的务农单一生计方式阶段,土地是农民生计的唯一来源,农民对土地的认知和情感强;在以务工为主要生计方式的阶段,农民对土地的依赖减弱,对土地的认知和情感也削弱了,故而出现抛耕弃荒现象。近年来随着乡村振兴,农村产业开始发展,农户对于土地的认知和情感又发生了变化,认识到了土地的产权属性和资本属性。

(1)农户生计转型对农地利用的影响

农户生计转型导致种地的农民减少,于是农地流转市场活跃,户均农地经营规模扩大,出现了较多的种田大户和市场型纯农户。平原地区土地平整、农业机械化程度高,一个农户可以耕种较大面积的农地,农地转入需求大于转出需求,农业产业化经营发展较好;但在丘陵山区,农田基础设施不具备机械化操作的条件,土地流转困难,加之务农劳动力减少和人工成本高,农业比较利益低,导致农地撂荒、农村空心化现象日益严重。

不同生计类型农户的农地利用行为的区别,在用地目的、劳动力投入、物质要素投入、复种指数等方面表现明显。在用地目的方面,小规模纯农户种植各类作物的目的为自给自足,大规模纯农户和一兼户主要为市场交易,二兼户主要为自用、多余的用于交易。在劳动力投入方面,纯农户多为留守农村的中老年人,老龄化现象严重,普遍文化水平不高;一兼户的劳动力投入多于二兼户(梁流涛 等,2008)。在物质要素投入方面,纯农户重视农家肥等价格低廉的传统肥料的投入,二兼户的肥料投入量最大,普遍选用价格偏高的省工性肥料,一兼户在肥料的用量和质量上都把握得最好;省工性药剂的投入量则随着非农化程度而增加;在机械投入方面,一兼户的省工性机械平均投入量普遍高于二兼户和纯农户(阎建忠 等,2010)。在复种指数方面,由于纯农户以土地为生,无其他非农收入,必然追求土地利用效率的最大化,故而纯农户的复种指数普遍高于一兼户和二兼户;一兼户复种指数低于纯农户,高于二兼户;二兼户由于其家庭收入主要来自非农产业,其劳动力、资金主要投向第二、三产业,故而复种指数在三者中最低。

(2)农户生计转型对农村居民点用地的影响

随着农户生计转型、生计选择多元化及非农化倾向的加剧,农户住宅布局不再受农业资源位置、耕作半径等因素的影响,而受与居民生活相关的基础公共服务设施的影响程度提升,农村居民点布局由分散逐渐向集中转变。具体到不同类型生计农户农村居民点用地情况也有区别,非农型农户呈现明显生产、生活用地分离特征,兼业型农户生产、生活用地部分分离,市场型纯农户的生产用地的比例增加,而居住用地的比例减少,自给自足型纯农户对于宅基地利用情况较为稳定;且农村居民点用地集约度随着非农程度增加而上升(周婧 等,2010)。

人均和户均居民点用地面积也与农户非农化程度有关,陈秧分等(2012)研究了中国农村居民点用地情况,发现农户非农就业程度与人均农村居民点用地面积存在先增大后缩小的倒U形趋势;而王楠等(2019)在研究河北省农村宅基地潜力时发现,农户农业经营规模的扩大导致生产性宅基地用地需求增大,即人均耕地面积提升会导致人均宅基地扩大;总体户均宅基地面积随农户非农生计程度提高呈现先缩小后增大的U形趋势。

2. 农户生计转型对生态环境的影响

生计作为一种从自然界中获取所需生产、消费资料的行为,作用于生态环境,对生态环境产生深远影响,所采取的生计策略不同,对生态环境的干预方式和干预强度也不同,农户生计行为与生态环境系统演化密切相关(张芳芳 等,2015)。一般认为,扩张性生计策略会导致生态环境的破坏,如不恰当的垦林开荒等行为(Ellis,2003a,2003b);集约化生计策略一定程度上可以促进生态环境的恢复,但过度集约化也有可能造成一些影响(Glavovic et al.,2007);出于生态保护目的的迁移生计会减小原居住环境的生态压力(史俊宏 等,2013)。

不同生计类型的农户对生态环境的影响方式和影响程度存在差异。生计单一的纯农户,容易因为贫困而陷入肆意开垦和破坏森林等"越垦越穷,越穷越垦"的不可持续性、对环境破坏力极大的生计方式中去,特别是在生态环境脆弱地区,会造成生态环境的严重退化;农业大户大量使用农药、化肥等生产资料的方式会降低土壤肥力,但他们对闲置或撂荒土地的利用起到了较好的生态经济社会效益(苏磊 等,2011);兼业户和非农户的进城务工,减少了农村地区的人类活动,进而减轻了对农村生态环境的压力,打破了"贫困—粗放耕作—生态退化—贫困"这一恶性循环,从而促进自然—社会系统的良性循环(Zhu et al.,2006);农户生计的多样化不仅有利于生态系统的恢复,也降低了农户生计风险,提升了生计能力。但如果实行就地就近城镇化,农户的非农就业所在地就在当地,在原来农村地区进行开发建设,发展城镇化和工业化,那么可能对当地的生态环境造成负担甚至破坏,所以城镇化发展过程中一定要重视环境效应。

3. 农户生计转型对城镇化的影响

(1)农户生计转型对城镇化意愿的影响

农户的城镇化意愿是其城镇化过程的起点,直接影响城镇化发展;而生计转型是否顺利又直接影响着农户的城镇化意愿(杜巍 等,2018),如果农户的生计转型过程顺利、城镇谋生能力强,那么其承受市民化过程中风险的能力就强,城镇化意愿就会强烈。

在不同类型的农户中,农户的非农化程度与农户的城镇化意愿正相关,即受教育程度较高的非农型农户的城镇化意愿高于兼业型农户,而经历过工作技能培训、拥有较强的职业获取能力的兼业型农户的城镇化意愿高于农业型农户(黄文秀 等,2015)。在城镇化地点的选择上,不同类型农户也存在差异。非农型农户迁居到县城的意愿明显高于农业型农户与兼业型农户,而农业型农户与兼业型农户更愿意迁居到本镇镇区(孙博 等,2019)。

(2)农户生计转型对区域城镇化的影响

我国区域城镇化发展水平呈现明显的空间差异,自东向西依次降低,这主要是经济发展的影响,但生计转型农户的大规模迁移也是我国城镇化人口增长的主要来源,整体上加剧了我国的城镇化发展的区域不均衡程度(林逸凡,2019)。

生计转型农户就业地点的选择,一般考虑城镇化水平较高、经济发展状况良好的地区,这些地区就业机会较多,收入水平较高;于是中、西部地区成为劳动力流出的中等流出区和高流出区,大量劳动力转移到其他地方,对本地的经济发展和城镇化建设造成一定的负面影响;而作为高流入地的东部地区,人口的流入对城镇化的带动作用明显(徐素 等,2015)。在经济结构调整背景下,不管是大量人口流动对区域城镇化发展不均衡程度的加剧,还是半城镇化率与人口流动空间分布的高度一致性,均随着人口流动的分散化在逐渐减弱(纪明 等,2016)。

二、城镇化的相关理论

(一)城市化理论

城市化指随着一个国家或地区社会生产力的发展、科学技术的进步以及产业结构的调整,其社会形态由乡村型向城市型转变的过程,表现为第一产业产值比例下降而第二、三产业产值比例增加。城市化的概念有狭义、广义之分。狭义城市化指人口城市化,即城市人口比例上升,城市人口的来源有乡村人口向城市的迁移和区域整体就地城市化。一般来说,人口迁移是城市人口主要来源,因除特殊时期的逆城市化外,随着社会经济的发展,人口从乡村向城市流动是人口流动的主要方向,是一种自下而上的自发性的城市化过程;区域整体城市化是区域经济非农化到较高程度后,为更好地规划和促进区域发展,政府从城市设置上进行了一种自上而下的城市化行为。广义城市化除包括人口城市化以外,还包括土地城市化、生活方式的城市化等,李克强总理2013年提出的我国的新型城镇化本质上更接近于广义城市化。

1. 城市化模式

城市化模式是指一个国家或地区城市化的实现途径和方式,它实际上是对特定国家或地区、特定时期城市化的演进过程、表现特征、动力机制和战略选择的概括和总结(盛广耀,2008),不同地区在不同时期的城市化模式不同,但可以相互借鉴。拉美城市化模式以前为由农村向城市的移民,20世纪80年代后逐渐转型为城市体系内部的整合和平衡发展(韩琦,2020),日本、韩国、巴西等国城市化进程中生产和人口在大城市过度集中(范红忠 等,2010)。改革开放以来,我国城市化水平得到了迅猛发展,及时总结城市化模式有利于更好地借鉴以往的城市化经验和避免伴随城市化而产生的各种问题。从不同角度出发的我国城市化模式有着不同的特点,具体如下。

一是根据规模划分的城市化模式,有大、中、小规模。由于城市规模不断增大,我国城市规模划分标准已经过多次调整,1955年划分为大、中、小三类,1980年划分为特、大、中、小四类,2014年划分为超大、特大、大、中、小五类七档,不仅城市规模档次增加,人口规模标准同时上升。1980年中华人民共和国国家基本建设委员会明确提出了"控制大城市规模,合理发展中等城市,积极发展小城市"的城市发展总方针;但由于大城市的人力资本积累优势(高春亮 等,2019),近四十年来,在小城市的数量增加的同时,特大、超大城市也在增加;至2019年,我国100万~500万人口的大城市140多个,500万~1000万人口的特大城市10个,1000万以上人口的超大城市6个。

二是根据城镇化和工业化之间的关系,划分出同步型、超前型和滞后型三种模式。一般认为美日等国家为同步型,拉美国家为超前型,我国为滞后型,我国城市化发展滞后于工业化进程的主要原因是长期以来的非永久性劳动力转移(孙亚南 等,2019);但随着我国新型城镇化策略的实施,近年来二者的耦合关联度水平在不断提高。

三是根据城市化发展的主要动力因素,分为工业化拉动型与城市群带动型两种模式(岑剑 等,2018)。珠江三角洲模式为典型的工业化拉动型,作为始于20世纪80年代中国改革开放的前沿阵地之一,随着最初的乡镇企业的遍地开花和后期的各类产业集群的扩大,珠江三角洲的城市化水平迅速提升;京津冀城市圈、成渝城市群、长江中游城市圈等都是典型的城市圈模式,通过中心城市对周边的带动和城市间的互动影响,促进了整个城市圈的快速发展。

四是根据城市化空间结构可分为大城市郊区城市化模式、开发速生型模式、新城互动模式、组团式城市群模式和特色小城镇模式(李向前 等,2019)。大城市郊区城市化模式是城市增长的典型模式；一些资源型城市如攀枝花、黄石、白银市等在资源开发时期的迅速扩大即为开发速生型模式；北京市的雄安新区、武汉市的花山新城等为典型的新城互动模式；我国七大城市群为组团式城市群模式；我国新型城镇化建设中,在全国培育了很多的特色小城和特色小镇,这是我国新城城镇化和乡村振兴的重要发展方向。

五是其他类型模式划分,如依据政府职能与市场关系来划分为完全市场化模式、政府调控下的市场主导模式、政府积极引导模式三类；依据动力驱动方向区分为自上而下和自下而上两种形式(辜胜阻 等,1998)；基于城乡关系变化划分出城市瓦解农村模式、城市馈补农村模式和农村转变城市模式三个阶段(曹钢,2010)等。

2. 中国城市化发展的动力机制

城市化动力机制是指推动城市化发生和发展所必需的动力的产生机理,以及维持和改善这种作用机理的各种经济关系、组织制度等所构成的综合系统的总和(孙中和,2001)。从国内外城市化发展的历史长河来看,推动城市化发展的根本动力是工业化、农业发展剩余。另外,我国几十年来城市化的快速发展,还得益于市场化、全球化及城镇化发展制度政策的推动。

(1)工业化的推动

工业化是城市化发展的根本动力,中国始于1978年的改革开放率先在农村进行经济体制改革,赋予了农民自主发展权,极大地解放了农村生产力,一大批乡镇企业如雨后春笋般涌现,出现了中国特色的农村工业化现象。农民在乡镇企业就业改变了他们传统的生计方式,同时带来了比农业就业更高的收入。这种就地城镇化进一步促进了农村工业化的发展,二者相互促进带来了我国东部地区的快速城镇化发展。

随着国家进一步深化改革、扩大对外开放,在制度创新的推动下,城市制造业、服务业迅速发展,城市成为区域经济的中心,吸引大量劳动力、资金、原材料等生产性要素在城市聚集,为第三产业的发展打下基础(吴建峰 等,2011)。第三产业的迅速崛起进一步吸引人口到城市聚集,由此形成了我国城市规模不断扩大、大中小各类城市数量迅速增长的城市化发展繁荣阶段。

(2)农业发展的贡献

农业发展是城市化发展的前提,农业剩余转移至城市,为城市化发展提供必要的劳动力、资本等经济性要素。孙中和(2001)认为中国农业对城市化发展的贡献主要有四点：第一点是农业为城市化发展提供充足的食物和工业生产材料；第二点是农村作为一个潜力巨大的市场,为城市化发展提供了市场；第三点是农村为城市化发展提供了必要的生产要素；第四点是城市化发展过程需要农业为其提供必要的外汇支持。

大多数国家或地区在其工业化发展的起步阶段,为了快速实现资本积累,均采用政府行政强制干预下的价格方式来汲取农业剩余,我国1949年后实行的工农产品价格剪刀差和2006年前的各类农业税赋,都是利用农业剩余促进工业化和城市化发展。在农业剩余贡献城市的过程中,除却国家的强制行政力量使之转移外,城市经济对资源的高效利用和比较利益差异,均驱使着农村的劳动力、资金、土地等生产性要素向城市集中。

(3)市场化的驱动

市场化是城市化发展的直接动力。我国改革开放初期,农民虽然期望迁移至城镇居住或务工谋生,但此时囿于严格的户籍管理制度,劳动力还不能够在城乡之间自由流动,随着经济体制改革和户籍管制的松动,大量农村劳动力流入城市,既解决了城市工业发展所需的劳动力,又妥善安置了农村剩余劳动力。产品在城乡之间自由流动,一方面,农村的农业产品为城市提供了必要的食物,提供了初级农业生产材料,另一方面,城市的工业制成品需要农村这一广阔的市场。随着土地制度的进一步完善和深化改革,土地这一生产基本要素不管是城乡之间的自由流动,还是农村土地市场的自由流动,均会对释放下一阶段的城市化发展活力起到积极作用(马仁锋 等,2010)。总之,随着改革开放后经济体制改革的深化,我国逐步实现由计划经济向市场经济转变,劳动力、产品、土地等生产要素在城乡之间的自由流动为城市化发展提供了源泉。

(4)经济全球化的影响

随着我国经济的发展,经济全球化程度越来越深,进出口贸易额逐年增加,不仅引进外资和先进的生产技术、管理技术,也参与全球的高端生产和技术竞争,这些既发挥了我国的劳动力优势和部分行业优势,促进了经济的快速发展,也深化了与全球经济的联系。经济全球化发展给城市化带来了机遇和挑战。机遇是国内外两个市场的产品需求可增加劳动力需求、释放我国过剩产能,且先进的生产和管理技能可提升劳动力的收入和生计能力,所以全球化既可提高人口城市化数量,还可提升人口城市化质量。同时国际竞争对我国一些相对落后或发展中的人口密集型行业挑战极大,若它们被迫淘汰,那么对劳动力的需求将快速减少,这将导致农民工的回流,对我国的新型城镇化带来打击。

(5)政策制度促进

中华人民共和国成立以来,我国走过的城市化道路和动力机制,可分为计划经济和市场经济两个时期,这两个时期的城市化发展都有着政府政策制度的强大推动(任泉 等,2018)。计划经济时期下,政府利用行政手段集中全国力量进行经济建设,大批农民成为工人,出现了大批工业化城市,这一时期的城市化模式表现为自上而下型,在这一时期,政治因素的影响超过了经济因素的影响。市场经济时期,我国城市化迅猛发展,动力机制表现为自上而下的政府主导与自下而上的市场力量对城市化进程的影响并存,市场力量导致城市化数量发展增速,与新型城市化相关的一系列的人口户籍政策、土地制度、社保制度等关注城市化质量的提升,以期实现真正的人的城镇化。

3. 中国城市化存在的问题

城市化发展过程中,必然会出现一些诸如城乡资源协调、人口城市融入等方面的问题,我国城市化发展过程的突出问题表现在以下三个方面。

(1)城乡发展不平衡

由于城乡二元结构的存在以及农村剩余贡献城市的城市化制度设计,注定了会出现城乡发展不平衡的问题。中华人民共和国成立之初,采取了与大多数国家或地区相同的路径,集中全国之力重点发展工业,利用工农产品价格剪刀差等形式以农业反哺工业。农产品低价流入城市,农村集体土地被城市政府征收,农村大量高素质的青壮年劳动力非农化,这些在带来城市经济繁荣、城市化快速发展的同时,也导致农村人才缺乏、资金短缺。随着城乡在基础设施建设、公共服务供给、教育资源配备等方面的差距进一步拉大,农村老龄化、农村空心化现象日益严重,进而出现一系列"农村病",严重影响农村的发展能力和可持续发展的基础,更不利于农业现代化、乡村振兴的实现。城乡发展不平衡导致城乡收入差距持续扩大,不利于构建社会公平,激化了社会矛盾。反过来,"农村病"也对城镇化发展造成阻碍,因此发展新型城镇化强调城乡一体化发展、实现乡村振兴、消除城乡差距,让农民群体享受发展红利。

(2) 人口城市化与土地城市化发展不协调

人口城市化和土地城市化是城市化的基本形式。人口城市化是城市化过程的核心,即城市人口占总人口的比重逐渐提高的动态演进过程(周丽萍,2011)。土地城市化是城市化的载体,是指城市化进程中土地从农村状态向城镇状态转变的过程(李昕 等,2012)。依据城市化发展的客观规律,城市非农产业应该与农业产业相协调,具体表现为人口城市化与劳动结构的工业化、非农化相协调,人口城市化与土地城市化相适应;而中国的土地城市化超前发展,人口城市化严重滞后,这在全国的很多地区都表现明显(吕志强 等,2016)。

人口城市化和土地城市化不协调的原因,主要源于影响城市化发展的两大制度背景。本应该是城市化发展过程核心的人口城市化,困于城乡二元结构下的户籍管理制度的约束,催生了具有中国特色的农民工群体和半城市化问题。与此同时,土地制度实行市场化改革,地方政府受到土地财政和唯GDP评价指标的不良刺激和诱导,大搞开发区建设,城市建成区规模摊大饼式扩张,土地城市化进程一路高歌猛进,从而导致了土地城市化超前于人口城市化。

(3) 农民工半城市化状态普遍

改革开放以来,我国经历了最初的严格限制农村人口流动到逐渐放开户籍管制,农村人口可以自由流动进城务工或定居城市。许多农民期望通过自己的努力实现成为城市居民的愿望,可现实情况是大量农村流动人口处于候鸟式迁移的半城市化状态。半城市化指农民处于一种介乎于农村与城市之间的尴尬状态,既没有完全融入城市,也没有完全脱离农村,这种不完全融合的状况,包括身份认同、心理归属、政治权利、公共服务、居住就业等诸多方面(王春光,2006)。其形成的主要原因在于城乡割裂的二元结构,农村流动人口受制于户籍、土地、行政等管理制度,束缚了其城市化过程(刘盛和 等,2004)。此外,农村流动人口自身的人力资本、社会资本缺乏和其他社会文化心理因素也影响着其全面融入城市(吴华安 等,2011)。

也有学者认为,"半城市化"并不是一个需要人为消除的现象,而是具有积极意义的客观阶段(王海娟,2016)。半城市化家庭一方面可以从城市获取相对较高的收入,另一方面可以依靠农村资源实现家庭的"农村支持城市"的代际分工,农村社会系统是农民实现完全城市化之前的一种社会保障。

(二) 新型城镇化理论

1. 新型城镇化的提出与内涵

(1) 新型城镇化的提出

为了应对传统城镇化存在的短板和带来的一系列问题,最早在党的十六大"新型工业化"战略中出现了"新型城镇化"一词,而其首次被正式提出是在2012年中央经济工作会议上。党的十八大后"新型城镇化"被广大民众所熟知,提倡"把生态文明理念和原则全面融入城镇化全过程,走集约、智能、绿色、低碳的新型城镇化道路"。新型城镇化是中国城镇化得以健康稳定发展的保证,在新时代、新形势的要求之下,需要不断尝试探索适合中国国情、具有中国特色的新型城镇化的理论及实践问题(姚士谋 等,2015)。新型城镇化是中国经济重要的增长点和扩大内需的重要手段。

(2) 新型城镇化的内涵

传统城镇化是重点关注土地城镇化和城镇人口所占比重的城镇化(王弘 等,2013)。新型城镇化是以人的城镇化为核心,以民生、可持续发展和质量为内涵,以追求平等、幸福、转型、绿色、健康和集约为目标,以实现区域统筹与协调一体、产业升级与低碳转型、生态文明和集约高效、制度改革和体制创新为重点内容的崭新的城镇化过程(单卓然 等,2013),新型城镇化的内涵和特征可总结为以下五个方面。

一是新型城镇化是人的城镇化。强调人的全面发展,是新型城镇化的主要内容和目标;体现在农村转移人口市民化过程的完全融入,纳入城市教育医疗等公共服务体系,让每一位市民均能享受和谐、幸福的城镇生活,实现人的生活水平和人文素质全面提升的城镇化。

二是新型城镇化是可持续的城镇化。强调人口、经济、资源和环境协调发展,倡导集约、智能、绿色、低碳的发展方式(张占斌,2013),坚持"绿水青山就是金山银山"理念,建设生态文明的美丽中国,实现中华民族永续发展的城镇化。

三是新型城镇化是产业协调发展的城镇化。强调城镇化与工业化、信息化、农业现代化协调互动,四者相互促进,同步发展。通过产业发展和科技进步推动农业现代化和城镇化发展,实现各产业全面发展的城镇化。

四是新型城镇化是城乡协调发展的城镇化。强调城乡互补、产城融合,实现城镇带动的统筹城乡发展和农村文明延续的城镇化。

五是新型城镇化是区域协调发展的城镇化。强调构建与区域经济发展和产业布局紧密衔接的城市格局,提高城市承载能力;实现横向上从东部到西部、纵向上从大都市到小城镇的协调发展的城镇化。

2. 我国新型城镇化发展现状

党的十八大以来我国的新型城镇化建设取得了一定成效,主要表现在以下几个方面。

(1)农村转移人口市民化更加便利

自党的十八大实行新型城镇化建设以来,为了使得农村转移人口的市民化过程更加便利,户籍制度改革一直在稳步推进,到目前为止,我国户籍制度改革政策框架已经完成。近年来主要取得了如下进展:取消了"农业户口"和"非农业户口"区别,统一登记为"居民户口";完善调整了户口迁移制度;实施了新型居住证制度;为解决历史遗留问题开展了户口专项清理整顿巩固工作;户籍制度综合配套改革已在逐步深化(陈鹏,2018),2021年4月,国家发展和改革委员会印发的《2021年新型城镇化和城乡融合发展重点任务》提出,城区常住人口300万以下城市落实全面取消落户限制政策。

此外,党的十八大以来我国常住人口城镇化率从2012年的52.57%到2019年的60.60%,年均增长率为1.15%,我国的户籍人口城镇化率从2012年的35%到2019年的44.38%,年均增加率为1.34%,户籍人口城镇化率增长速度超过常住人口城镇化率增长速度,表明两者差距在逐渐缩小,农村转移人口在其市民化过程中所遇到的各种障碍在逐渐减少。

(2)绿色低碳发展成效显著

以生态文明建设理念为指导的新型城镇化的发展目标就是建设人与社会、人与自然和谐相处、美丽宜居的生态城镇,强调在新型城镇化建设中要遵循集约、智能、低碳、绿色的理念,在城镇化发展中坚持节约资源和保护环境的基本国策,以期实现城镇的可持续发展。

近年来,我国在加快推进城镇化、工业化和现代化的进程中,在实施发展战略和进行产业布局的同时,积极推进绿色新型城镇化,建设生态化城市,全国各地积极践行绿色低碳发展理念,先后共有28个城市荣获"国家森林公园"荣誉称号,浙江省江山市、云南省丽江市、海南省三亚市等9个城市在全球人居环境论坛理事会发起的全球城市评选活动中被授予"全球绿色城市"殊荣。

(3) 以城市群为主体的城市格局持续优化

建设中国特色的新型城镇化道路,就是要以城市群为主体,以都市圈为引领,促进大中小城市协调发展。我国城市群的形成仰赖于人口、资源和产业在我国主要都市区的不断聚集,我国已经进入到都市圈和城市群作为主要城镇化发展动力的阶段,城市群已成为人口居住和就业创业的密集区。近十年来,城市群的规划和发展不断优化,国务院2011年6月发布了"城市化战略格局示意图",确定了中国适宜发展城市的区域;2014年公布了《国家新型城镇化规划(2014—2020年)》,提出优化提升东部地区、中西部地区城市群;2016年3月出台的国家"十三五"规划纲要里,提出要加快城市群建设发展,对京津冀、长三角、珠三角、山东半岛、海峡西岸、哈尔滨—长春、辽中南、中原地区、长江中游、成渝地区、关中平原、北部湾、晋中、呼包鄂榆、黔中、滇中、兰州—西宁、宁夏沿黄、天山北坡19个城市群和新疆喀什、西藏拉萨两个城市圈的建设目标和方向提出了要求;至2018年,19个城市群规划全部编制完成,国务院共批复了11个规划,跨省城市群规划均已出台并实施。

(4) 特色小城镇建设规范推进

自从2015年6月浙江省公布了第一批特色小镇的名单以来,全国各地各式各样的特色小镇如雨后春笋般出现在公众的视野中。2016年10月,住房城乡建设部印发了《关于公布第一批中国特色小镇名单的通知》,"十三五"规划也明确提出发展因地制宜具有地方特色的小城镇(孙超英 等,2016)。积极推进特色小城镇建设也是践行新型城镇化的重要举措,大中小城市协调发展、特色小城镇建设、社会主义新农村建设一起形成了多层次的新型城镇化体系。为实现新型城镇化整体质量的提升,必须将城镇建设与区域经济发展和产业战略布局紧密结合,与地区资源环境承载能力相适应,要因地制宜、突出地方特色、弘扬地域文化。

2019年4月,国家发展和改革委员会规划司在浙江省德清地理信息小镇召开了2019年全国特色小镇现场经验交流会,将两批、403个"全国特色小镇"更名为"全国特色小城镇"。这些特色小城镇在运动休闲产业建设、生态文明建设、传统产业转型升级、新兴产业建设、农村转移人口市民化、城乡融合发展、地方传统文化传承保护等方面各具特色,有很高的推广价值。

3. 我国新型城镇化存在的主要问题

(1) 市民化激励机制不健全

虽然党的十八大以来国家积极推进新型城镇化,农村迁移人口市民化过程中的阻碍不断减少,2019年、2020年连续两年国家发展和改革委员会发布的《新型城镇化建设重点任务》强调推进农业转移人口在城市的落户、提高农业转移人口市民化质量,但农民市民化制度安排、激励机制依然不健全。

首先,在户籍制度上,虽然城区300万人口以下的城市取消了落户限制,各大城市的大学生落户政策推行效果也较好,但对农业转移人口的吸引力不大;其次,农村土地制度改革尚在试点之中,担心土地承包权和宅基地使用权将随户籍的城市迁移而取消是阻碍农民市民化的重要因素;再次,在公共服务均等化方面,虽然许多城市实行了新型居住证制度,保障了外来流动人口在就业、教育、卫生计生、社保、住房保障等方面基本权益,但是仅仅进行户籍制度改革,改变不了附着在户籍制度上的福利分配和社会保障制度等的现状。

所以,有效的市民化激励机制需要在顶层设计推动户籍制度、土地制度、财政体制和行政管理体制的综合配套改革(陈鹏,2018),如既要有户籍的城市准入,也要有户籍的农村准回;虽然户籍从农村迁出,但是不影响土地的使用权益等。

(2)"城市病"依然存在

虽然绿色低碳、可持续发展是新型城镇化发展的重要内涵之一,但不少城市在其新型城镇化建设过程中还是没有践行和贯彻好生态文明发展、绿色发展理念,产生了一系列"城市病"(莫神星 等,2019),主要表现在交通拥堵、房价居高不下、城市环境差等方面。

交通拥堵问题几乎是我国大中规模城市存在的普遍问题。超大的城市规模、过量的城市人口带来过量的机动车数量,当机动车数量超过了道路承载极限时,就出现了交通拥堵。近年来,一些城市的轨道交通的发展、高架桥的建设、数字交通信息管理等极大地缓解了交通拥堵问题,但全面解决城市交通拥堵问题需要道路系统的合理规划和建设以及高峰时段的数字化管理再上新台阶。

城市房价过高的原因主要有两个方面:一是城乡二元结构、城乡发展差异吸引了包括农民流动人口在内的大量外来人口聚集于城市,导致城市承载能力超过负荷及住房的供不应求;二是原来以城市为核心的城镇化模式,导致人口、资源过度聚集进而进一步拉高房价。截至2019年年底,我国城镇居民人均可支配收入42359元,而我国许多二线城市房价早已突破每平方米万元大关,"北上广深"一线城市房价则更高。过高的房价收入比使大多数城镇居民被迫成为"房奴",农村转移人口则只能"望房兴叹",过高房价是阻碍农民市民化的重要因素之一。

城市环境差主要表现在城市雾、霾现象严重,水资源短缺,城市噪声等,普及的机动车和城市生产生活产生的废水、废气、噪声、各类垃圾等过量时,造成了$PM_{2.5}$浓度超标、水源被污染等问题。

粗放、盲目一味追求发展速度,却不注重发展质量的传统城镇化建设模式是"城市病"产生的直接原因,这些矛盾不仅对生态环境、生态系统造成了损伤破坏,而且会导致城镇居民的生活质量的降低,进而危及人类的生产和发展。新型城镇化的绿色低碳发展理念的贯彻和实施在一定程度上缓解了城市病的发生。

(3)特色城镇特色不鲜明

自"十三五"规划纲要中提倡因地制宜,建设有地方特色、产城融合发展的特色小镇以来,全国各地特色小镇层出不穷。当中不乏值得大力宣传的积极正面参考案例,也有地方政府急功近利的负面典型。2019年4月,国家发展和改革委员会规划司在公布一批全国特色小城镇的同时也指出了一些需淘汰整改的问题小镇。

一是部分特色小镇缺乏系统性整体规划,没有科学合理的规划设计,出现了"千城一面"的现象,城镇特色没能够得到凸显;二是有些地方政府不考虑自身实际情况,简单照搬其他地方成功经验,反而丢掉了自身的特色;三是部分地方急于求成,出现了拆真造假的荒诞局面,大举借债,大拆大建,搞架空历史的所谓特色城镇建设。

没有特色强行创造特色,没有真正的历史人文底蕴的支撑,缺乏内生动力,无法形成产城融合,自然也就谈不上长久健康发展。如若为了短期内所谓特色和经济收益,破坏了真正代表本地特色的历史文化,终究会昙花一现、得不偿失。特色小城镇建设还需充分了解自身情况,积极挖掘自身特色,再经过科学合理规划设计,才能实现可持续发展,真正走出与自身乡土文化相结合的特色城镇道路。

(4)城乡差距依然较大

自2018年乡村振兴战略实施以来,战略规划稳步推进,战略导向作用显著,乡村振兴战略开局良好。但由于近几十年的以城市发展为核心的城镇化制度设计,农村人才、资本大量流失,空心化、老龄化现象严重,基础设施和公共服务设施建设滞后,城乡居民收入差别明显。我国城乡差距依然很大,乡村振兴任重道远。

农村公共服务设施的短板主要体现在教育和医疗两个方面。农村教育资源缺乏源于多方面原因,如农村社会经济发展环境落后,乡村教师工资待遇福利条件差等,优质教育资源自然向社会经济发展环境好,教师工资待遇、福利水平高的城市及发达地区流动。医疗问题也是如此,我国广大农村地区的医疗基础设施不管是人才等软件设施,还是器材等硬件设施,均落后于城市,看病难问题成为广大农民群众的普遍困扰。城乡收入差距方面,截至2019年年底,我国城镇居民人均可支配收入42359元,而农村居民人均可支配收入中位数为14389元,城市居民收入是乡村居民的近三倍。另外,农村地区的道路交通、水电通信网络、快递服务等基础和公共服务设施的建设也有待加强。

当然不只是城乡之间的差距明显,区域之间的不均衡也普遍存在。普通地级市与省会城市之间、欠发达地区与发达地区之间,在基础设施、公共服务设施、居民收入、社会福利等方面均存在较大差距。缩小地区发展差距,缓解地区之间不均衡,也是新型城镇化发展的目标之一。

4. 新型城镇化策略

(1)深化制度改革,理顺管理机制

深化对户籍管理制度、农村土地制度、财政税收制度的改革,逐渐破除城镇化过程的制度阻碍因素;深化城市管理、社会治理的体制改革,提升行政管理水平。具体可从以下几个方面着手。

在户籍制度改革方面,降低城市户籍的准入门槛的同时,放活农村户籍的迁回路径,让农民可进可出,无后顾之忧。在农村土地制度改革方面,降低户籍与土地权益之间的紧密联系,保障农民的土地永久权益;建立城乡统一的土地市场,真正实现城乡劳动力、土地等生产性要素自由流动。深化财税制度改革,逐步降低地方政府对于土地财政的依赖,积极创新融资手段,加快房产税改革步伐,完善市场化运作的城市建设融资机制(魏后凯 等,2019)。

深化城市管理、社会治理的体制改革,提升行政管理水平。我国用短短几十年的时间走过了西方发达国家百年的城镇化过程,但城市管理思维、城市治理水平没有跟上超快的发展速度,还停留在比较滞后的阶段(鄢祖容,2017)。而新型城镇化对城市管理、社会治理提出了更高的要求,这就要求城市管理者转变城市管理思路,适应城镇化新阶段的发展要求,深化体制改革。

(2)继续加强生态文明建设,逐渐根治"城市病"

新型城镇化的绿色、低碳、集约、创新、宜居的可持续发展理念已深入人心,但由于传统城镇化道路的路径依赖,要根治"城市病",必须继续加强生态文明建设。在强调发展效率和发展质量的同时,考虑到资源环境的承载能力,减少碳排放、污染排放,节约自然资源,提高资源利用效率,用最小的代价换取最大的收益(辛宝英,2020)。加大对环境保护、生态恢复的投资,构建一种与新型城镇化模式、绿色生活方式相配套的经济发展模式(邓韬 等,2016)。

(3)实施产业转型升级,提升城乡居民收入

产业发展是城镇化发展的强力支撑,面对一些城镇产业空心化、产业层次不高、部分产业产能过剩等问题,积极进行产业调整,强调效率和质量并举,发展高附加值的服务业和新兴产业,是提振城镇发展动力、提升城乡居民收入的有力手段。

实施产业转型升级,要尊重城镇化发展、社会经济发展的客观规律,因地制宜,根据当地资

源环境承载能力,顺应当地市场需求,发挥当地优势,形成具有当地特色的差异化的产业竞争力,同时要注意农业、工业和现代服务业的融合发展。

(4)进行区域统筹、城乡协调,缩小城乡、区域差距

要做到区域统筹和城乡协调需发挥好规划制定在城镇化战略中的控制引领作用。宏观层面上,需协调统筹好区域发展总体战略(杨发祥 等,2014),优化改进全国城镇化体系布局和国土空间规划,进而推动城乡一体化协调发展;中观层面上,科学规划和发展城镇群,优化城市格局(姚士谋 等,2015),促进城镇群内部和城镇群之间的密切交流往来,鼓励区域合作,共同发展;微观层面上,完善相关法律法规,突出其法律地位,让规划制定、调整、实施及监督有法可依。

(三)乡村振兴战略

1. 乡村振兴战略的提出与内涵

(1)乡村振兴战略的提出

2017年10月18日,在党的十九大报告中,习近平总书记提出了乡村振兴战略。报告指出,农业农村农民问题是关系国计民生的根本性问题,必须始终把解决好"三农"问题作为全党工作的重中之重,实施乡村振兴战略。2018年1月2日,国务院公布了2018年中央一号文件,即《中共中央 国务院关于实施乡村振兴战略的意见》。2018年3月5日,国务院总理李克强在《政府工作报告》中讲到,要大力实施乡村振兴战略。2018年5月31日,中共中央政治局召开会议,审议《乡村振兴战略规划(2018—2022年)》。2018年9月,中共中央、国务院印发了《乡村振兴战略规划(2018—2022年)》,并发出通知,要求各地区各部门结合实际认真贯彻落实。

(2)乡村振兴战略的科学内涵

乡村振兴战略是在我国进入中国特色社会主义新时代和开启全面建设社会主义现代化国家新征程中,紧紧围绕"三农"问题,为了加快农业现代化实现和推进我国由农业大国向农业强国的转变而提出的重大战略举措。

① 乡村振兴战略的总体要求

乡村振兴战略的总体要求包括五个方面,即产业兴旺、生态宜居、乡风文明、治理有效、生活富裕。在我国经济发展由高速度发展转向高质量发展的背景之下,乡村振兴总要求体现了农业农村进入新阶段发展的新要求。在中国特色社会主义进入新时代的背景之下,我国社会主要矛盾已经转化为人民日益增长的美好生活需要和不平衡不充分的发展之间的矛盾。乡村振兴总体要求体现了主要矛盾的变化,要让发展成果惠及广大农民,让广大农民过上更美好的生活(黄祖辉,2018)。

在乡村振兴战略总体要求的五个方面中,产业兴旺是根本。为振兴农村产业,乡村振兴强调农村土地制度改革,完善土地承包"三权"分置和鼓励发展多种形式规模经营(蔡继明,2018);生态宜居是基础。为提高乡村环境宜居性,乡村振兴要科学规划,提倡绿色低碳发展;乡风文明是关键。即人的全面发展也是乡村振兴的关键所在,精神文明必须和物质文明同步发展;治理有效是保障。乡村治理包括村镇布局、生态环境建设、基础设施建设、公共服务提供等诸多方面,高效的乡村治理在治理主体、客体上要充分发挥各方力量,因地制宜;生活富裕是目标。做到了前面的四个要求,一定能达到全体村民生活富裕的目标。

② 乡村振兴战略的主要内容

乡村振兴战略所涉及的内容全面、广泛,主要内容包含了农业、农村和农民三个方面。对

于农业,加大力度推进农业现代化进程,促进第一、二、三产业融合发展,深化农业供给侧结构性改革,实现产业兴旺。对于农村,建成生态宜居、乡风文明、治理有效的社会主义现代化新农村,加强对于农村生态环境、文化事业、治理能力的建设力度。对于农民,通过实现农业现代化,从而增加农民经营性收入;通过深化农村集体产权改革增加农民财产性收入;通过清除农民市民化道路上的就业歧视增加农民工资性收入,使农民收入来源多元化,改善农民家庭收入结构,增加农民总收入,实现农民生活富裕。

③ 乡村振兴战略的目标

乡村振兴的最终目标是实现农业农村现代化。农业农村现代化与国家现代化的关系密不可分,国家的现代化离不开农业农村的现代化,农业农村为国家现代化贡献了基本的食物、生产资料和生态支撑,农业农村也是农民生活的依附所在。总而言之,农业农村现代化是国家现代化的基础,是组成国家现代化的重要组成部分。

④ 乡村振兴战略的关键举措

实现乡村振兴的关键举措是坚持农业农村优先发展。长久以来,农业农村农民为我国的工业化、城镇化的优先发展做出了巨大的贡献和牺牲,形成了城乡二元分割的局面,城乡发展不均衡不充分,其中"三农"问题尤其突出。因此,构建新型城乡关系、缓和城乡二元分割对立局面、促进城乡一体化融合发展迫在眉睫。当前我国的社会经济发展进入全新阶段,有必要、有实力将农业农村发展问题摆在优先位置上,通过顶层设计将乡村振兴放在国家战略的高度上,通过工业反哺农业、城市支持农村实现农业强、农村美、农民富。

2. 乡村振兴与新型城镇化的关系

我国在进入中国特色社会主义新时代和开启全面建设社会主义现代化强国的背景下,分别提出了乡村振兴和新型城镇化两大战略,是我国解决"三农"问题和推进健全城乡融合发展的"两个轮子"和"两个引擎"。实施乡村振兴和新型城镇化"双轮驱动"战略,是进一步推进我国经济高质量发展,促进以工业反哺农业,以城市带动农村,健全城乡融合发展机制体制,实现城乡生产性要素自由流动,逐渐缩小城乡公共服务、基础设施等方面差距的重要举措。

(1)以新型城镇化促进乡村振兴

乡村振兴战略是为了解决"三农"问题而提出的,"三农"问题的核心是农村人地矛盾,农村人地矛盾导致农业劳动生产率低下,进而产生贫困。而大力发展新型城镇化,促进农村剩余劳动力完成其市民化过程,农民进城务工安家,从传统农业转移到非农产业谋生,这一方面丰富了农民生计方式,让农民收入来源多元化;同时一部分农民市民化为另一部分农民实现农业规模化、机械化经营打下了基础,提高了农业生产率,进而提高了农民农业收入。

另外,农业现代化所需要的现代科技主要来源于城市,新型城镇化发展可更好地为农村提供技术服务支持。总之,解决"三农"问题的重要出路之一是加快城镇化进程(蔡继明,2018)。

(2)以乡村振兴促进新型城镇化

乡村振兴的最终目标是实现农业农村现代化,以现代化的手段促进第一、二、三产业融合发展,成功让农村剩余劳动力转移到非农产业,农民收入的非农化和多元化在增加他们总收入的同时,让收入结构更加合理和稳定,农民的这种非农生计能力的增强是实现城镇化的基础和前提,将进一步提升农户的城镇化意愿。所以乡村振兴是新型城镇化的重要动力之一,乡村振兴必定使得一部分农民实现就地、就近城镇化。

3. 乡村振兴的策略

实施乡村振兴要从乡村振兴的要求入手。首先,在顶层设计上高屋建瓴、系统规划,提供各项制度政策,同时做到因地制宜;其次,进行农村供给侧结构性改革,注重城乡融合发展,促进乡村产业兴旺;再次,发展过程中强调绿色低碳发展,强调文明乡风建设,提升乡村治理效率。

(1)进行顶层设计,坚持规划引领

实施乡村振兴战略,首先要有高瞻远瞩的顶层设计做指导,做到规划引领、制度规范。

规划引领在于无论是土地利用还是产业发展都要在科学规划的前提下进行,在规划理念和方法上可学习他国乡村振兴宝贵经验,同时结合我国独特国情,既要做到全国一盘棋,又要根据各地具体实际,因地制宜。全国一盘棋是指乡村振兴不能遗漏每一个乡村。因地制宜是指由于我国幅员辽阔,各地区乡村不管是自然地理条件,还是人文语言风俗均种类多样、差异巨大,所以在实施乡村振兴战略时,要结合当地的差异性,保留各地的地方特色,充分利用各地的资源禀赋,扬长避短(徐美银,2020),让每一个乡村都能充分体现出各自的魅力且符合当地居民的生产生活习惯。

制度规范在于乡村振兴的实施要在制度政策的框架内进行,这就要求制度供给必须全面,包括农村土地制度、城乡融合发展制度、社会保障制度、户籍制度、环境保护制度等,同时既要有全国性的制度安排,也要有地方性的具体法规。例如,为了解决乡村人地矛盾突出的问题,乡村振兴需要进行全国性的农村土地制度改革,落实国家关于土地三权分置的制度,但在具体的农地承包制度、宅基地使用制度等方面各地应根据自身的土地资源禀赋情况进行安排。

(2)坚持农业供给侧结构性改革,落实第一、二、三产业及城乡融合发展

农业收益低下的一个重要原因是农业供给结构不合理,没有紧跟市场需求或主动创造高端供给以引导需求,所以必须继续坚持农业供给侧结构性改革,推进种植业、畜牧业、渔业结构调整,提高农业供给体系质量和效率,更好地满足市场需求。培育新型经营主体、发展多种形式规模经营,实现小农户与现代农业的有机衔接等(王亚华 等,2017),不仅可提高农业劳动生产率,还可为第一、二、三产业融合发展创造条件。

虽然党的十六届三中全会已提出"统筹城乡发展",党的十八大提出"推动城乡发展一体化",但由于长期城乡二元分割,我国城乡差异依然很大。党的十九大报告明确提出"建立健全城乡融合发展体制机制和政策体系",体制机制和政策上的供给,将更好地保证城乡要素流动、城乡市场建立、城乡政策协调以及城乡居民共建共享社会经济发展成果。

(3)坚持绿色低碳发展,强调文明乡风建设,提升乡村治理效率

实现乡村振兴战略,既要金山银山,也要绿水青山。追求发展效率,用最小的成本取得最大的收益,亦要保证发展质量,与自然和谐共生,坚持节约资源和保护环境,走出一条中国特色社会主义乡村建设道路。突出乡村特点,留下乡愁、乡土味道,构建绿色乡村生活、生产方式,这才是乡村振兴的根本原则。在此基础上,坚持在开发中保护、保护中开发,发展过程中出现的问题,坚持用发展的眼光去解决,不能止步不前、因噎废食。

快速的城镇化过程不仅带走了农村的人员和资金,也对传统乡村文化造成了巨大冲击,但经济发展之后逐渐走进小康生活的农民在经历了短暂的精神危机之后正在寻求新的精神寄托,在这种变革背景下,重建乡村文明,不仅是乡村振兴中"乡风文明"的要求,也是我国长治久安和可持续发展的要求。

城乡发展不均衡,不仅造成了城乡收入的差距,而且使一些地区农村基础设施和公共服务相对滞后,让农村面临治理危机。突破当前农村治理危机是实施乡村振兴战略的重要一步,提升乡村治理效率可以从以下几个方面着手:一是完善制度供给,让乡村治理有据可依;二是健

全乡村自治体系,让乡村治理有人去治;三是尊重农民主体意愿,使乡村治理真正为农民所需;四是多渠道多层次落实治理资金来源,保障乡村治理持续稳定。

(四)社会融入理论

1. 相关概念

(1)社会融入与城市融入

学术界对社会融入概念的研究较多,主要有以下有代表性的说法。Alba 等(1997)认为,随着时间的推移,移民会在经济、社会和文化上被迁入地的社会同化,这种同化包含空间、劳动力和资本等多种因素。Herbert 等(2001)认为,社会融入是个人对所生活环境的一种生活方式、文化特点甚至是价值观念的一种适应。Park 等(2014)则是将"融合"定义为个人和团体获取其他人和团体的记忆、情感及态度的相互渗透和合成的过程;并通过分享他们的经验和历史,融入共同文化生活中。因此,"融合"的早期概念等同"同化"。国内学者也对社会融入进行了研究,王春光等(1999)从移民的适应生活视角提出移民从进入到定居,从定居到适应即社会融合。杨菊华(2010)通过因子分析法对城乡的流动人口进行研究发现,经济整合、行为适应、文化接纳和身份认同是影响流动人口社会融入的主要因素。就业机会、价值观念、社会网络、心理距离等是影响流动人口对目前所处环境适应的前提。陈成文等(2012)则认为社会融入是一个社会行动过程,社会融入的主体为那些在社会性资源分配、生活质量或者承受力上均在一定程度上存在弱势的个体或群体。社会融入的本质特征主要是社会性、能动性、持续性、反思性和交互性等特征,其中社会性是其本质属性(陈成文 等,2012)。从社会学角度来看,社会融入是一种社会关系的塑造,移民生活的过程实际上就是一个继续进行社会生活的过程;在社会融入的过程中,移民群体经过多个维度的融入来实现真正融入流入地的目标。徐丽敏(2014)在梳理不同学者和研究机构对"社会融入"概念的界定后,认为社会融入是一个全球化背景下为了提高全体社会成员的福利,以平等为基础的、多维度的、全球性的主动融入的过程。总之,关于社会融入目前主要有三种比较有代表性的说法,一是以社会参与为条件的"社会排斥论"的对立,社会排斥和社会融入是一对关乎人民的公民权、正义和人权问题的概念(郭星华 等,2011);二是从市民角度上进行人口流动从而来实现移民同化适应(杨菊华,2010);三是以公平为基础的个体与社会的相融合,并且在融合过程中包含生活、文化、思想等多重含义。综上所述,社会融入是在公平的前提下,移民个体或者群体为了满足自身发展的需要而对周围环境的一种多方位多角度的适应,这种适应可以是主动的,也可以是被动的,适应的内容包括工作方式、生活习惯、价值观念、文化认同。

城市融入是社会融入的一种具体形式,指农民移出农村、进入城市的过程中对城市社会的适应过程。城市融入的公平前提是指就业要求、社会福利、子女受教育权利等方面的农民工和城市市民的一致性;农民工对城市社会的适应包括能胜任城市非农工作,能习惯城市生活,能理解城市价值观念,能认同城市文化。

(2)农户城镇化融入能力

农户城镇化融入是我国新型城镇化过程中,迁入城镇的农户家庭对城镇的适应过程,既包括从农村迁入大中小不同规模城市的过程中,农户家庭对城市的适应,也包括就地城镇化过程中农户家庭对新型特色城镇的适应。农户城镇化融入与农民工城镇融入能力的主要区别在于融入主体更强调以农民工家庭为单位。

农户城镇化融入能力是指农户家庭适应城市生活、城市社会的一系列能力,它不能被直接测量。从农户城镇化融入过程出发,农户城镇化融入能力是指农户依据自身所具备的生计资本制定相应生计策略,逐步从农村退出进入城镇,并最终融入城镇的能力,因而农户城镇化融入能力就包含了农户的退出农村能力、进入城镇能力和融入城镇能力。从农户城镇化融入的全面性、彻底性出发,农户城镇化融入能力指农户城镇化过程中经济、社会、文化等多维度的融入能力,包括经济融入能力、文化融入能力、社会融入能力等。

2. 城市融入的影响因素

人口融入城市必然有一个逐步磨合的过程,需要在生活中不断摸索和适应。20世纪八九十年代,De等(1987)对乌拉圭的移民生活进行研究发现,由于性别、年龄和教育程度的不同,不同移民的融入能力不同,另外,家庭因素如配偶的情况和对所在城市的满意度也是影响移民融入城市的主要因素。借鉴可持续分析框架理论,童雪敏(2012)提出传统的社会融合理论中关于农户退出到定居再到适应融合这一过程阶段太过理想,还缺少对移民的人力资本像教育、技能等和社会资本如是否能够掌握当地语言等的融合互动研究。近年来多数学者的研究表明,个人特征、经济水平、社会因素、政策制度等是农户城市融入的主要影响因素。

在个人特征上,影响因素主要是性别、年龄、文化和婚姻等,李雅倩(2016)、庄苑(2019)通过对农民工城市融入的影响因素进行分析发现,性别因素会影响看待事物的角度,女性个体相比于男性会更倾向于稳定的生活,再加上中国传统思维的影响认为男性作为家庭收入的主要创造者,为了维持家庭生活的需要而不得不外出打工;在年龄方面,年龄越小,对外面的一些事物就拥有更多的新鲜感,更愿意探索新生活,而年纪越大的人生活阅历就会越丰富,越来越不愿意东奔西走,从而越向往安稳的生活。梅建明(2006)、陈前虎等(2012)研究发现,农民工年龄越小,城镇化意愿就越强,而年龄越大,城镇化意愿就越弱;一般情况下,文化水平与接受、学习新生事物的能力是正相关的。学历越高,学习新生事物的能力就越强,这样一来,就更容易适应新生活,从而城镇化意愿更强;已婚家庭人员由于家庭成员在逐渐变多,定居成本也在不断增加,如果已婚后从农村转向城镇定居比未婚人士来说压力更大,更具有挑战性。另外,子女数量、务工目的、进城年限等都是影响农户城镇化融入的个人特征因素。

在经济因素上,家庭收入是影响农户城市融入的一项重要经济因素。首先是收入结构,非农收入越高的农户越愿意也越容易融入城市;其次是收入水平,农民工收入越高,经济上的支持就越充足,在城市的生存压力就会越小,于是农户的马斯洛需求层次就会有所提升,城镇化融入意愿就会有所增加(曹雁翎,2014);再次是家庭消费水平,当农户家庭的消费支出水平达到城镇水平时,面临的城镇化压力就会降低,相比于支出较低的家庭农户来说就比较容易融入城市。另外,城市房价、城市工资及消费水平、城市就业难易程度等也是影响农户城镇融入的经济因素。

在社会因素上,文娱社交、城市基础设施的完善度、农户对工作的满意度对农户城市融入影响明显。孙学涛等(2016)认为当城市规模越小、邻里互动越频繁、邻里关系越好,这时迁入人员的融入程度就越好;就业情况与城镇化融入呈现一定的双向影响关系,就业越稳定,对城市融入的推动作用越显著,同样地,城市化融入水平越高,社会就业就越稳定;同时工作环境和工作待遇的完善会提升农民工对自己所从事的工作的满意度,从而慢慢地推动他们逐渐地融入城市;另外,当城市基础设施和公共服务设施越完善,处于城市弱势群体的农民工的权益就能得到更多的保障(庄苑,2019),这时农民工的城市融入意愿就会明显提升。

在政策制度上,户籍制度、社会保障制度、土地制度是影响农民工城市融入的重要因素。以前的城乡二元分割的各项制度严重影响了农民工的城市融入,随着新型城镇化策略的实施,各项制度的改革均在稳步推进和深化,政策制度的阻碍在逐步减弱。

3. 农民工城市融入现状

近年来,农民工在城市的经济融入、社会融入、文化融入状况都有明显的改善(钱泽森 等,2018),具体如下:①在经济融入方面,农民工非农收入占总收入比例逐渐提高。为了适应就业形式多样化的需求,很多新生代农民工选择接受就业培训、增强职业技能;随着职业技能的提升,工资收入也相应增加;②在社会融入方面,农民工医疗、养老等社会保障日益完善。随着医疗制度的改革,基本医疗保险参保率95%以上,医疗保障已不是农民工城市融入的障碍;随着用工制度的完善,农民工养老保险购买率也在稳步提高;③在文化融入方面,农民工开始接受城市的价值观念、生活习惯等,特别是年轻的受教育程度较高的农民工,他们在文化融入上更加彻底。但是,由于个人、社会、制度等因素的影响,农民工城市融入依然存在较多问题,表现在以下方面。

在经济融入上,主要由于农民工个人受教育程度、年龄、劳动技能等原因,农民工就业稳定性差,担任临时工的人数比例仍然高于城市居民,导致收入不稳定且收入总体偏低,恩格尔系数较高(钱泽森 等,2018)。

在社会融入上的问题主要表现为就业待遇的差别和城镇基本公共服务的覆盖率还有待提升。一是依然还有较多农民工没有养老保险。由于农民工的文化水平不高,养老意识不强或对收入保障的谈判能力弱,使得他们只能为当前的生活需要而努力,无法顾及以后的老年生活需要。另外,社会保障机构的宣传不到位,使得一些有养老保险意识的自主经营的农民工不知如何办理养老保险;二是农民工子女无法接受城市义务教育。由于城市基础教育资源不足,受地域限制,在城市没有房产的农民工子女不能在城市接受义务教育,于是农民工在城市就业和生活,他们的子女却只能在农村上学,使得家庭没法融入城市。

在文化融入上的问题主要表现为三个方面:一是生活价值观念的区别,农民工主要为生存型价值观,一般只注重生存需要,节衣缩食、精打细算,较少有基于整个人生的长远规划;城市居民更多具有发展型价值观,对生活的期望值较高,他们除了对当前的精神和物质上的需求较高外,也会注重个人和家庭的发展价值,比如会进行教育投资。二是人际交流的区别,农民工的交际圈子比较狭窄,交往对象大多为老乡、亲戚,交往范围小且单一,这样便无法缩短与城市居民的社会距离,最终使得农民工将自己隔离在城市之外(郭星华 等,2004)。三是择业观念的区别,农民工注重追求稳定的就业机会,思想上偏保守,缺乏变革意识,不敢尝试一些有风险但机会也较大的行业,丧失了优先发展的机会。

总之,由于经济基础较差、社会制度的障碍、文化价值观念的差距,很多农民工处于半城镇化阶段,但农民工对子女融入城市的期望值要高于自身融入城市的期望值,农民工城镇融入问题必然只是一个阶段性问题。

三、新型城镇化与民族地区农户生计转型的理论关系

城镇化发展和农户生计转型相互影响、相互促进,一方面,城镇化发展可提供更多的非农就业机会;另一方面,更多的生计转型农户满足了城镇化发展对劳动力的需求。

(一)城镇化发展对民族地区农户生计转型的影响

1. 城镇化发展促进区域经济发展

城镇化表现为人口城镇化、生活方式城镇化、土地城镇化、经济城镇化等。人口城镇化是大量外来人口涌入城镇并逐渐融入城镇的过程,是城镇化最重要、最核心的部分;生活方式城镇化是工业化和人口的聚集带来城镇人口就业、消费方式的变化,是人口城镇化的结果和需

求;土地城镇化是城镇规模不断扩大的过程,随着人口城镇化的发展,资金和产业的聚集使社会消费、全社会固定资产投资等规模不断扩大,通过消费和投资的传导作用,对城镇经济发展产生明显提升作用,直接促进了经济城镇化的发生,并且进一步引发空间城镇化,这些城镇化过程彼此交织,互相影响,不断形成正面的规模效应和空间溢出效应,最终促进区域经济不断发展。Northam(1975)和 Gallup 等(1999)发现城镇化水平与经济增长呈线性关系,王婷(2013)通过分析 1996—2011 年中国省域面板数据发现,在东、中部地区人口和空间城镇化显著拉动投资增长的同时,也带动了消费增长;在西部地区,空间城镇化显著拉动了投资增长。鲍超(2014)也使用中国省域面板数据分析了城镇化过程对经济增长的驱动效用,发现中国城镇化对经济增长的综合贡献率稳定在 30% 左右。

将中国分为东南、华北、东北、华中、华南、西北、西南七大区域,2019 年的区域常住人口城镇化率和省均 GDP 如表 2-1 所示,东南地区的城镇化水平处于我国区域城镇化水平的第一梯队,为 73.32%,与城镇化水平较低的西北和西南地区拉开约 20 个百分点的差距;与之相对的 GDP 亦是如此,东南地区的 GDP 水平亦与西北、西南地区分别拉开了近 7 倍和近 3 倍的差距。

表 2-1 2019 年中国区域城镇化水平与 GDP

地区	东南	华北	东北	华中	华南	西北	西南
城镇化率/%	73.32	67.00	62.67	57.86	55.16	55.03	50.00
省均 GDP/亿元	70041	37822	16865	36864	13273	10965	22383

数据来源:中商产业研究院大数据库。

图 2-1 反映了区域城镇化水平和 GDP 的关系,计算得出两者之间的皮尔森相关系数为0.791,在 0.05 水平上显著相关。由于 GDP 反映了一个地区的总体经济水平,所以从经济总量来看,城镇化发展促进了区域经济的发展。

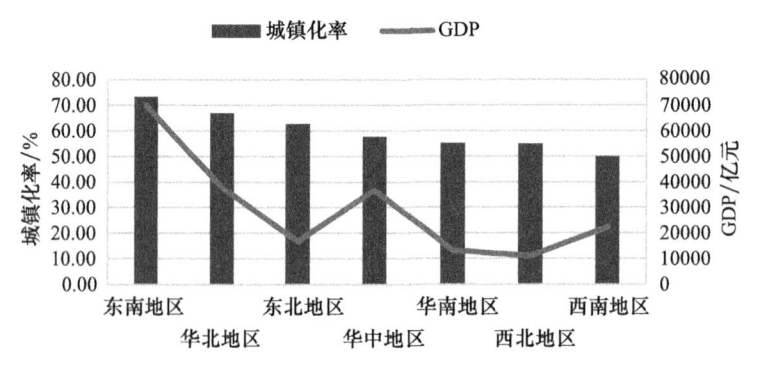

图 2-1 2019 年中国区域城镇化水平与 GDP

我国新型城镇化建设已从城镇化数量增长转向了城镇化质量提升,高质量城镇化会推动城市经济高质量增长。同时我国城市经济增长已从过去高能耗、高政府投入以及依靠人口红利等的增长模式向高新产业推动、经济结构调整、要素生产率提高的方向发展,姜安印等(2020)依据 2011—2016 年全国地级市数据利用双重差分法分析发现,我国新型城镇化建设通过要素驱动提高了城市全要素生产率,从而提高了城市经济发展质量。

2. 城镇化发展增强非农劳动力接纳能力

城镇化过程中不仅仅是外来人口纷纷涌入城镇的过程,亦会伴随着第二、三产业不断向着城镇聚集。相比于农村,城镇可以提供大量的非农就业岗位,这些就业机会吸引着农村人口源源不断涌入城市,获得一份非农工作机会是农村流动人口进入城镇的第一步和进行人口城市化的重要基础(Harris et al.,1970)。也就是说,一个地区的城镇化水平越高,其容纳非农劳动力的能力就越强;大量的人口流入填补了城镇第二、三产业的劳动力短缺,并促进了城镇第二、三产业的蓬勃发展。于是城镇化发展和农村劳动力进城二者良性循环,相互促进。

刘涛等(2015)利用2000年和2010年人口普查数据研究了我国的人口流动特征,发现我国流动人口空间分布格局具有较强的稳定性,主要集中地区是城镇化率高、社会经济发达的珠三角、长三角和京津冀等地区。罗奎等(2014)利用莫兰指数研究发现城镇化发展过程呈现出与非农就业增长的协调趋势,城镇化快速发展地区的非农就业的增长速度也高于城镇化发展缓慢的地区。

(二)农户生计转型对区域城镇化发展的影响

1. 生计转型农户是城镇化发展的劳动力来源

首先,农业经济发展是城镇化的动力来源之一。改革开放以前,农业对于城镇化、工业化的贡献主要在于食物、工业初级产品供给以及农业剩余等。改革开放后,家庭联产承包责任制的出现极大地提升了农村土地生产率和劳动生产效率,为城镇化过程提供了更多的初级生产资料,而且随着农村大量劳动力的解放,劳动力、资金等要素加速流向城市,为城镇化发展提供动力。

其次,农村剩余劳动力的出现,满足了城镇化的劳动力需求。20世纪80年代,由于当时严格的户籍管理制度,一些渴望去城市工作生活的农民无法顺利迁移至城市,于是就地就近进行农村城镇化,就此出现了一波乡村城镇化浪潮,带动了当时的乡村民营企业的快速发展。90年代后,沿海地区外商投资涌入、承接国外产业转移、劳动密集型产业迅速发展而产生的大量用工需求,同时人口流动限制松动,农业技术进步、农地流转进一步释放了农村劳动力,满足了其需求。

表2-2为我国2008—2019年适龄劳动力人口、劳动力人数、农民工数量及农民工占总劳动力比例,12年来劳动力总人数基本平稳,但农民工数量在稳步增长,农民工占总劳动力比例从32.37%增长到了43.14%,在户籍所在乡镇地域外从业的外出农民工占比从20.16%增长到了25.85%,说明我国高速城镇化过程中增长的非农劳动力需求主要来源于这些背井离乡进城务工、离开祖辈耕作土地的生计转型农户,即生计转型农户是城镇化发展过程中主要的劳动力来源。

表2-2　2008—2019年中国劳动力数量　　　　　单位:万人

年份	适龄劳动力	参工劳动力	农民工	外出农民工	农民工占比	外出农民工占比
2008	96871.5	69631.2	22542	14041	32.37%	20.16%
2009	97455.8	69632.2	22978	14533	33.00%	20.87%
2010	98007.7	69556.1	24223	15335	34.83%	22.05%
2011	98431.9	69679.9	25278	15863	36.28%	22.77%
2012	98839.8	69800.7	26261	16336	37.62%	23.40%
2013	99198.5	69845.7	26894	16610	38.50%	23.78%

续表

年份	适龄劳动力	参工劳动力	农民工	外出农民工	农民工占比	外出农民工占比
2014	99454.2	69797.0	27395	16821	39.25%	24.10%
2015	99570.2	69589.6	27747	16884	39.87%	24.26%
2016	99543.4	69232.4	28171	16934	40.69%	24.46%
2017	99428.8	68814.7	28652	17185	41.64%	24.97%
2018	99165.3	68146.4	28836	17266	42.31%	25.34%
2019	98851	67406.5	29077	17425	43.14%	25.85%

数据来源：2008—2019年农民工监测调查报告，2008—2019年国家统计年鉴

当前新型城镇化战略、乡村振兴战略的实施，强调以人为核心的城镇化、农业现代化，要求以城带乡，实现城乡生产要素双向自由流动，城乡逐步实现良性互动。城镇化助力乡村振兴的同时，也是城镇化得到持续健康发展的重要支撑和基础。

2. 农户生计转型程度影响城镇化发展质量

近四十年来，我国城镇化高速发展，取得举世瞩目的成绩，但由于过分仰赖于大量低廉的劳动力和低廉的土地等生产要素，农户的过客式、候鸟式城镇化影响着农民工的市民化，农民工市民化过程滞后于城镇化、工业化过程，直接影响了城镇化发展质量，新型城镇化的提出和实施标志着我国的城镇化进程进入了量与质两手都要抓的全新阶段。

城镇化发展质量可以从经济发展、科技支撑、生态环保和协调共享四个维度（赵玉等，2020）进行衡量，农户的生计转型程度从不同侧面不同程度地影响着城镇化发展质量。在经济发展上，不完全的生计转型意味着农户在城镇的收入不稳定或不足以支撑家庭城镇生活成本；在科技支撑上，虽然生计转型农户较少从事科技工作，不完全的生计转型不直接影响城镇科技力量、科技投入等，但会间接拉低城镇人均科技支出、城镇人均技术市场成交额等；在生态环保上，当农户生计转型不完、处于半城镇化状态时，对于城镇美好生活环境的需求会降低，在一定程度上影响了城市政府对生态环保的建设投入；在协调共享上，不完全生计转型对城镇化发展质量影响最大，如不完全转型农户随迁子女不能公平享受城镇基础教育、农户不能参与城镇基本养老保险和医疗保险，必然导致城镇养老、医疗保险参保人数占常住人口比率下降，影响了农户共享城镇化发展成果，也影响着城镇化发展质量。

另外，不完全的生计转型使农民工的劳动与消费分离，在城市务工赚钱，在乡村花钱消费，农民工参与了城市的建设，但限制了农民工为城市服务业等以消费为主的第三产业发展的贡献，而加大消费对城镇化发展的促进作用，可进一步提升城镇化发展质量。

(三)农户生计转型对城镇化融入能力的影响

经济学中有效需求概念包含了购买意愿和购买能力。同样，对于农户城镇化融入这个过程能否实现，要从农户城镇化意愿和城镇化融入能力两个方面进行分析。

1. 生计转型类型影响农户城镇化意愿

影响农户城镇化意愿的因素较多，如微观层面的农户自身受教育水平、生计转型情况、家庭因素、乡村情结等，宏观层面的土地政策、社会保障制度等，都影响着农户的城镇化意愿，其中生计转型情况是重要的影响因素之一（胡继亮等，2019）。

首先，是否发生生计转型影响农户对城镇化的认知与感受。农业生计的农户不关心也不了解国家关于城镇化的相关政策，但从媒体和亲朋好友等途径了解到一些城镇生活的片面，认

为城镇生活是便捷和美好的,一般有着较高的城镇化意愿,只是认为自身不具备城镇化能力,周敏等(2015)的调查表明62%的农民愿意脱离农村生产到城市生活。已经生计转型的农户的城镇化意愿更加理性,他们会结合国家城镇化政策、在城镇生活的感受评估自身的城镇化成本和得益,有着更加现实的城镇化意愿。

其次,生计转型类型影响城镇化意愿的强烈程度。在多样化的非农生计类型中,非农工作越稳定、非农收入越高、非农工作强度越低,农户的城镇化意愿就会越强烈。如在建筑行业就业的生计转型农户,有着较高的收入,但因工作强度较大,对年龄、身体健康状况的较高要求,他们定位自身的城镇化一般是过客式城镇化,没有很强烈的城镇化融入意愿。

2. 生计转型程度影响农户城镇化经济能力

生计转型程度可以从非农化程度和多样化程度两个方面进行衡量,而农户城镇化能力的核心是城镇化经济能力,主要表现在经济收入水平的高低和经济收入的稳定性两个方面。

首先,农户生计转型的非农化程度影响农户经济收入的高低。一般来说,农户家庭随着其非农化程度的提高,其家庭年收入会随着提高,原因主要是随着非农化程度的提高,农户家庭在农业生产方面的劳动力投入、物质投入会降低,而在同样的劳动力和时间投入条件下,非农行业的经济收益普遍高于农业。

其次,农户生计转型的多样化程度会影响农户经济收入的稳定性。一般来说,农户收入稳定性排序为:多样化非农就业农户最高,兼业型农户第二,单一非农型生计农户最低。兼业型农户经济收入也可能低于从事单一非农生计的农户,但收入结构比后者更优化,在遇到外部风险打击时的应对能力更灵活,其生计类型既涉及农业生产也包括非农产业,如若经济危机,非农就业受影响,兼业型农户还有农业生产可以依靠。也就是说,生计转型农户的多样化程度越高,其经济收入的稳定性也越高。

另外,农户所从事的非农工作类型影响其经济收入的高低和稳定性。一般来说,受教育程度高、掌握专业技能的农户所从事行业的工资福利待遇、职业认同和社会声望均会高于受教育程度低、缺乏专业技能的农户,后者多半从事基础性工作岗位,工作环境恶劣、职业风险高、工资待遇差且职业认同低。所以前者可以获得更高的收入、更稳定的工作(郭贯成 等,2018),城镇化经济能力更强。

四、精准扶贫与农户生计转型及城镇化融入能力提升的理论关系

从扶贫到精准扶贫,我国对于贫困地区和贫困户的帮扶工作取得了令人瞩目的成效。精准扶贫工作通过不同的途径和措施在提升贫困户家庭收入的同时提升了农户的可持续生计能力,同时也提升了农户的城镇化融入能力。

(一)精准扶贫理论

1. 精准扶贫理论形成及内涵

2013年11月,习近平总书记在湖南湘西考察时首次作出了"实事求是、因地制宜、分类指导、精准扶贫"的重要指示。而后,中共中央办公厅详细规制了精准扶贫工作模式的顶层设计,推动了精准扶贫思想落地。之后习近平总书记在云南调研时强调坚决打好扶贫开发攻坚战,加快民族地区经济社会发展。在贵州调研时习近平总书记强调要科学谋划好"十三五"时期扶贫开发工作,确保到2020年全面小康时贫困人口实现脱贫,并指出扶贫开发工作"贵在精准、重在精准,成败之举在于精准"。

精准扶贫是指通过对贫困户和贫困村精准识别、精准帮扶、精准管理和精准考核,引导各类扶贫资源优化配置,实现扶贫到村到户,逐步构建扶贫工作长效机制,为科学扶贫奠定坚实基础(葛志军 等,2015)。精准扶贫是针对不同贫困区域环境、不同贫困农户状况,运用合规有效程序对扶贫对象实施精确识别、精确帮扶、精确管理的治贫方式(周彤,2019)。其中,精准识别是前提,通过贫困标准与规范、识别贫困村贫困户、建档立卡信息库等科学、合理、有效的程序将贫困农户识别出来;精准帮扶是关键,与粗放式帮扶不同的是,精准帮扶是针对农户的致贫原因,精准施策(钱兴多,2020),主要帮扶手段为:通过生产和就业发展一批,易地搬迁安置一批,生态保护脱贫一批,教育扶贫脱贫一批,低保政策兜底一批;精准管理是保证,其手段主要是利用现代化的信息手段来建立贫困户的信息网络系统,对贫困人口进行动态化的管理,然后建立严格完善的扶贫资金管理制度,如制定扶贫资金、扶贫对象和扶贫项目有关信息公开披露制度,坚持阳光、公开、透明,避免暗箱违规操作,明确扶贫的事权,明晰各部门职责;精准考核是重要手段,通过对贫困人口、贫困村和贫困县的精准管理,方便监督扶贫开发资金、扶贫开发项目的落实情况,建立评价和考核脱贫攻坚工作、地方干部工作成效的具体指标,以应对以往脱贫工作流于形式的问题。具体手段有建立脱贫退出机制、返贫再准入机制及贫困县考核和退出机制。

精准扶贫是相对于粗放扶贫而言的(钱兴多,2020),但它又不是对传统扶贫方式的替代,而是在以往以区域扶贫为重点的农村扶贫工作的效果下降和目标偏离的背景之下所进行的补充和发展。因地制宜是它的显著特点,可以随着人口状况和区域环境的差异性而呈现出不同的特点。

2. 精准扶贫的策略

(1)健全精准扶贫识别、分类管控机制

以家庭收入水平作为贫困识别标准虽然直观、易于比对,但是不能充分了解贫困人口的实际状况和分析其致贫原因,所以这种贫困识别标准具有相当大的局限性。实行贫困户、贫困村和贫困县的分类管控机制,完善贫困多维识别体系,改革贫困标准的认定机制,完善贫困人口的识别机制,完善贫困户建档立卡信息,既能够充分了解贫困人口的实际情况做到具体问题具体分析,也能够进一步提高精准扶贫的效率(邓维杰,2014)。

(2)健全贫困人口动态监测机制

由于刚刚脱离贫困人口的可持续生计能力和抗风险能力较弱,有很大的可能性会重返贫困,这时需要启动再准入机制,重新将其纳入精准扶贫的范围内。针对这种现实情况,要正视刚脱贫人口返贫的可能性,实时对贫困人口进行动态管理、实时监测。同时针对不同地区、不同贫困农户之间的差别,持续跟踪调查、更新贫困人口的多维度状况,根据实际工作情况,对贫困人口的脱贫状况做出评价(刘彦随 等,2016),以确保脱贫的稳定性和可持续性。

(3)变革扶贫资金管理体制、创新融资渠道

资金扶贫是最直接也是最受贫困户欢迎的扶贫方式,做好资金扶贫,一是要管理好扶贫资金,二是要创新融资渠道。资金扶贫中冒名顶替、吃空饷等现象时有发生,针对这种问题要加强扶贫资金管理,实行扶贫资金财务信息公示、公开制度,适当引入第三方监督,变革扶贫资金管理体制。扶贫资金来源除地方政府和金融机构外,可适当创新金融合作模式,引入民间资本,鼓励全社会参与到脱贫工作中来,为精准扶贫助力(汪三贵 等,2015),增强全社会扶贫能力。

(4)加快制度创新、盘活农村资源

要加快农村土地制度改革,盘活农村土地资源,增加农民财产性收入,促进土地、资金和人员等生产性要素在城乡之间自由流动,从而助力扶贫开发项目的顺利展开和发展,与此同时,还能增加贫困人口的就业机会。要完善农村社会保障体系,让农民老有所依,病有所养,增强农民抵御风险的能力,不至于轻易因病、因灾等变故致贫(王介勇 等,2016)。总之,需要加快制度创新,扫除精准扶贫道路上的制度性障碍。

(二)精准扶贫过程中的农户生计转型

1. 精准扶贫促使农户进行非农化、多样化生计转型

精准扶贫直接帮助贫困户生计转型。农户之所以贫困,是由于其现在的生计策略选择并没有给农户带来可以使其摆脱贫困的经济收入,所以农户必须改变原有的生计方式才能摆脱贫困的生计结果,精准扶贫直接帮助贫困户改变现有的不能维持其生活的生计模式。主要体现在:精准扶贫的核心要义是"真扶贫,扶真贫"。其通过精准识别,识别出真正的贫困人口,并分析出农户致贫原因,对症下药,因户施策,精准帮扶,即在农户生计策略选择上精准帮扶,宜农则农、宜工则工、宜商则商、宜游则游。对宜农农户进行种植业、养殖业等技术培训,提升农户家庭收入、改善收入结构;对宜工农户进行职业技能培训,拓宽就业渠道;对宜商宜游农户,在金融小额借贷上给予帮扶。精准扶贫帮助农户进行多样化的生计选择,增强了农户就业的稳定性和抵御风险的能力。

精准扶贫具体的政策措施间接促进了农户的生计转型。易地搬迁扶贫、生态保护脱贫政策使农户搬离了原来的生产生活区域,摆脱了可能致其贫困的恶劣自然环境,为农户进行生计转型创造了前提条件。精准扶贫在帮助农户非农就业的同时促进了农村土地的流转(赵旭 等,2018),解放了农村的剩余劳动力,降低了农户从事非农产业的机会成本,从而促进了农户的生计转型。

2. 精准扶贫有助于提升农户可持续生计能力

所谓授人以鱼不如授人以渔,精准扶贫的本质不只是帮助贫困农户暂时脱离贫困,是通过精准扶贫,帮助农户分析致贫原因,再对症下药,根治"病根",根本目的是提升农户的可持续生计能力,增强农户抵御风险的能力,使其再遇到外部风险或打击时,能够重新振作,不至于再度陷入贫困陷阱。

精准扶贫有着一系列成熟可行的具体措施,如资金扶贫、教育培训、危房改造、易地搬迁安置、生态移民、农村基础设施建设、农业产业化建设等,从不同角度增强了农户的生计资本,如职业技能培训增强了农户的人力资本,政策性小额借贷和扶贫补助资金提升了农户的金融资本,危房改造和移民搬迁等政策可以提升、改善农户的物质资本和自然资本,结对帮扶,给贫困农户出谋划策、理清思路也一定程度上提升了农户的社会资本,这一系列组合拳全面提升贫困农户的生计资本,再结合"通过扶持生产和就业发展一批"等手段引进扶贫开发项目,为农户提供就业机会、发展机会等,为农户制定符合自身特点的扶贫发展规划,严格的责任制做到不脱贫不脱钩,再加之返贫再准入等一系列兜底机制,农户不仅可实现维持自身生存,还可实现可持续发展。

(三)精准扶贫过程中的农户城镇化融入能力提升

1. 精准扶贫有助于提升农户城镇化意愿

贫穷限制了人的想象力,贫穷限制了农户追求美好生活的意愿,精准扶贫在帮助农户脱

贫,促使农户进行非农化、多样化生计转型,提升农户可持续生计能力的同时,会同时提升农户的城镇化意愿。

首先,精准扶贫可以解决阻碍农户城镇化意愿的实际问题。如子女教育是影响农户城镇化意愿的重要因素之一,教育扶贫不仅仅是对农户进行职业技能培训,更是对贫困农户子女的教育费用进行直接补贴,如对义务教育阶段进行生活补贴,大学教育阶段给予学费补贴。城镇住房问题是阻碍农户城镇化意愿的重要经济因素,异地搬迁安置和生态移民等政策的实施,可能就在城市郊区或靠近城镇的区域帮助农户解决了住房问题(张翼,2011)。

其次,精准扶贫对于农户的改变不仅限于表面上的脱贫,帮助农户从外部打破结构性贫困对其的束缚,农户的观念、思想在脱贫的过程中也会得到了转变,帮助农户扫除了内心的障碍,让农户更加自由地追求美好生活,继而提升了他们的城镇化意愿。

2. 精准扶贫提升农户城镇化经济能力

首先,精准扶贫能有效提升农户经济收入水平。收入水平是精准识别贫困人口的重要指标之一,提升农户经济收入是精准扶贫的重要目标,实现精准脱贫意味着农户经济收入较之前得到较大改善;其次,精准扶贫能提高农户经济收入的稳定性。精准扶贫再准入机制的建立和对贫困户的动态监测,关注农户的可持续生计能力,从而保证了农户经济收入的稳定性;再次,精准扶贫使农户经济能力的提升建立在生计非农化、多样化程度的基础之上,农户对农业生计的依赖降低间接提升了农户城镇化经济能力。

3. 精准扶贫有助于推进农户城镇化进程

农户城镇化是城镇化进程中的一个重要部分,也是实现新型城镇化的主要内容,农户城镇化是一个系统工程,不只是户籍的变动、职业的转变,而且还包括生活方式、价值观念等一系列意识形态的变化,精准扶贫政策中的产业扶贫、生态扶贫和教育扶贫等正好为促进这些变化提供了条件。产业扶贫依据区域自然或人文特色来发展特色产业,塑造特色品牌,促进农村的一二三产业融合发展,延长农村经济的产业链结构,能有效推动农户的生计转型。生态扶贫通过生态项目的实施不仅可以恢复受损的地区生态、建设美丽乡村、提升区域生态价值,还能够增强农户的生态环境意识。农村教育问题一直是我国教育发展的短板,开展教育扶贫,让农户及其子女都能够与城镇人口享受同等的教育资源,农民受教育水平和劳动技能的提升,不仅能推动农业现代化发展,并且落后的思想价值观念的改变,也是我国乡村振兴和新型城镇化的目标之一。

五、本章小结

农户生计转型是指农户生计方式发生变化的过程,可从生计类型结果进行反映;受比较利益、产业调整、资源环境、城镇化、政策制度等驱动,民族地区农户不断调整生计方式,当前的生计方式主要有传统农业、多元化现代农业、乡村旅游、务工、创业经商等。

农户城镇化融入是我国新型城镇化过程中,迁入城镇的农户家庭对城镇的适应过程;农户城镇化融入能力是农户家庭适应城市生活、城市社会的一系列能力,从城镇化过程出发,包括退出农村、进入城镇、融入城镇能力,从农户融入城镇的全面性、彻底性出发,包括经济融入、文化融入、社会融入能力。受农业发展、市场化、工业化、全球化、政策制度等的驱动,我国城市化发展迅速,但也存在城乡发展不平衡、人口城镇化与土地城镇化不协调、农民工半城镇化状态普遍等问题,新型城镇化和乡村振兴策略的实施在一定程度上缓解了这些问题。由于经济基础较差、社会制度的障碍、文化价值观念的差距,农民工的半城镇化阶段还将延续。解决这一问题的策略是多管齐下提升农户的城镇化融入能力。

地区城镇化与农户生计转型相互影响。城镇化发展促进区域经济发展,增强区域非农劳动力接纳能力,为农户生计转型提供出路和渠道;反过来,生计转型农户是城镇化发展的主要劳动力来源,农户是否发生了生计转型、转型后非农生计的稳定性和收入水平影响城镇化意愿;农户生计转型的非农化和多样化程度不仅影响自身城镇化经济能力,还从经济发展、科技支撑、生态环保和协调共享等方面影响区域城镇化发展质量。

第三章　西南地区农户生计转型的特征及原因

随着我国产业结构不断转型升级,第二、三产业生产总值增速加快,对非农劳动力的需求增加,同时技术进步对农业劳动力起到了较大的替代作用。为适应社会经济发展需求和增加家庭收入,农民不断调整生计方式。西南地区农户由于其地理位置、个人和家庭特征、民族生活方式和文化的特殊性等原因,生计方式调整有其自身规律性。本章将分析其生计方式调整的特征、原因和规律。

一、研究数据来源

我国西南地区包括四川省、贵州省、云南省、西藏自治区和重庆市。由于武陵山区的几个少数民族县(市)与西南地区毗邻,故被纳入了本书的研究范围。具体选取了6个省(区、市)的8个少数民族聚居的县(市),分别是湖北省恩施土家族苗族自治州鹤峰县和来凤县、湖北省宜昌市长阳土家族自治县、湖南省怀化市麻阳苗族自治县、重庆市酉阳土家族苗族自治县、广西壮族自治区柳州市三江侗族自治县、云南省大理白族自治州大理市、贵州省黔南布依族苗族自治州平塘县,每个县(市)选取两个以上典型少数民族乡镇作为调研区域。

(一)农户数据来源

研究生计转型农户城镇化融入能力,需要了解农户生计状况和城镇化融入情况,本书设计调研问卷对农户家庭基本状况、生计状况、城镇化情况以及精准扶贫对生计转型的影响四大模块进行调研,调研区域为鹤峰县、来凤县、长阳县、麻阳县、酉阳县、三江县、大理市和平塘县8个少数民族县(市)。2016年7月主要在来凤县、鹤峰县进行预调研,在对问卷进一步完善的基础上,2017年7月6个经过培训的调研小组共15人对上述8个县(市)24个乡镇的农户进行随机的一对一的调研访谈,共取得1661份调研问卷,其中有效问卷1635份,有效率98%。

问卷的具体分布如表3-1所示,鹤峰县185户,占研究区总样本的11.31%;来凤县209户,占研究区总样本的12.78%;长阳县175户,占研究区总样本的10.70%;麻阳县216户,占研究区总样本的13.21%;酉阳县207户,占研究区总样本的12.66%;三江县220户,占研究区总样本的13.46%;大理市211户,占研究区总样本的12.91%;平塘县212户,占研究区总样本的12.97%。

表3-1　调研对象区域分布

县(市)	乡镇	行政村	有效问卷数	占比/%
鹤峰县	下坪镇、太平镇、中营镇	云梦村、岩门村、石堡村、唐家村、下坪村、中营村	185	11.31
来凤县	三胡镇、大河镇、旧司镇	讨火车村、官坟村、金桥村、大塘村、高洞村、三寨坪村、小梅庄村	209	12.78
长阳县	磨市镇、龙舟坪镇、长阳镇	救师口村、多宝寺村、龙舟坪村、津洋口村、磨市村、花桥村、马鞍山村、王子石村	175	10.70

续表

县(市)	乡镇	行政村	有效问卷数	占比/%
麻阳县	锦和镇、兰里镇、高村镇、小圩镇、大圩镇	尚坪村、绿溪口村、高坪村、江口村、大坳村、三门口村、花园村、紫岩村	216	13.21
酉阳县	板溪镇、龙潭镇	摇铃村、板溪村、三角村、红杏村、龙泉村、洞坎村、堰提村、新田村、龙潭村	207	12.66
三江县	古宜镇、林溪镇、合华镇	文大村、亮寨屯村、皇朝屯村、大田村、荷善村、合华村、冠洞村、新寨村、华夏村、大屯村	220	13.46
大理市	下关镇、凤仪镇、海东镇	大关邑村、大展屯村、洱滨村、阳南村、兴隆村、云浪村、南汤天村、向阳村	211	12.91
平塘县	平舟镇	基哈村、土寨村、苗攀村、黄平村、董联村、兴民村、拉全村	212	12.97
合计			1635	100

(二)统计数据来源

本书研究所需的社会经济统计数据主要来源于各类统计年鉴,包括1980—2019年的《中国统计年鉴》《中国县域统计年鉴》《中国人口与就业统计年鉴》《湖北统计年鉴》《重庆统计年鉴》《广西统计年鉴》《贵州统计年鉴》《恩施州统计年鉴》《宜昌统计年鉴》《柳州统计年鉴》《大理统计年鉴》《大理州年鉴》等,另外还有一些统计数据来源于国民经济与社会发展统计公报,包括2000—2018年的《长阳县统计公报》《麻阳县统计公报》《平塘县统计公报》、2009—2019年农民工监测调查报告等。

二、研究区社会经济发展状况及制约因素

农户生计方式选择与区域社会经济发展状况关系密切,区域城镇化状况、产业发展状况等深刻影响着农户的就业地点、就业类型和经济收入,本节分析研究区总体经济状况、经济特征、经济发展制约因素。

(一)研究区经济状况和特点

居民人均可支配收入可从一个侧面反映区域经济发展状况,表3-2是研究区各县(市) 2018年的居民人均可支配收入、人口及城镇化率数据,除大理市外研究区的居民人均可支配收入明显低于全国平均水平,常住人口明显低于户籍人口,常住人口城镇化率不仅均低于全国平均水平,而且低于调研县(市)所属省份和地级市的城镇化水平,如研究区中城镇化水平最低的三江县,2018年城镇化率为28.01%,远低于柳州市和广西壮族自治区同年的城镇化率67.74%和50.22%,说明所调研的民族地区城镇化发展水平落后,总体经济发展也相对落后,对人口的吸引力和接纳能力不够。

表3-2 研究区2018年部分经济发展指标

县(市)	全体居民人均可支配收入/万元	城镇常住居民人均可支配收入/万元	农村常住居民人均可支配收入/万元	户籍人口/万人	常住人口/万人	城镇化率/%
鹤峰县	1.56	2.74	1.10	21.72	20.50	37.98
来凤县	1.48	2.78	1.03	33.40	24.93	43.40

续表

县(市)	全体居民人均可支配收入/万元	城镇常住居民人均可支配收入/万元	农村常住居民人均可支配收入/万元	户籍人口/万人	常住人口/万人	城镇化率/%
长阳县	1.53	2.87	1.05	38.87	38.80	37.21
麻阳县	1.30	2.32	0.85	39.89	35.23	39.06
酉阳县	1.54	2.66	1.01	85.44	54.71	35.00
三江县	1.67	2.88	1.23	40.38	31.31	28.01
大理市	2.67	3.66	1.60	63.81	67.91	51.95
平塘县	1.67	2.94	1.01	33.52	24.17	44.20
全国	2.82	3.92	1.31			59.58

数据来源：2019年统计年鉴、2018年国民经济和社会发展统计公报

1. 研究区城镇化发展状况

表3-3为研究区8个县(市)1980、1990、2000、2005、2010、2015、2018年人口与城镇化数据，可以看出各县(市)户籍人口、常住人口、城镇人口、乡村人口、常住人口城镇化率近四十年来基本呈现稳步增长的状态；除大理市2005年后常住人口大于户籍人口，其他各县历年户籍人口均大于常住人口；另外，长阳县2005年、来凤县1990年和2005年、酉阳县2005年、三江县1990年和2005年、平塘县2005年的城镇化率出现了小幅的下降，主要是由于大量劳动力出外就业导致城镇常住人口增长速度小于区域总人口增长速度。

表3-3 研究区域1980、1990、2000、2005、2010、2015、2018年城镇化人口

县(市)	年份	户籍人口/万人	常住人口/万人	城镇人口/万人	乡村人口/万人	常住人口城镇化率/%	年平均增长率/%
长阳县	1980	39.99	39.99	2.37	37.62	5.93	/
	1990	42.89	42.77	3.56	39.33	8.32	0.24
	2000	41.84	41.68	6.47	35.21	15.52	0.72
	2005	41.11	40.85	5.74	35.37	14.05	−0.15
	2010	40.61	38.82	7.11	33.50	18.32	0.85
	2015	39.89	38.64	12.85	27.04	32.65	2.86
	2018	38.87	38.80	14.44	24.43	37.21	1.52
来凤县	1980	23.73	23.72	2.29	21.44	9.65	/
	1990	27.02	26.90	2.47	24.49	9.18	−0.05
	2000	30.44	24.08	3.86	26.58	16.03	0.69
	2005	31.00	28.12	4.32	26.68	15.36	−0.13
	2010	32.26	24.29	4.61	27.66	18.96	0.72
	2015	33.11	24.55	10.54	22.57	37.96	3.80
	2018	33.40	24.93	9.92	23.48	43.40	1.81
鹤峰县	1980	18.60	18.52	1.59	17.01	8.59	/
	1990	20.55	20.49	1.87	18.68	9.13	0.05
	2000	21.89	19.84	3.10	16.74	15.63	0.65
	2005	21.65	19.57	3.78	17.87	19.32	0.74
	2010	22.15	19.99	5.22	16.93	26.09	1.35
	2015	22.08	20.20	6.68	15.40	33.07	1.40
	2018	21.72	20.50	7.80	13.92	38.05	1.66

续表

县(市)	年份	户籍人口/万人	常住人口/万人	城镇人口/万人	乡村人口/万人	常住人口城镇化率/%	年平均增长率/%
酉阳县	1980	59.69	25.07	2.51	57.18	10.01	/
	1990	67.11	28.85	4.64	62.47	16.08	0.61
	2000	73.46	31.28	6.77	66.69	21.64	0.56
	2005	75.84	37.16	7.51	68.33	20.21	−0.29
	2010	83.59	57.81	13.76	69.83	23.81	0.72
	2015	85.00	55.65	17.20	67.80	30.91	1.42
	2018	85.44	54.71	19.15	66.29	35.00	1.36
三江县	1980	27.99	27.85	1.78	26.21	6.39	/
	1990	31.83	31.63	2.26	29.57	6.17	−0.02
	2000	34.20	29.72	2.58	31.62	8.68	0.25
	2005	35.73	35.26	2.63	33.10	7.46	−0.24
	2010	37.51	29.72	4.41	33.10	14.84	1.48
	2015	39.60	30.64	7.26	32.34	23.69	1.77
	2018	40.38	31.31	8.77	31.61	28.01	1.44
麻阳县	1980	28.87	28.38	1.26	27.61	4.44	/
	1990	32.45	32.45	3.11	29.34	9.58	0.51
	2000	35.74	35.51	5.45	30.06	15.35	0.58
	2005	37.30	36.97	6.65	30.32	18.00	0.53
	2010	38.88	34.33	9.25	25.08	26.94	1.79
	2015	40.34	34.92	11.24	23.68	32.20	1.05
	2018	39.89	35.23	13.76	21.47	39.06	2.29
平塘县	1980	23.30	16.78	0.89	22.41	5.30	/
	1990	25.86	18.11	1.47	24.39	8.12	0.28
	2000	29.43	20.60	2.33	27.10	11.31	0.32
	2005	30.73	21.51	1.71	29.02	7.95	−0.67
	2010	31.30	22.86	2.02	29.29	8.84	0.18
	2015	32.95	23.94	7.37	25.57	30.80	4.39
	2018	33.52	24.20	10.70	22.82	44.20	4.47
大理市	1980	37.01	25.91	21.83	15.18	28.89	/
	1990	43.60	29.65	25.00	18.60	32.14	0.33
	2000	50.14	33.81	27.78	22.36	37.26	0.51
	2005	59.60	67.38	29.06	30.54	45.13	1.57
	2010	60.75	55.44	31.21	29.54	56.30	2.23
	2015	61.78	66.65	29.20	32.58	64.33	1.61
	2018	63.81	67.91	33.15	30.66	69.00	1.56

注:常住人口城镇化率=城镇常住人口/总常住人口,但长阳县、来凤县2015年、酉阳县2010年、三江县2000年、麻阳县2005年、平塘县2015年、大理市1980—2005年均采用非农业人口作为城市人口计算城镇化率。

数据来源:1980—2019年《宜昌统计年鉴》《长阳县统计公报》《恩施州统计年鉴》《湖北统计年鉴》《重庆统计年鉴》《柳州统计年鉴》《广西统计年鉴》《麻阳县统计公报》《平塘县统计公报》《大理统计年鉴》《大理州年鉴》《中国县域统计年鉴》《中国人口与就业统计年鉴》

从全社会人员就业地点也能得出同样结论,2018年来凤县城镇就业人员为3.04万人,占全县就业人数的16.08%;酉阳县2018年城镇就业人员为4.47万人,占全县就业人员39.26万人的11.39%;而2018年我国城镇就业人员43419万人,占全国就业人员77586万人的55.96%,可知研究区城镇提供的就业岗位非常有限,农村劳动力只能向其他区域转移,导致研究区城镇常住人口比例低,城镇化率不高。

研究区城镇化率低但近年来发展速度较快。表3-4表明,研究区城镇化水平低,2005年除大理市外各县城镇化率均低于全国平均水平的一半,三江县和平塘县只到全国平均水平的17%和18%;2005年以来研究区各县(市)的城镇化率总体上呈现稳步增长状态,除酉阳县外城镇化率年平均增长率大于全国平均增长速度,特别是2010年以后增速明显加快,至2018年,各县城镇化率约为全国平均水平的65%,差距明显缩小。一是由于我国经济的持续发展,西南地区的后发优势使得它们近年来的发展加速,二是得益于我国的城镇化发展策略,特别是2014年以来的新型城镇化使得中小城镇发展加速。

表3-4　研究区2005—2018年城镇化水平与年均增长率　　　　　　　　　　%

年份	全国	鹤峰县	来凤县	长阳县	麻阳县	酉阳县	三江县	平塘县	大理市
2005	42.99	19.32	15.36	14.05	18.00	20.21	7.46	7.95	45.13
2006	43.90	20.46	15.61	15.32	31.02	17.20	8.55	8.24	48.30
2007	44.94	21.77	15.80	16.30	31.01	18.60	9.59	7.90	51.70
2008	45.68	22.53	16.05	16.17	32.03	20.03	9.97	9.44	52.00
2009	46.59	24.66	16.21	16.61	28.90	21.04	9.90	8.84	54.78
2010	47.50	26.09	18.96	18.32	26.94	23.81	14.84	8.84	56.30
2011	51.27	28.86	19.10	20.32	28.12	25.37	16.63	8.73	58.92
2012	52.57	30.03	19.51	28.12	29.11	27.12	18.37	9.67	60.88
2013	53.70	30.17	20.58	29.63	29.87	28.36	20.13	10.01	61.25
2014	54.77	32.21	36.70	31.14	29.97	29.66	22.09	10.39	62.68
2015	56.10	33.07	37.96	32.65	32.20	30.91	23.69	30.80	64.33
2016	57.35	34.55	40.26	34.19	35.11	32.16	25.74	34.37	66.18
2017	58.52	36.37	41.80	35.60	37.43	33.62	27.05	38.26	68.12
2018	59.58	38.05	43.40	37.21	39.06	35.00	28.01	44.20	69.00
年均增长率	1.28	1.44	2.16	1.78	1.62	1.14	1.58	2.79	1.84

数据来源:2006—2019年各县(市)统计年鉴

2. 研究区产业发展状况

通过对研究区2018年的三次产业产值和三次产业占国民经济比重(表3-5)进行分析发现,除大理市各产业比重与全国产业构成比例基本一致外,其余七县第一产业比重较大,第二产业比重较小,第三产业比重与全国平均水平基本相当。第一产业比重虽然较大,但依然是由传统的农林牧渔业组成,产业附加值较低;第二产业中大规模企业、新型经济主体缺乏,而且大多是国有企业和资源型企业,非公有制经济发展滞后,市场化进程缓慢;第三产业也呈现出低级化发展的态势,新兴产业如现代服务业、高科技产业等高附加值产业缺乏,对于新增就业岗位、转变经济发展方式的反向拉动作用不强,没有实现规模经济,发挥聚集效应、乘数效应等;但研究区第三产业中旅游业贡献较大,如酉阳县第三产业产值72.86亿元,其中旅游业产值66.32亿元,占91%。

表 3-5 研究区 2018 年三大产业产值及比重

县(市)	第一产业产值/亿元	第一产业比重/%	第二产业产值/亿元	第二产业比重/%	第三产业产值/亿元	第三产业比重/%
鹤峰县	11.97	19.5	24.36	39.8	24.94	40.7
来凤县	13.91	18.8	19.80	26.7	40.44	54.5
长阳县	37.41	26.2	42.69	29.9	62.51	43.9
麻阳县	15.66	19.3	23.58	29.0	42.01	51.7
酉阳县	29.53	17.5	55.57	6.2	72.86	76.3
三江县	19.18	32.0	11.49	19.2	29.25	48.8
大理市	19.79	5.0	180.63	45.7	194.66	49.3
平塘县	21.86	30.2	13.38	19.5	37.17	51.3
全国	64734	7.2	366001	40.6	469575	52.2

数据来源:2018 年国民经济和社会发展统计公报

三大产业的这种结构呈现的是第一产业落后、第二产业不发达、第三产业富有特色的一种特殊现象,与我国东部发达地区相比尚处于不同的经济发展阶段。另外,研究区城镇基础设施建设滞后,主要由于研究区多处于自然环境恶劣、交通不便的山区,先天条件制约了基础设施的建设,加大了建筑难度,增加了建筑成本,研究区产业结构的首要任务是加强基础设施建设,充分发掘地区特色。

3. 研究区居民收入状况

近年来,研究区居民收入水平增加较快,如酉阳县 2018 年全体居民人均可支配收入增长 10.7%,城镇常住居民人均可支配收入增长 8.2%,农村常住居民人均可支配收入增长 9.8%,均高于全国 8.7%、7.8%、8.8%的增速。但除大理市外,2018 年研究区全体居民人均可支配收入约 1.54 万元、城镇常住居民人均可支配收入 2.74 万元、农村常住居民人均可支配收入 1.04 万元,与全国平均水平 2.82 万元、3.93 万元、1.46 万元差距明显。在研究区农村居民的可支配收入中,工资性收入和家庭经营性收入各略高于 30%,转移性收入约占 25%,且转移性收入中政府贫困补助类收入占较大比例,说明研究区居民收入基数低、增速快、对政府帮扶依赖大。

(二)研究区社会经济发展的制约因素

1. 自然环境条件差

研究区大多分布在自然条件差的山区,水土流失问题严重,自然灾害频发,脆弱的生态环境不适宜进行大规模的开垦开发,而生存的压力促使研究区贫困农户陷入"越穷越垦,越垦越穷"的恶性循环之中。这些先天因素制约了研究区的社会经济发展,例如直接加大了道路等基础设施建设实施的难度和成本,进而造成交通条件不便。

2. 社会经济基础薄

改革开放初期,国家实行以先富带动后富的非均衡梯度推进发展战略,早期的国家优惠政策、基础项目投资、扶持资金等均向东部地区倾斜,经过几十年的发展,被东部地区拉开了全方位的差距。薄弱的经济基础和发展缓慢的市场经济无法形成对外界新兴产业和资金的吸引力,不合理的产业结构转型困难,无法实现技术创新和生产效率的提高,在市场经济发达的今天只有在国家政策引导、地区充分挖掘自身独有资源经济特色的基础上才能脱困。

3. 地方治理能力还需提升

在地方社会经济发展过程中,管理人员的治理能力也不容小觑,如何结合当地现实条件,因地制宜,走出有地方特色的、长远的社会经济发展道路,带领少数民族群众共享发展成果,是地方政府的头等大事。但一些地方政府在发展地方经济的过程中,追求"大干快上"导致行为短视,就可能走弯路错路。如某河网密布、水资源丰富的县域内却由于不合理的水资源开发和污染治理工程的资金不足导致河流水质污染严重,水资源存在严重问题,给当地的生态环境造成了极大的威胁。事前的规划管理不科学,不仅会给事后处理带来重重困难,而且处置成本还可能抵消甚至超出取得的收益。所以一手抓经济民生,一手抓环境治理,贯彻"绿水青山就是金山银山"的发展理念,对地方政府的治理能力提出了更高要求。

4. 劳动力受教育程度不高,思想观念较传统

研究区劳动力受教育水平普遍不高,大部分为初中学历,高中和大专以上学历较少,产生这种现象的原因,一方面在于研究区硬件教育设施落后,师资力量薄弱,总体教学水平较差造成学生升学困难;另一方面在于落后的经济条件让居民们无法重视教育,很多人初中毕业后被迫辍学就业。较低的教育水平和文化素质,使劳动力创新创业能力有限,为区域产业转型和经济发展做出的贡献也有限。大多数人因循守旧、安于现状,不愿意改变生产生活方式。研究区远离政治文化中心,接受外界信息困难,传统的思想观念使他们接受新鲜事物的能力不强,这也会给研究区的社会经济发展带来阻碍。外在的不足可以通过国家政策加以弥补,而思想观念的转变和劳动力素质的提高可能需要几代人的努力。

三、研究区农户生计类型及其生计资本构成

本项目调查的有效农户数为1635户,通过对他们生计方式的分析可反映研究区农户的生计方式类型和特征。

(一)农户家庭基本情况描述性统计分析

1. 农户人口学变量描述性统计分析

(1)户主性别

户主为家庭经济支柱,家庭生计方式和发展方向一般由户主选择,是农户生计转型和城镇化融入的主要决策人。如图3-1所示,研究区农户户主为男性的有1339户,占总样本农户的82%;户主为女性的296户,占总样本农户的18%。

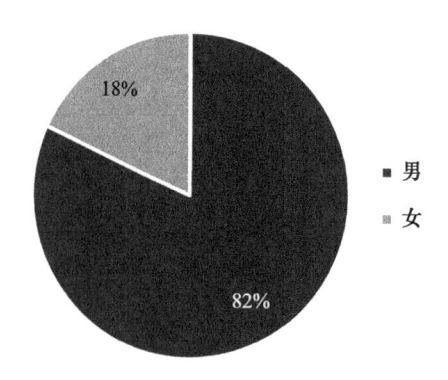

图3-1 调研农户户主性别构成

(2) 户主年龄

如图 3-2 所示,项目组将劳动力年龄分成 5 个区间,发现户主主要为青壮年劳动力,集中在 23~35 岁和 36~50 岁这两个年龄区间,占总样本农户的 86%,16~22 岁的青少年户主占 2%,51~64 岁的中老年户主占 11%,65 岁以上老年户主占 1%。

(3) 户主受教育程度

如图 3-3 所示,调研农户户主的受教育程度普遍不高,在 1635 户农户中初中文化户主占总样本的 48%,小学占 23%;高中为 18%,大专及以上为 9%,文盲为 2%。全体劳动力的受教育程度更低。

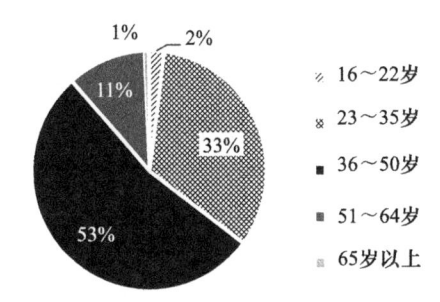

图 3-2 调研农户户主年龄构成

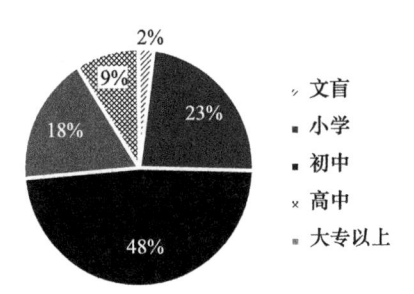

图 3-3 调研农户户主受教育程度

(4) 农户民族构成

调研农户民族分布如图 3-4 所示,以土家族、苗族、白族等民族为主,具体分布情况为:湖北省恩施自治州的来凤县、鹤峰县,宜昌市的长阳县,湖南省怀化市的麻阳县以及重庆市的酉阳县主要以土家族、苗族为主;云南省大理自治州的大理市主要以白族为主;贵州省黔南州的平塘县主要以布依族为主;广西壮族自治区三江县主要以侗族为主,其次零星分布着汉族、回族、毛南族、瑶族、彝族、怒族和壮族。

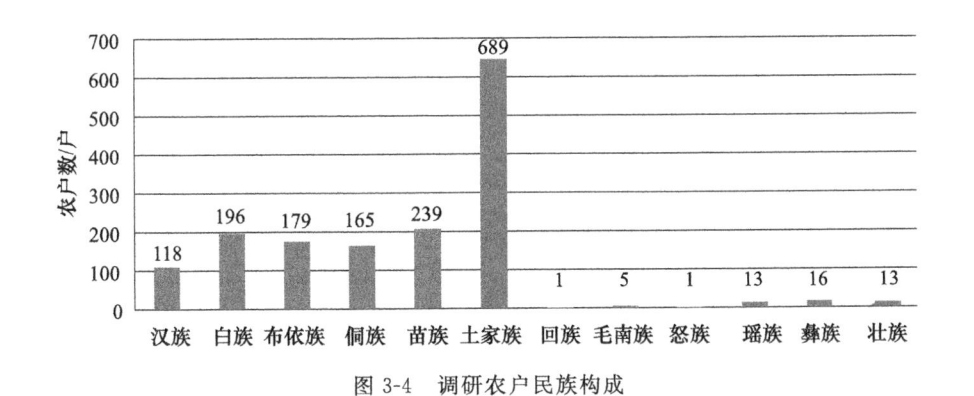

图 3-4 调研农户民族构成

(5) 户主职业选择

在广泛调研的前提下,项目组按职业的报酬、稳定程度、社会地位、舒适性等将农户从事的职业分为经商、科技文卫、运输、技术工人、销售服务、建筑业、工厂工人、餐饮服务、农业、零杂工共 10 种类型,户主职业构成如表 3-6 所示,非农职业占 86%,农业占 14%,说明农业已不再是研究区农户的主要生计来源。

表 3-6　调研农户户主职业构成　　　　　　　　　　　　　　　　　%

职业类型	经商	科教文卫	运输	技术工人	销售服务	建筑业	工厂工人	餐饮服务	农业	零杂工
比例	16	2.5	5.5	2.5	4.5	10.5	26	3.5	14	15

首先,调研农户非农职业类型占比最高的是工厂工人,占26%,因工厂普工对文化水平、职业技能、综合素质要求不高,稍加培训多数人都能胜任。其次,经商的农户也较多,占16%,但其中大部分经商农户只是在乡镇开店从事家用百货、服装、农具等的零售和农产品的简单加工,收益有限,经商只是家庭生计之一。再次,就业比例较高的职业是零杂工和建筑业,占比分别为15%和10.5%,建筑业从业虽收入不低,但劳动强度大、工作环境较差,零杂工稳定性较差;农民就业比例排第四层次的是运输、销售服务和餐饮服务,占比分别为5.5%、4.5%和3.5%,从事运输行业需要有一定的技能,而服务行业一般对年龄有限制;从业比例最低的职业类型是科教文卫和技术工人,均为2.5%,这两类职业薪资水平、工作环境、社会地位较高,但对从业人员的职业技能和文化素养要求也更高,大多数农户并不具备这些条件。

2. 农户家庭生计状况描述性统计分析

家庭生计资本现状是农户生计策略选择的基础,而农户的生计资本的主要构成部分就是土地、劳动力和家庭经济收入。表3-7为1635户调研农户的家庭经营农地面积、宅基地面积、家庭收入及劳动力数量等变量的统计结果。

表 3-7　2017年调研农户主要家庭生计资本状况

变量/单位	平均值	方差	最小值	最大值
水田面积/亩*	1.16	2.60	0.00	15.00
旱地面积/亩	1.97	20.34	0.00	114.80
林地面积/亩	3.45	327.83	0.00	530.00
园地面积/亩	0.18	0.62	0.00	15.00
宅基地面积/米²	147.15	6597.83	0.00	1200.00
房屋建筑面积/米²	250.74	28795.31	0.00	1500.00
人均年收入/元	13394.44	270377012.98	2302.00	201001.00
农业收入比例/%	14.07	681.99	0.00	100.00
非农收入比例/%	85.93	632.01	0.00	100.00
务农劳动力数/人	0.81	1.00	0.00	6.00
非农劳动力数/人	1.91	1.19	0.00	6.00

如表3-7所示,在农户经营农地的构成中,林地面积最大,旱地次之,再次是水田和园地。这主要是由于研究区为丘陵山区,区域内适宜种植农作物的土地较少,水田尤其更少。但是园地面积也少就不是资源禀赋的原因,说明当前农户把更多的人力资源投入到了非农产业,而没有充分利用当地的土地资源。农户的收入构成和劳动力分配也证明了这一点,农户家庭收入中,85.93%来源于非农收入,非农劳动力数量是务农劳动力数量的2.36倍。2017年调研农户家庭人均年收入为13394.44元,与全国当年农村居民人均可支配收入13432元基本持平;农户家庭宅基地面积和房屋建筑面积也处于研究区正常水平。

---

* 1亩≈666.67平方米。

但值得注意的是,调研发现农户家庭生计资本差异巨大,除人均年收入外,各项生计资本的最小值均为零,说明农户生计方式分异明显。

(二)研究区农户生计类型

1. 研究区农户生计类型的划分

国内外学者划分农户类型的依据主要有家庭非农收入比重(高强,1998)、农户生计活动类型(阎建忠 等,2009)、家庭主要劳动力的就业行业(欧阳进良 等,2004)、农村人口结构构成(陈海 等,2011)等,其中农户收入来源和结构是学者们采用最普遍、最重要的一种划分依据;在划分方法上,聚类分析方法近年来应用越来越普遍。

本章从农户分化的角度研究农户的城镇化融入能力,在农户类型的划分上除考虑家庭收入结构、职业类型等一般因素外,还需考量农户就业地点、外出时间、城市居住情况等与城镇化密切相关的因素,所以本章首先依据农户农业收入比重采用聚类分析法将农户划分为纯农型和生计转型农户两大类,然后进一步依据户主职业类型、受教育程度、就业地点、外出务工时间与城市居住类型等指标,把生计转型农户细分为村组多元型、县镇多元型、外出务工型和外出创业型四种类型,农户类型划分变量定义见表3-8。

表3-8 农户类型划分变量定义及统计描述

变量	变量描述	均值	标准差	最小值	最大值
农业收入占比	按实际数值计算比例/%	14.07	25.13	0	100
职业类型	1=经商,2=科教文卫,3=运输,4=技术工人,5=销售服务,6=建筑业,7=工厂工人,8=餐饮服务,9=农业,10=零杂工	5.49	3.37	1	10
就业地点	1=本村,2=本镇,3=本县,4=本省,5=外省	2.74	1.41	1	5
外出务工时间	按实际外出年数计算	6.77	7.05	0	40
城市居住类型	1=买房,2=单位公寓,3=单租,4=合租,5=其他(住在农村)	3.50	1.46	1	5

2. 研究区农户生计类型划分结果

依据上述分类依据和方法,研究区农户类型划分结果见表3-9。其中外出创业型农户最少,只有58户,占3.54%;纯农型农户占6.48%,村组多元型和县镇多元型农户最多,共占65.94%。

表3-9 农户生计类型划分结果

农户类型	户数	占比/%
纯农型	106	6.48
村组多元型	548	33.52
县镇多元型	530	32.42
外出务工型	393	24.04
外出创业型	58	3.54
合计	1635	100

为更好地区分不同类型的农户,表3-10对不同类型农户各分类变量进行了统计,具体描述如下。

表 3-10 不同类型农户分类变量特征

变量/单位	纯农型	村组多元型	县镇多元型	外出务工型	外出创业型	总体
农业收入占比/%	86.38	11.51	6.96	9.15	4.45	14.07
职业类型	8.42	5.87	3.89	6.99	1.09	5.49
就业地点	1.53	1.78	2.25	4.78	4.57	2.74
外出务工时间/年	1.88	4.46	9.12	7.90	8.60	6.77
城市居住类型	4.73	5.00	2.22	2.94	2.55	3.50
受教育程度	2.46	2.95	3.12	3.19	3.88	3.06

(1)纯农型农户

指家庭劳动力从事农业生产,家庭主要收入来源为农业的农户,研究区该类农户农业收入占家庭总收入的86.38%。纯农户受教育程度在5类农户中最低,一般只接受了小学教育;职业主要为农业,外出务工时间最短,平均1.88年;就业地点在本村范围内,居住类型在本村。

(2)村组多元型农户

指以非农生计作为家庭主要收入来源,但依然居住在本村的农户。研究区该类农户农业收入占家庭总收入比例的平均数为11.51%,较少从事农业生产,就业类型灵活多样但稳定性较低,主要有经营小型零售业、简单农产品加工业、建筑工地工人、本地乡镇企业就业等,受教育程度略高于纯农型农户,就业地点主要在本乡镇或邻近乡镇范围内,外出务工时间略高于纯农户,但低于其他三类农户。

(3)县镇多元型农户

指以非农生计作为家庭主要收入来源,且工作生活在就近县(市)和乡镇的农户。研究区该类农户平均农业收入占家庭总收入的6.96%,基本已不再从事农业生产,一般在本县(市)城镇从事商场、保险等行业销售、餐饮服务、建筑、运输等技能型工作或开设小型商超、餐馆等,受教育程度略低于外出务工型农户,外出务工时间较长,一般在就近城镇租房或买房居住。

(4)外出务工型农户

指在本县(市)以外从事制造业和建筑业等产业工作的并且以此作为家庭主要收入来源的农户。研究区该类农户平均农业收入占家庭总收入的9.15%,受教育程度高于村组多元型农户,外出务工时间较长,一般居住在就业单位员工宿舍或者合租公寓内。

(5)外出创业型农户

指长期在外地城镇创业经商,并以此作为家庭主要收入来源的农户。研究区该类农户平均农业收入占家庭总收入的4.45%,已不再从事农业生产,一般在外地城镇创业或自主进行各类商业经营,受教育程度在各类农户中最高,外出务工时间较长,一般选择在创业城镇买房居住。

(三)农户生计资本构成

研究区农户面临的自然环境背景和社会经济制度基本相同,不同类型农户生计方式或生计策略选择的差别主要由于家庭生计资本的不同,所以本研究对于农户生计方式特征的分析主要从农户生计资本出发。生计资本的构成按可持续生计分析框架(DFID,2000)的思路包括人力资本、自然资本、物质资本、金融资本和社会资本五个方面,各类资本具体包含的指标依据研究区实际情况归纳,见表3-11。

表 3-11 农户生计资本构成

生计资本	测量指标	指标代码	指标描述
人力资本	户主劳动能力	H1	16~22 岁＝0.75,23~35 岁＝1,36~50 岁＝0.75,51~64 岁＝0.5,65 岁及以上＝0.25
	户主受教育水平	H2	不识字＝0,小学＝0.25,初中＝0.5,高中＝0.75,大专及以上＝1
	家庭平均劳动能力	H3	将家庭劳动力按年龄分别赋值(方法同户主劳动能力),然后加总取平均值
	家庭平均受教育水平	H4	将家庭劳动力受教育水平分别赋值(方法同户主受教育水平),然后加总取平均值
	务农劳动力/人	H5	农户家庭从事农业劳动的人数
	非农劳动力/人	H6	农户家庭从事非农劳动的人数
自然资本	人均水田/亩	N1	家庭经营水田面积除以家庭总人口数
	人均旱地/亩	N2	家庭经营旱地面积除以家庭总人口数
	人均林地/亩	N3	家庭经营林地面积除以家庭总人口数
	人均园地/亩	N4	家庭经营园地面积除以家庭总人口数
物质资本	人均建设用地面积/米^2	P1	家庭宅基地面积除以家庭总人口数
	人均房屋面积/米^2	P2	家庭房屋建筑面积除以家庭总人口数
金融资本	人均年收入/元	F1	家庭年收入除以家庭总人口数
	社会融资能力	F2	户主对家庭融资能力的评价,从小到大分别记 1~5 分
社会资本	政府培训与指导	S1	政府培训与指导对家庭生计的作用,1＝没有,2＝较少,3＝一般,4＝较多,5＝大量
	人际交往能力	S2	户主对家庭人际交往能力的评价,从小到大分别记 1~5 分
	亲朋好友资源	S3	家庭是否有亲朋好友资源,1＝没有,2＝较少,3＝一般,4＝较多,5＝大量
	政府扶贫和保障工作	S4	依据政府的各项扶贫和保障工作对农户家庭生计转型的作用大小,户主对其做出评价

1. 农户生计资本量化方法

农户家庭人力资本指家庭劳动力的数量和质量,劳动力数量包括务农和非农劳动力数量,劳动力质量可用劳动力年龄和受教育程度来衡量,我国法定劳动力指从 16 周岁至退休年龄的劳动力,因我国农村劳动力没有明确的退休年龄界限,所以本研究劳动力年龄包括 65 岁及以上劳动力。依据不同年龄的劳动力能力和经验,本研究认为 23~35 岁的劳动力不仅年轻有干劲且有一定的工作经验,劳动能力最强,量化计量时用 1 表示;其次为 16~22 岁和 36~50 岁的劳动力,前者强在年轻,后者强在经验更丰富,用 0.75 表示其劳动能力;再次为 51~64 岁的劳动力,用 0.5 表示,最低的为大于等于 65 岁的劳动力,用 0.25 表示。在劳动力受教育程度上,认为受教育程度越高其劳动能力越高,从不识字到受过大专及以上教育分 5 类,分别用 0~1 的自然数表示。另外,因户主对家庭生计类型起到了决定性作用,所以户主和家庭平均劳动力年龄和受教育程度分别计算。

农户家庭自然资本指家庭可直接利用的自然资源,研究区家庭可直接利用的自然资源为各类农地,可用家庭承包和经营的人均水田、人均旱地、人均林地和人均园地表示,即家庭承包和经营的各类农地面积除以家庭总人数。

农户家庭物质资本指家庭长期存在的生产物资,包括建设用地和房屋,用人均建设用地面积和人均房屋面积表示,农户家庭建设用地主要为宅基地,房屋包括生活性用房和生产性用房,计量时用家庭宅基地面积和房屋建筑面积除以家庭总人口数。

农户家庭金融资本指家庭能为生产金融提供的金额资产和能力,本研究用家庭人均年收入和社会融资能力表示。人均年收入包括家庭农业经营收入、工资性收入、其他经营收入、资产收益、政府转移支付等。家庭社会融资能力是户主对家庭融资能力的评价,从小到大分别用1~5的自然数表示。

农户家庭社会资本指家庭在社会结构中所处的位置给他们带来的资源,除家庭人际交往能力、亲朋好友资源外,因我国政府对农户的技能培训与生计指导、政府的各项扶贫和社会保障工作对农户生计转型也起到了较大的作用,所以可用家庭人际交往能力、亲朋好友资源、政府培训与指导、政府扶贫和保障工作四个方面来表示农户家庭社会资本,由户主自评测量,从低到高用1~5的自然数表示。政府的各项扶贫和保障工作对农户家庭生计转型的作用由农户对政府在研究区开展的产业扶贫、异地搬迁、生态补偿、教育扶贫、农村社会保障和农民工经济适用房政策六项具体工作的评价打分确定,每项得分从小到大为1~5,然后加权求和,权重用层次分析法计算得出,这六项扶贫工作的权重分别为0.16、0.07、0.23、0.25、0.24、0.05。

2. 研究区不同类型农户生计资本分析

依据表3-11的农户生计资本计量方法,对研究区不同类型农户的人力资本、自然资本、物质资本、金融资本、社会资本分别进行计量,结果见表3-12。表3-12劳动能力、受教育水平为0~1无量纲数字,越接近1表示劳动能力越强或受教育水平越高。社会融资能力、政府培训与指导、人际交往能力、亲朋好友资源、政府扶贫和保障工作为1~5的无量纲数字,数字越大表示农户拥有的该项资本越多。

(1)不同类型农户的人力资本比较分析

在劳动力数量上,纯农型农户的务农劳动力数量明显多于其他四类生计转型农户,非农劳动力数量明显少于其他四类农户,这是由他们的生计方式决定的;而在四类转型农户中,外出务工型农户家庭务农劳动力数量又明显多于其他三类农户,说明外出务工型农户家庭对于农业收入的依赖相对略大。

在劳动力质量上,纯农型农户户主和家庭劳动能力、受教育水平均最低,外出创业型农户户主和家庭劳动能力、受教育水平均最高,其他三类农户基本无区别。说明劳动力年龄偏大和受教育水平偏低限制了纯农型农户的生计转型,而要进行自主创业需要更高的劳动力质量。

表3-12 农户生计资本计量结果

生计资本	测量指标	纯农型	村组多元型	县镇多元型	外出务工型	外出创业型
人力资本	户主劳动能力	0.73	0.77	0.78	0.88	0.89
	户主受教育水平	0.37	0.50	0.53	0.54	0.71
	平均劳动能力	0.69	0.78	0.76	0.75	0.79
	平均受教育水平	0.35	0.49	0.50	0.46	0.62
	务农劳动力/人	1.86	0.71	0.52	1.08	0.69
	非农劳动力/人	0.38	1.74	2.26	1.98	2.69

续表

生计资本	测量指标	纯农型	村组多元型	县镇多元型	外出务工型	外出创业型
自然资本	人均水田/亩	0.51	0.23	0.24	0.33	0.27
	人均旱地/亩	1.23	0.44	0.43	0.41	0.28
	人均林地/亩	1.34	0.67	0.80	0.78	0.68
	人均园地/亩	0.03	0.03	0.04	0.05	0.02
物质资本	人均宅基地面积/米²	38.45	41.91	36.78	27.98	30.74
	人均房屋面积/米²	51.34	75.20	57.88	49.86	51.68
金融资本	人均年收入/元	5827.62	13129.56	15120.10	11745.06	25133.22
	社会融资能力	3.37	2.88	2.42	2.65	2.31
社会资本	政府培训与指导	1.80	1.53	1.35	1.28	1.47
	政府扶贫和保障工作	2.29	1.77	1.67	1.60	1.50
	人际交往能力	2.98	2.88	2.25	3.36	2.01
	亲朋好友资源	1.74	1.93	1.82	1.72	1.93

(2) 不同类型农户的自然资本比较分析

首先五类农户经营的园地面积均很小且无差别,说明研究区林果业不发达。纯农型农户经营的人均水田、旱地、林地面积均大于生计转型农户,因为农业经营收入是他们的主要生计来源。四类生计转型农户平均经营着较小的农地面积,其中约45%的生计转型农户经营水田面积为0,约29%的生计转型农户经营的旱地面积为0,他们原承包农地已被流转或撂荒。其他生计转型农户仍然耕种部分农地,一是为了满足家庭对农产品的消费需求,二是在家庭还有农业劳动力的前提下,他们从事农业生产的机会成本很低。

(3) 不同类型农户的物质资本比较分析

在项目组考察的两项物质资本中,人均宅基地面积最大的是村组多元型农户,其次为纯农型农户,外出务工型农户最小;人均房屋面积最大的也是村组多元型农户,其他四类农户无差别。物质资本的多寡,源于需求和能力两个方面,从需求来看,村组多元型农户和纯农型农户均住在本村,需求均大,其他三类农户在外地租房或买房,对农村住房的需求较小,所以村组多元型和纯农型农户的宅基地面积最大;但从能力来看,纯农型农户家庭的收入不足以支撑他们的需求,所以其人均房屋面积并不大。另外,由于非农型农户部分在城镇已购买住房,购房比例随着非农化程度的加深而增大,这类农户的人均房屋面积虽不大但价值高,所以用价值量评价的物质资本随着农户非农化程度的加深而增加。

(4) 不同类型农户的金融资本比较分析

考察的两项金融资本中,人均年收入最低的是纯农型农户,且明显低于生计转型农户,而生计转型农户人均年收入基本随着生计非农化程度加深而增加,外出创业型农户的人均年收入最高,说明在农业基础条件较差的西南地区,农业的比较收益明显低于非农产业。对于社会融资能力的自我评价,纯农型农户明显高于其他四类农户,这主要是由于生活环境和习俗所致,在我国的农业社会中,农民们有生产生活的资金需求时,习惯于向邻里和亲朋好友借贷,大家一般也会相互帮助;而生计转型农户身处的工商业社会更关注融资成本,融资难度也就加大。

(5) 不同类型农户的社会资本比较分析

本研究通过农户自评的方式,考察了四种可能影响农户生计的社会资源。对政府培训与指导的评价,四类生计转型农户基本无差别,主要是由于纯农型农户更需要也更能够得到政府的培训与指导;对政府扶贫和保障工作的评价,纯农型农户最高,生计转型农户随着转型程度的加深评分逐渐降低,主要是由于生计转型农户一般均已脱贫而不是政府的扶贫工作对象,但城镇的住房保障又还没有惠及他们。农户对人际交往能力和亲朋好友资源的评价无规律,这可能是由于这两项社会资本对农户的生计转型并无实质影响。

总之,随着农户非农化程度的加深,人力资本和金融资本增加,以价值量衡量的物质资本增加,但农户可利用的自然资本和感知的社会资本可能减少。

四、西南地区农户生计转型特征

调研农户中纯农型106户,占总调研农户的6.48%,93.52%的农户发生了一定程度的生计转型;在收入构成中虽然纯农型农户的农业收入占比平均为86.38%,但67.5%的农户农业收入占比小于等于10%,57.6%的农户农业收入占比小于等于5%,说明多数农户对农业的依赖度并不高。总体来说,西南地区农户生计方式调整特征表现为以下三个方面。

(一)纯农型生计进一步分化

占比不高的纯农型生计可划分为两种类型,一类是传统小农生计,另一类是新型现代农业生计。

纯农型农户中,80%还是小规模经营的传统农户,他们一般年龄较大、受教育水平较低,不具备从事非农产业工作的能力。他们的农业生产方式变化不大,为了满足家庭需求以保证自给自足,播种作物的种类较为丰富但规模都较小。这些农户家庭人均收入较低,少数还属于贫困户,对农业的依赖较大。

纯农型农户中,20%为经营农地面积10亩以上的中等和大规模农户,他们从其他农户转入了农地,或从事较大规模粮食作物种植,或从事烟叶、蔬菜等经济作物的种植,还有少数农户转入林地经营茶园、果园等。这些规模经营的新型农户在作物种类、种植方式、农地管理方式等方面都不同于传统农户,他们或者是农业经营能手,或者是受教育程度相对较高的致力于从事农业经营的新型农民,故他们是特色农业经营和农业产业化发展的主力军,可能也是地方政府农业培训和农业信息技术服务的主要受益者,该类农户的农业经营效益一般较高,家庭人均年收入并不低于其他生计转型农户。

(二)外出型生计占比趋于稳定

外出型生计包括外出务工型和外出创业型两种类型,2017年研究区外出务工型农户占总调研农户的24.04%,外出创业型农户占3.54%,该类生计农户数量近年来比较稳定,与我国外出农民工比例变化趋势基本一致,我国2017年外出农民工增长1.5%,本地农民工增长2.0%,外出农民工增速放缓。

从20世纪90年代以来,我国农民工数量不断增加,至2017年,已达28652万人,西南地区由于发展相对滞后,也是农民工输出的主要地区之一,故很多农户家庭都是外出型生计方式。但随着新型城镇化策略的实施和我国各类经济政策向西部地区倾斜,特别是近年来旅游业的发展,西南地区独特的自然风光和民族地区多彩的民族文化吸引了大量游客,民族地区发展进一步加速,对人口的接纳能力增强,一部分农民工不用背井离乡,在本地也可就业,于是外出型生计占比已趋于稳定,而外出务工的更多的是向往城市的二代农民工。

(三)村组多元型与县镇多元型生计成为主流趋势

在调查的1635户农户中,就地、县镇多元型农户1078户,其中村组多元型占总调研农户的33.52%,县镇多元型占32.42%,这两种生计类型已成为研究区农户的主流生计模式。

村组多元型农户居住在本村,就业地点在本乡镇或邻近乡镇范围内,职业类型多样化,如表3-13所示,与研究区调研农户总体就业情况比较,在科教文卫等事业单位、各类制造业工厂就业的农户明显减少,而在农业、运输行业、打零工或灵活就业的农户明显增多,其他就业类型所占比例差别较小。

村组多元型农户中虽然仍在经营农业的农户较多,但他们一般也只经营家庭直接从集体经济组织承包的农地,较少转入农地进行专门经营;在从事运输行业的农户中,一部分经营县城至各乡镇村的客运运输,另一部分在物流行业就业,特别是近年来随着互联网+行业的发展,在物流行业就业的农户增长明显。灵活就业的农户从事着各种季节性的工作,如旅游业、产业化农业合作社或一些乡村技工等。村组多元型就业不用背井离乡,既能照顾家庭又能取得不低的家庭收入,是中年农户更愿意选择的生计方式。

表3-13　村组多元型与县镇多元型农户户主的职业构成　　　　　　%

	经商	科教文卫	运输	技工	销售服务	建筑业	工厂工人	餐饮服务	农业	零杂工
村组多元型农户	14	0.5	7	2	5.5	12	13	3	22	21
县镇多元型农户	26	4	8	3.5	7	9	18	7	2.5	15

县镇多元型农户生活和工作在就近的县(市)镇,具体就业情况见表3-13,最显著的特点是经商的农户占比大,达到了26%。与村组多元型农户相比,经商及在服务行业、制造业、科教文卫行业就业的农户增加,而经营农业、打零工和在建筑业就业的农户减少。

县镇多元型农户较大比例在附近的乡镇从事小型零售业经营,说明2017年以前这还是一种受农户欢迎的生计方式,农户一方面可取得比较稳定的收入,另一方面可就近照顾在乡镇上学的子女,但近年来随着互联网行业的发展,零售业受冲击大,农户需要再次调整生计方式。

县镇多元型农户在服务业、制造业就业的比例增加,因为县城比乡镇村有更多的服务业需求和更多的制造业工厂。小农经营和打零工的农户减少,县镇多元型农户家庭总收入及其稳定性都比村组多元型农户增加。县镇多元型就业也是很受中青年农户欢迎的一种生计方式。

总之,西南地区农户生计方式非农化明显,其中外出型生计占比趋于稳定,村组、县镇多元型生计是目前的主流生计方式,且随着经济的不断发展,在本县内就地就近的具体就业行业在不断调整。

五、农户生计选择的影响因素分析

沿袭第三部分的分析思路,因研究区农户面临的自然环境的脆弱性与政策制度的变化类似,这里在分析农户生计选择影响因素时,只考虑农户生计资本的区别,用相关分析和线性回归分析方法准确地找出关键影响因素。

(一)数据处理

为消除生计资本量纲不同的影响,首先对数据进行标准化处理。人力资本质量的户主劳动能力、户主受教育水平、家庭平均劳动能力、家庭平均受教育水平,金融资本中的社会融资能力,社会资本中政府培训与指导、政府扶贫和保障工作、人际交往能力、亲朋好友资源采用李克特五分量表,从小到大分别对其进行赋值,或在赋值的基础上求和计算。

人力资源数量的标准化直接按劳动力数量用0~1的数字等距赋值,具体为:0人=0,1人=0.2,2人=0.4,3人=0.6,4人=0.8,5人及以上=1。

其他带有量纲的生计资本包括人均水田、人均旱地、人均林地、人均园地、人均宅基地面积、人均房屋面积、人均年收入用极差标准化的方法进行处理。

$$M_{ij} = \frac{X_{ij} - X_{ij\min}}{X_{ij\max} - X_{ij\min}} \tag{3-1}$$

式中，M_{ij} 表示第 i 个农户 j 生计资本的标准化值；X_{ij} 表示第 i 个农户 j 生计资本的实际值；$X_{ij\min}$ 表示全体农户 j 生计资本的最小值；$X_{ij\max}$ 表示全体农户 j 生计资本的最大值。

(二) 相关性分析

为检验研究区农户的某项生计资本是否影响其生计方式选择，先对农户的生计资本与生计方式进行皮尔森相关性分析。农户生计方式按非农化程度从低到高、从小到大赋值，即纯农型农户=1，村组多元型农户=2，县镇多元型农户=3，外出务工型农户=4，外出创业型农户=5。

皮尔森相关系数表达式为式(3-2)。此式可以精确地反映两个变量线性相关程度，这里为农户各项生计资本与生计方式的相关程度。

$$r = \frac{N\sum x_i y_i - \sum x_i \sum y_i}{\sqrt{N\sum x_i^2 - (\sum x_i)^2}\sqrt{N\sum y_i^2 - (\sum y_i)^2}} \tag{3-2}$$

式中，相关系数用 r 表示，描述的是两个变量间线性相关强弱的程度；x_i 与 y_i 为变量的观测值，即农户的某项生计资本和生计方式类型；r 的绝对值越大表明相关性越强，一般而言，相关系数 r 的绝对值在 0.70~0.99 为高度相关，在 0.40~0.69 为中度相关，在 0.10~0.39 为低度相关。

表 3-14 为农户生计资本与生计方式类型之间的皮尔森相关系数，H1、H2、H3、H4、H5、H6 分别表示户主劳动能力、户主受教育水平、家庭平均劳动能力、家庭平均受教育水平、家庭务农劳动力人数、家庭非农劳动力人数；N1、N2、N3、N4 分别表示家庭人均水田、人均旱地、人均林地、人均园地面积；P1、P2 分别表示人均宅基地面积、人均房屋面积；F1、F2 分别表示家庭人均年收入、社会融资能力；S1、S2、S3、S4 分别表示政府培训与指导、政府扶贫和保障工作、家庭的人际交往能力、家庭的亲朋好友资源。从表 3-14 中可以看出，户主劳动能力、户主受教育水平、家庭平均受教育水平、家庭非农劳动力人数、人均旱地面积、人均宅基地面积、人均房屋面积、家庭人均年收入、社会融资能力、政府培训与指导、政府扶贫和保障工作、家庭的人际交往能力这 12 项生计资本均与农户生计类型显著相关；而家庭平均劳动能力、家庭务农劳动力人数、家庭人均水田面积、人均林地面积、人均园地面积、亲朋好友资源与农户生计类型之间的相关性不显著，所以在下面的回归分析中剔去这几项指标，以减少其对回归方程的影响。

表 3-14 皮尔森相关系数

	H1	H2	H3	H4	H5	H6	N1	N2	N3	N4
r	0.272**	0.208**	0.02	0.093**	-0.046	0.309**	-0.004	-0.076**	-0.005	0.036
	P1	P2	F1	F2	S1	S2	S3	S4		
r	-0.176**	-0.131**	0.094**	-0.150**	-0.153**	-0.164**	-0.195**	-0.019		

注：** 在 0.01 水平上显著相关；* 在 0.05 水平上显著相关

(三) 回归模型的检验

为进一步分析上述 12 项显著相关的生计资本是否为农户生计选择的影响因素，本部分进行回归分析。

1. 逐步回归模型

逐步回归的基本原理就是将自变量逐个引入模型进行运算，每引入一个自变量后都要进行 F 检验和 t 检验,当原先引入的自变量由于新引入的自变量而变得不显著时,就将其剔除出模型,以保证每次引入新变量之前的回归方程中只有显著的变量。经过多次反复以后,直至没有不显著的变量进入方程,也没有不显著的变量从逐步方程被剔除,这样就能确保最后所进入方程的变量集合是最优的。

农户类型为因变量,赋值方法同上,12 项显著相关的生计资本为自变量,利用 SPSS12.0 软件进行逐步回归分析,模型拟合优度和显著性如下。

2. 模型拟合优度检验

如表 3-15 所示,"模型摘要"表给出了本次逐步回归模型的逐步过程,随着自变量的逐步加入,模型的拟合优度不断提升,直到第 10 个自变量进入,模型再也无法加入新的自变量,运算停止。模型 10 为最终模型,R^2 值为 0.582,意味着逐步回归模型的 12 个自变量能够解释农户类型的 58.2%;德宾·沃森统计量为 1.638,说明各项样本之间基本独立,不存在自相关关系。

表 3-15 拟合优度检验(模型摘要 I)

模型	R	R^2	调整后 R^2	标准估算的错误	德宾·沃森
10	0.763j	0.582	0.581	0.56808	1.638

j. 预测变量:(常量),非农劳动力数量,户主劳动能力,人际交往能力,人均宅基地面积,政府培训与指导,户主受教育水平,平均受教育水平,人均旱地面积,人均年收入,人均房屋面积。

k. 因变量:农户类型

3. 模型显著性检验

如表 3-16 所示,模型 10 的 F 值为 44.412,显著性为 $0.000^k < 0.05$,通过 F 检验,意味着模型 10 中的自变量可以显著影响因变量,回归模型有意义。

表 3-16 方程显著性检验(ANOVA 表)

模型		平方和	自由度	均方	F	显著性
10	回归	334.673	10	33.467	44.412	0.000k
	残差	1223.794	1624	0.754		
	总计	1558.467	1634			

a. 因变量:农户类型。

k. 预测值:(常量),非农劳动力数量,人均水田面积,务农劳动力,平均受教育水平,人均旱地面积,人均建筑面积,人均园地面积,人均年收入,政府培训与指导,人均林地面积

4. 变量显著性检验

如表 3-17 所示,模型 10 的 VIF 值均<5,表示自变量之间不存在共线性,通过共线性检验;模型 10 的 10 个自变量的显著性均小于 0.05,通过变量显著性检验。

表 3-17 变量显著性检验

模型		非标准化系数		标准化系数	T	显著性	共线性统计	
		B	标准错误	β			容差	VIF
10	(常量)	1.594	0.131		12.211	0.000		
	户主劳动能力	1.321	0.142	0.219	9.314	0.000	0.872	1.146
	户主受教育水平	0.592	0.143	0.139	4.136	0.000	0.429	2.334

续表

模型		非标准化系数		标准化系数	T	显著性	共线性统计	
		B	标准错误	β			容差	VIF
10	平均受教育水平	0.959	0.317	0.098	3.027	0.003	0.459	2.18
	非农劳动力数量	1.263	0.128	0.234	9.855	0.000	0.857	1.167
	人均旱地面积	−2.1	0.807	−0.06	−2.601	0.009	0.913	1.096
	人均宅基地面积	−1.106	0.473	−0.067	−2.337	0.020	0.582	1.719
	人均房屋面积	−1.034	0.406	−0.073	−2.543	0.011	0.586	1.707
	人均年收入	0.798	0.29	0.067	2.749	0.006	0.814	1.229
	人际交往能力	−0.293	0.071	−0.098	−4.115	0.000	0.851	1.175
	政府培训与指导	−0.368	0.112	−0.076	−3.285	0.001	0.903	1.108

a. 因变量:农户类型

5. 排除的变量

如表3-18所示,社会融资能力和政府扶贫与保障工作两项生计资本未能通过显著性检验,所以被排除在模型10之外。

表3-18 排除的变量

模型		输入β	T	显著性	偏相关	共线性统计		
						容差	VIF	最小容差
10	社会融资能力	0.002k	0.059	0.953	0.001	0.696	1.437	0.428
	政府扶贫与保障工作	0.001k	0.02	0.984	0.001	0.673	1.487	0.429

k. 模型中的预测变量:(常量),非农劳动力数量,户主劳动能力,人际交往能力,人均宅基地面积,政府培训与指导,户主受教育水平,平均受教育水平,人均旱地面积,人均年收入,人均建筑面积

(四)结果分析

基于逐步回归模型的结果,10类生计资本对于农户生计类型有显著影响,这些生计资本的变化会导致农户进行生计转型。

1. 人力资本对农户生计类型的影响

人力资本数量与质量均对农户生计选择有显著影响。人力资本质量对农户生计转型有正向影响,户主的劳动能力和受教育水平每增加1个单位,研究区农户的生计非农化程度就分别增加1.321个单位和0.592个单位,农户家庭平均受教育水平每增加1个单位,农户生计非农化程度增加0.959个单位。非农劳动力数量对农户生计转型有正向影响,农户家庭每增加1个非农劳动力,家庭生计非农化程度增加1.263个单位。

户主对家庭的生计选择往往具有决定性的作用,户主的受教育水平和劳动能力越高,越能胜任和有精力从事有更高技能要求的非农工作;同时受教育水平越高,意味着增长见识的可能性越高,对家庭生计选择会更有远见卓识,在我国当前农业比较收益低和研究区农地、农业基础设施等条件均较差的情况下,受教育程度高的户主可能会更加理性和果断,做出更容易提高家庭收入的生计选择,即生计非农化。

非农劳动力数量是家庭劳动力配置的结果,也是家庭生计选择的影响因素,只有家庭有在

劳动能力和受教育水平上均从事非农工作的劳动力,才能选择非农生计。

2. 自然资本对农户生计类型的影响

研究区农户家庭经营的人均旱地面积对农户生计转型程度具有显著的负向影响,即研究区农户的人均旱地面积每增加 1 个单位,那么农户生计非农化程度就减少 2.1 个单位;但家庭水田面积、林地面积、园地面积均与农户生计类型没有显著关系。

研究区生计非农化程度越高的农户家庭经营的旱地面积越少,因为虽然同一集体经济组织的农户承包农地的面积只与家庭人数有关,但生计转型农户可以各种方式流转农地经营权。研究区由于地形条件的限制,一般不适宜大规模经营,农户多以亲朋好友代种的方式流转农地,也有一部分农户直接撂荒农地。水田面积、园地面积与农户生计类型的关系不显著,主要是由于研究区水田面积较少;林地面积与农户生计关系不显著,由于研究区林地收益非常有限,不具备流转价值,大多数生计转型农户现阶段依然保留着承包的林地经营权。

3. 物质资本对农户生计类型的影响

研究区农户的人均宅基地面积、人均房屋面积对农户生计非农化程度有负向影响,即研究区人均宅基地面积和人均房屋面积每大 1 个单位的农户,他们的生计非农化程度可能就小 1.106 和 1.034 个单位。这是因为纯农型农户需要更大的空间从事各类农业生产活动,如放置农具、饲养牲禽牲畜等;村组多元型农户可能有一定的农产品加工类生产用房;随着出县务工和外出创业型农户的收入的增加,他们在城市买房和租房的可能性就越高,城市的高房价限制了他们在城市的住房面积,同时一般也不会再扩建农村的房屋。但是若用价值量来评估农户的物质资本,因为城市和农村房屋价格的巨大差异,结论可能正好相反。

4. 金融资本对农户生计类型的影响

研究区农户的人均年收入对农户生计的非农化程度存在正向影响,农户的人均年收入每增加 1 个单位,生计非农化程度就提升 0.798 个单位。农户对自身社会融资能力的评价未能通过回归分析的变量显著性检验,说明其对研究区农户生计选择影响不显著。

人均年收入既是农户生计结果之一,也是农户家庭生计状况不断改善的重要推动因素之一,即较高的收入会在进一步提升家庭收入方面形成良性循环,而低收入家庭将面临更多困难。首先较高的年收入可形成一定的资金积累,积累的资金可以用来提升人力资本从而带来更高的工资收入,也可以作为自主创业的启动资金或扩大再生产的资金来源。

5. 社会资本对农户生计类型的影响

人际交往能力和政府培训与指导对研究区农户的生计非农化程度具有负向影响,即对自身人际交往能力和政府培训与指导评价越高的农户,其生计非农化程度越低。对自身人际交往能力和政府培训与指导的评价每增加 1 个单位的农户,其生计非农化程度就分别少 0.293 和 0.368 个单位。

一般来说,生计非农化程度越深的农户的人际交往能力可能越强,而项目组在研究区的调查呈现出相反的趋势。究其原因,农村基本上为熟人社会,大事小情都可以找熟人寻求帮助;而生计转型农户进入到城镇以后,城镇很大程度算是公民社会,凡事依靠社会规则运作,从而让农户感觉人际交往能力降低了。政府培训与指导之所以对于研究区农户生计非农化程度呈现负向影响,其原因可能在于研究区政府部门的培训与指导主要集中于在当地农村从业的农户或农业生产的信息和技术,而非农化程度较高和在外地从业的农户在这方面获得的政府帮助相对较少。

总之,人力资本、金融资本、用价值量衡量的物质资本对农户非农生计的选择存在正向影响,从影响系数来看,人力资本中的户主劳动能力和家庭非农劳动力数量影响最大;自然资本、社会资本对农户非农生计的选择存在负向影响,从影响系数来看,自然资本中的人均旱地面积影响更大。

六、本章小结

从家庭收入结构、主要劳动力职业类型、就业地点、外出时间、城市居住情况将研究区农户划分为纯农型、村组多元型、县镇多元型、外出务工型、外出创业型五种类型。随着农户非农化程度的加深,农户人力资本和金融资本增加,以价值量衡量的物质资本增加,但农户可利用的自然资本和感知的社会资本减少。西南地区农户生计方式非农化明显,其中外出型生计占比趋于稳定,村组、县镇多元型生计是目前的主流生计方式,且随着经济的发展,在本县内就地就近的具体就业行业不断调整。人力资本、金融资本、用价值量衡量的物质资本对农户非农生计的选择存在正向影响,自然资本、社会资本对农户非农生计的选择存在负向影响。

第四章 生计转型农户的城镇化融入能力测度与评价

2000年以来,随着农户生计转型的普遍和深入,越来越多的农民身份变成了市民,中国进入快速城镇化新阶段,在较短时期内走完了欧美国家几十甚至上百年的发展历程。这种快速发展的城镇化模式,不可避免地导致了农民融入城市的不完全不彻底的半城镇化状态。本章从生计转型农户城镇化融入现状出发,从城市融入过程和融入维度两个角度对不同类型农户的城镇化融入能力进行测度和评价。

一、生计转型农户城镇化融入现状

从20世纪80年代开始出现农户生计转型,近四十年的发展历程,一部分农户家庭已融入城镇成为城市居民,更多的家庭依然是生计转型农户,从一代农民工到二代农民工,他们的城镇化意愿、城镇化目的地发生了改变,城镇对他们的接纳度发生了变化,但总体来说,半城镇化农户依然大量存在。

(一)农户城镇化意愿增强

1. 农户进城目的发生了变化

农户生计转型40年来,每个年代农户的进城目的都在变化。20世纪80年代改革开放后,农村出现了大量剩余劳动力,城市工业化发展对劳动力需求增加,农民开始进城务工,于是发生了生计转型,寻找就业机会是当时农户进城的主要目的。生计转型农户虽然在城市就业,但自我身份认同依然是农民,深知自己进城务工只是为了寻求非农就业机会,改善家庭生活条件,所以在生活上游离于城市边缘,在经济上脱离城市经济体制(易善策,2007)。

20世纪90年代,生计转型农户进城务工的目的从最开始的寻找就业机会变成了增加收入,对自我身份的认知也开始出现了变化,职业和身份之间的割裂,农村与城市边缘的游离状态,逐渐成为生计转型农户自我身份认知的困惑和障碍。

进入21世纪,彼时距离改革开放已过去二十多年,生计转型农户内部逐渐开始出现分化,开始出现新一代或者第二代农民工。于是"新生代农民工"这一概念首次被王春光(2001)提出,指1980年之后出生、在城镇成长和务工的青年农民工。新生代农民工与第一代农民工有所不同,他们虽生于农村,但长于城市,在城市务工的目的较之他们的父辈已经发生了很大的转变,从"离乡不离土"到"离土又离乡","暂居状态"跨越到"居住状态",从"流民"到"移民",他们不再只是追求养家糊口、满足基本生存需求,而是追求个人发展、现代生活方式和更加全面地融入城市(王春光,2010)。

经过几十年的高速发展,我国城镇化进程取得巨大成就,2010年城镇化率首次超过50%,但同时产生的许多问题和矛盾也亟待解决。以"人的城镇化"为核心的新型城镇化被适时提出,受到学界和社会的广泛认同,标志着我国开始进入到以人的城镇化为核心的"新型城镇化"阶段。这时生计转型农户进城务工的目的已经逐渐变成追求人的全面发展,而不再是非农就业机会、家庭收入改善和城市现代生活方式,这同时也是人的城镇化的应有之义(邬巧飞,

2015)。

2. 新生代农民工城镇化意愿更加强烈

随着生计转型农户群体内部的阶层分化,新生代农民工逐渐成为生计转型农户的主体,如图 4-1 所示,2017 年新生代农民工占比首次超过 50%,占到了生计转型农户总量的半数以上。

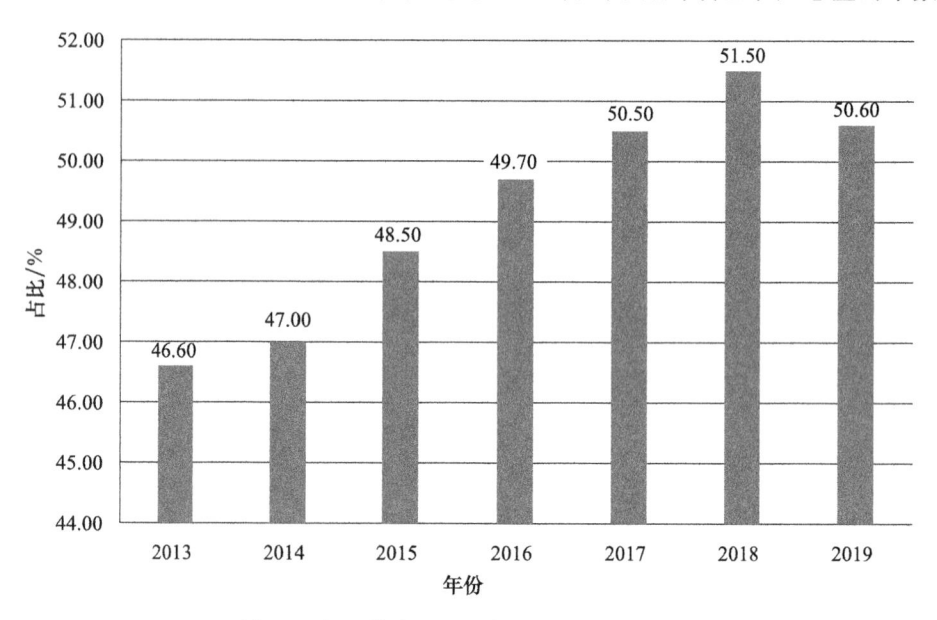

图 4-1 新生代农民工在农民工总量中的占比

(数据来源:2013—2019 年农民工监测调查报告)

由于新生代农民工与其父辈的成长背景的差异,导致其与第一代农民工在个人发展、受教育程度、身份认同、生活方式和乡村情节等诸多方面存在较大差异。他们的城市适应能力(王宗萍 等,2010)、城镇化意愿或城镇化融入程度(何军,2011a,2011b)明显高于第一代农民工,主要原因在于新生代农民工虽然户籍身份为农业人口,但普遍成长于城市,对于农村土地没有深厚的乡土情结,而且不具备务农技能,所以不会认为自己是农民;加之其受教育程度更高、掌握更丰富的非农职业技能,也不希望复制第一代农民工的生命轨迹,期望摆脱城市边缘者的尴尬境地,更向往城市生活方式,希望能在城市居住(章雨晴 等,2013)。

民族地区不同年龄段生计转型农户的城镇化意愿如表 4-1 所示,将城镇化意愿分为强烈、较强烈、一般、不愿意、完全不愿意五个等级,虽然部分年轻农户的城镇化意愿一般,但 23~35 岁的生计转型农户的城镇化意愿最"强烈",且随着年龄的增大,农户城镇化意愿降低。

表 4-1 民族地区不同年龄段生计转型农户城镇化意愿　　　　　　　　%

城镇化意愿	16~22 岁	23~35 岁	36~50 岁	51~64 岁	65 岁以上
强烈	25.0	30.0	25.3	23.3	10.5
较强烈	25.0	28.3	23.7	26.6	36.8
一般	31.2	17.6	25.2	19.0	15.7
不愿意	15.6	16.6	18.6	18.4	15.7
完全不愿意	3.1	7.3	6.9	12.5	21.0

数据来源:课题组 2016 年、2017 年研究区调研数据

此外,符平等(2009)调研发现,除上述明显差异外,频繁的流动也是新生代农民工与第一代农民工的显著差别,频繁的流动是新生代农民工主体性和能动性的体现,主动寻找更好的发展机会,渴望改变自身的处境,期望能够在城市更好地生存和发展。

(二)农户城镇化融入障碍因素发生变化

1. 制度性障碍减弱

2000年以前,农村土地制度和户籍制度等制度安排是城镇化过程中生计转型农户城镇融入的主要障碍因素之一,形成了农户城镇融入的拉力和推力。农村土地制度赋予农户以农村土地长久的使用权,提供给农户以抵御生计风险和社会基本保障兜底的土地资产,形成农村对于农户的制度拉力;而严格限制落户的户籍制度给试图城镇落户的农户以制度推力,一推一拉之间形成对于生计转型农户城镇化融入的制度性障碍(易善策,2007)。

随着社会经济的发展,无法落户的农民工大潮不仅割裂了农民的生活,也不利于城市经济的健康稳定长久发展。为了适应时代的需求,严格控制的户籍制度逐渐松动,各类城市开始适时对户籍制度进行了一系列调整,如暂住证、居住证等制度的推出和蓝印户口的尝试。进入21世纪后,为了构建城乡一体化的户籍制度,户籍制度改革不断深化,对农户城镇融入的推力不断减小。农村土地制度在家庭联产承包责任制之后,也在不断变革,为最大限度地盘活农村土地资源,增加农民财产性收入,城乡统一、合理有序的土地市场也在逐渐形成,随着农村土地"三权分置"的实施、宅基地继承权的确定、集体经营性建设用地收益分配制度的落地,农村土地制度对生计转型农户的拉力也在减弱。

本研究调查的西南地区生计转型农户对城镇化融入影响因素重要度评价数据如表4-2所示,认为国家政策"完全不重要""不重要"和"一般"的农户分别占52.9%、13.5%和14.0%,认为农村资产处理"完全不重要""不重要"和"一般"的农户分别占40.6%、21.5%和23.1%,总之,约80%的农户认为国家政策和对农村资产的处理已不是其城镇化融入的重要影响因素,这也证明了制度性障碍因素在不断减弱,生计转型农户城镇化融入过程中的障碍重点已经发生了转移。

表4-2 西南地区生计转型农户城镇化融入影响因素重要度　　　　%

重要度	家庭可持续生计能力	家庭资产状况	民族文化适应性	国家政策	城市门槛	农村资产处理	亲朋资源
完全不重要	1.6	5.1	78.1	52.9	26.1	40.6	45.3
不重要	5.3	5.2	10.1	13.5	15.8	21.5	16.7
一般	9.9	11.8	6.1	14.0	23.8	23.1	23.3
重要	25.4	25.9	3.2	10.2	25.2	10.6	10.3
十分重要	57.4	51.8	2.1	9.1	8.7	3.9	4.0

数据来源:课题组2016年、2017年研究区调研数据

2. 经济、文化、心理、身份等融入障碍逐渐受到重视

生计转型农户要完全融入城镇,需要在经济、文化、社会、心理、身份等方面的完全融入(李培林 等,2012)。表4-2表明,认为家庭可持续生计能力"十分重要"和"重要"的农户分别占57.4%和25.4%,认为家庭资产状况"十分重要"和"重要"的农户分别占51.8%和25.9%,说明80%的农户认为经济因素是影响其城镇融入的重要因素;刘子文(2020)、李向平等(2019)关注到了少数民族人口的流动和迁移可能会带来一些问题,但本研究对西南地区的调查表明

一部分农户还存在文化适应性上的障碍;生计转型农户在城镇化融入过程中的基本公共服务问题如居住长期化和子女上学问题,在城市的养老、医疗等基本社会保障问题(黄麟 等,2019)是当前非常重要的社会问题,我国政府对于这些问题的改革正在试点之中。

(三)城市对农户的接纳度增强

1984年,深圳市为了应对大量外来流动务工人口的管理难题,首创暂住证制度,1985年国家出台暂住证、寄住证制度,而后暂住证作为一种特殊时期的流动人口管理方式在全国流传开来。虽然暂住证从诞生之初就饱受诟病,许多人认为政策本身就带有歧视流动人口的色彩,造成后面以生计转型农户为主要群体的流动人口在城市公共福利方面的不平等待遇,但作为特殊时期的特殊产物,相较之改革开放前严格限制流动的户籍制度而言,已经是当时的城市政府为了顺应时代发展而迈出的一大步了。之后,人口流动的速度和规模进一步扩大,为了应对暂住证制度所带来的弊病,2014年北京市政府出台居住证制度,取代沿用了30余年的暂住证制度。同年12月4日,国务院法制办就《居住证管理办法(征求意见稿)》向社会广泛征求意见。2015年10月21日,李克强总理主持召开国务院常务会议,通过了《居住证暂行条例(草案)》,2016年1月1日起《居住证暂行条例》开始施行。从"暂住证"到"居住证"的一字之差,从简单的准入登记到主动服务流动人口,新增社会服务和社会保障两大功能,让流动人口共享城市基础公共服务,体现了城市管理者从管理者向服务者的重要进步。

西南地区生计转型农户对于其所在城市接纳度评价的数据如图4-2所示,感觉接纳和较接纳的比重为45.50%和17.25%,感觉排斥和较排斥的为2.14%和11.10%,较高的接纳度一方面由于调查农户绝大多数在就近城镇工作和定居,另一方面也说明城市对于农户的接纳度在增强。

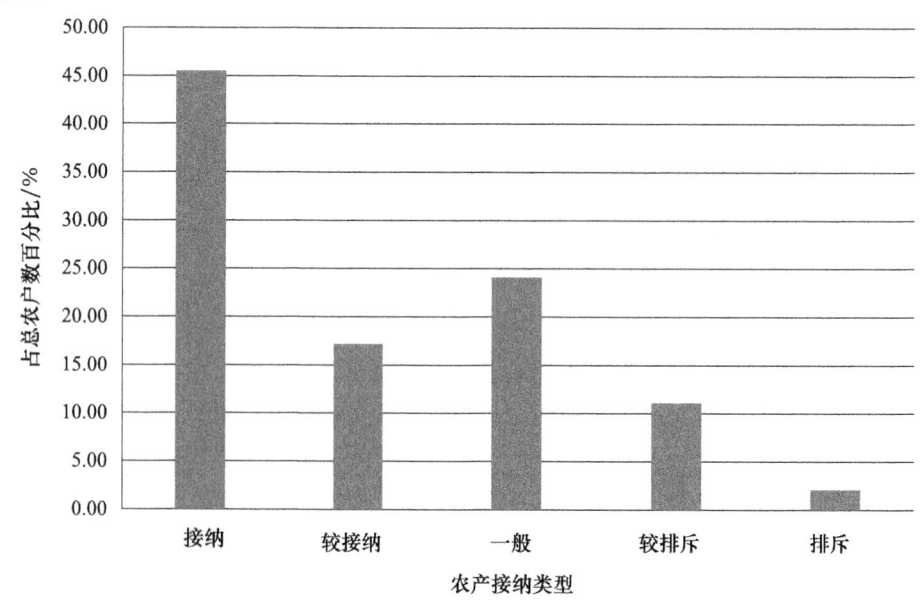

图4-2 西南地区生计转型农户对城市接纳度的评价

2010年新型城镇化以来,城乡一体化户籍制度的推行速度进一步加快,户籍制度的改革进一步深化。2014年,国务院印发《关于进一步推进户籍制度改革的意见》中强调各地要因地制宜,结合自身实际情况制定不同的落户标准,特大城市要建立健全积分落户管理制度。2019

年3月,国家发改委颁布了关于《2019年新型城镇化建设重点任务》的通知,要求全面放开大城市的落户限制,并对特大城市的积分落户政策作了相应的调整(吴旋 等,2019)。这一系列举措,为外出务工农户积极融入城市创造了条件、降低了准入门槛。

图4-3是西南地区生计转型农户对于城市落户政策的评价,66.42%的农户认为较易落户,认为较难落户和很难落户的农户分别为14.74%和9.60%,说明我国的户籍制度改革卓有成效,农户城市落户门槛不断降低,目前只有300万人以上的大城市难落户。

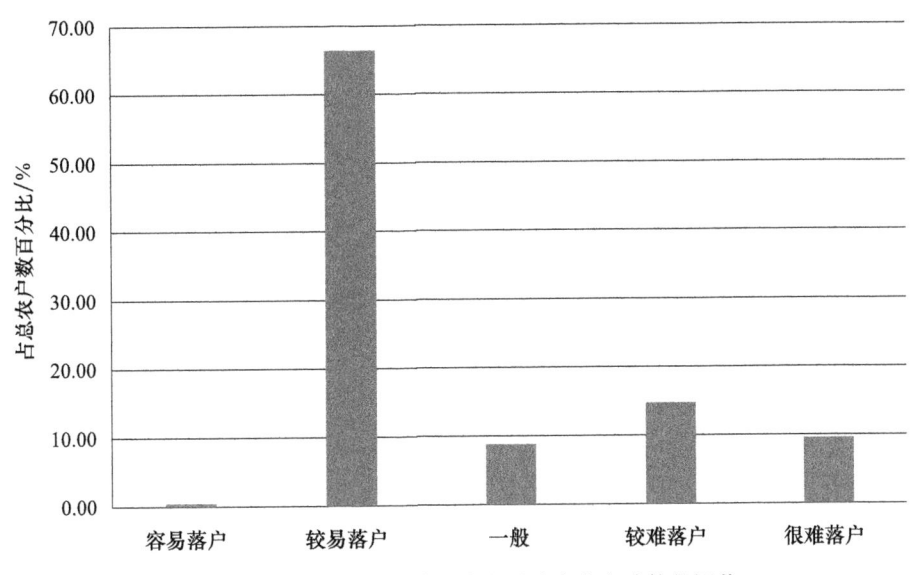

图4-3 西南地区生计转型农户对城市落户政策的评价

(四)就地就近城镇化逐渐成为城镇化的主旋律

郭占锋等(2015)认为,在进入新型城镇化阶段之后较长时间内,我国广大的中西部地区和东部的部分地区,城镇化依然是其社会经济发展的重要动力之一。而就近城镇化作为一种经济实惠、代价较低的城镇化方式,是新型城镇化发展的重要方向(辜胜阻 等,2009)。李克强总理分别于2014年3月和2015年3月的工作报告中强调要"引导约一亿人在中西部地区就近城镇化"。近年来,就地就近城镇化逐渐成为农户城镇化的主要趋势,曾鹏等(2016)、彭荣胜(2016)、蔡洁等(2016)通过实地调查农户的城镇化意愿后发现,多数农户就地就近城镇化的意愿强烈、对于就地就近迁移的态度积极。

究其原因,与传统异地城镇化相比,就地就近城镇化可以帮助农户克服以往城镇化进程中出现的一系列问题。譬如降低城镇化准入的制度性门槛、形成大中小城市与小城镇协调发展的新型城镇化格局、促进乡村振兴等。从农户视角看,虽然县镇不如中心城区和省会城市繁华和便捷,但是相较于基本公共服务和公共设施缺乏的农村地区,就近城镇化是综合考虑城镇化经济代价和文化融入难度之下的最优选择(夏永久 等,2014);或者说就近城镇化是农户基于家庭的代际支持力度和充分利用城乡资源以求实现进城目标的理性抉择的结果(刘丽娟,2020)。

如图4-4所示,西南地区生计转型农户最理想的城镇化目标地为县(市)级城区,占比为40.43%,其次为乡镇建成区,占比为26.36%,而省(区)级城区,仅占8.56%,超6成以上的农户的理想城镇化地点在本县(市)范围以内,就地就近城镇化已成为民族地区农户城镇化的主要模式。

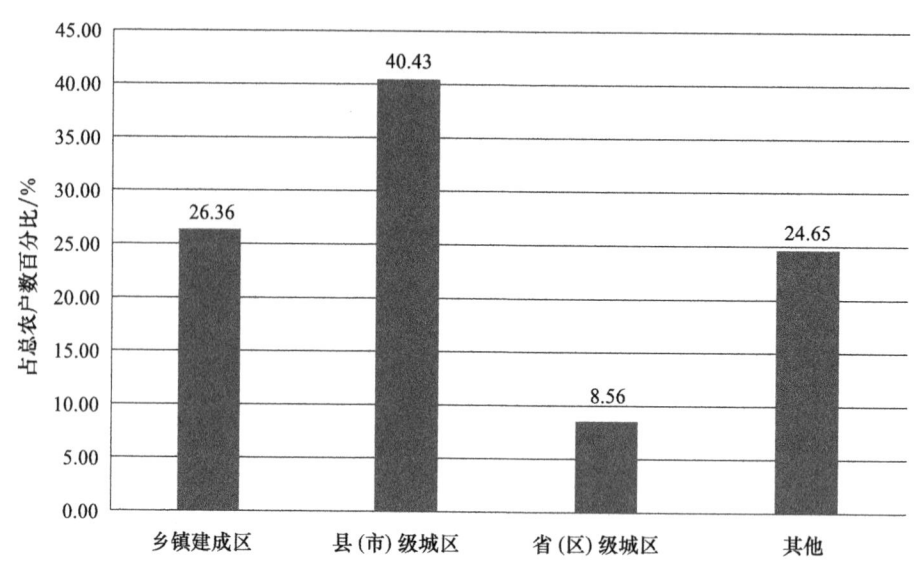

图 4-4 西南地区生计转型农户城镇化理想地点

(五)半城镇化农户依然大量存在

1. 常住人口城镇化率与户籍人口城镇化率差距依然明显

如表 4-3 所示,近十年以来,我国常住人口城镇化率依然保持高速增长,2019 年常住人口城镇化率首次超过 60%。但户籍人口城镇化率与常住人口城镇化率始终存在较大的差距,也就是存在大量居住在城市但没有城市户籍的人口,这些就是处于半城镇化阶段的农民工。

表 4-3　近十年中国常住人口城镇化率与户籍人口城镇化率　　　　　　　　%

年份	常住人口城镇化率	户籍人口城镇化率	差距
2009	46.59	33.77	12.82
2010	47.50	34.17	13.33
2011	51.27	34.71	16.56
2012	52.57	35.00	17.57
2013	53.73	35.93	17.80
2014	54.77	37.10	17.67
2015	56.10	39.90	16.20
2016	57.35	41.20	16.15
2017	58.52	42.35	16.17
2018	59.58	43.37	16.21
2019	60.60	44.38	16.22

注:用户籍非农业人口代表户籍城镇人口,用非农业人口比重代表户籍城镇化率,以此计算户籍人口城镇化率。
数据来源:2010—2020 年中国统计年鉴

2. 农民工"候鸟式"流动现象将长久存在

从发达国家的城市化历程来看,跨越"半城镇化"阶段往往要经历一代人乃至更长时间,我国现阶段外出农民工规模依然庞大,且每年仍在增加,2019 年达到 1.7 亿人,外出农民工在我国劳动力市场中的特殊地位迫使其在短期内不可能消失。一是每年大规模流动的外出农民工为用工单位提供了大量价格低廉的劳动力,二是外出农民工目前的工资水平虽然相较于城镇户籍职工平均工资水平来说较低,但是明显高于在农村务农的收入水平,农民出于经济人的理性考量,依然会选择进城务工。所以,从劳动力市场的用工需求和农户自身的增加收入的需求来看,农民工外出的现象短期内不会消失,农民工的"候鸟式"流动依然会长久存在。

3. 农民工与城镇单位职工收入差距依然明显

大部分农民工文化水平不高、职业技能较为缺乏,整体上人力资本状况较低,故而无法胜任对技能和文化水平要求高从而薪资水平高、劳动环境舒适的岗位,只能进入劳动强度大、工作风险高的制造业、建筑业或其他劳动密集型岗位,于是农民工与城镇职工收入差距明显。

如表4-4所示,近十年以来,农民工年平均收入虽然稳步增长,但始终低于城镇单位就业人员平均收入,与城镇非私营单位就业人员年平均工资差距更大。我国近四十年的经济高速增长,相当一部分贡献是依靠农民工低廉的人力成本给中国经济带来的巨大人口红利,而低廉的人力成本正是来源于"候鸟式"农民工与城镇户籍职工工资的差距,一旦这些"候鸟式"生计转型农户成为城镇户籍职工,这一人口红利将会消失,而现阶段大多数城镇私营单位只能负担得起低廉的工资水平(章铮,2020)。农民工低廉的工资是造成大多数农户家庭无力负担整个家庭在城市定居高昂成本的主要原因,只要农民工工资水平不提升,那么大多数农户家庭仍会处于"半城镇化"的尴尬状态。

表4-4 近十年农民工与城镇单位就业人员年收入   单位:元

年份	农民工	城镇私营单位	城镇非私营单位	城镇单位
2009	17004	18199	32736	25467.5
2010	20280	20759	37147	28953
2011	24588	24556	41799	33177.5
2012	27480	28752	46769	37760.5
2013	31308	32706	51474	42090
2014	34368	36390	56339	46364.5
2015	36864	39589	62029	50809
2016	42864	42833	67569	55201
2017	41820	45761	74318	60039.5
2018	44652	49575	82461	66018
2019	53124	53604	90501	72052.5

注:城镇单位就业人员年平均工资=(城镇私营单位年平均工资+城镇非私营单位年平均工资)/2。
数据来源:2010—2020年中国统计年鉴、2009—2019年农民工监测调查报告

4. 农户的社会交往有待丰富,对城市的归属感有待提高

进城生计转型农户的社交圈主要集中于同乡、同事,基本上没有跳脱出原有的社交圈,没有有效与当地人建立社会交往,还有相当一部分进城生计转型农户表示基本不和他人来往,业余活动为看电视、上网和休息;进城生计转型农户在日常的工作或者生活遇到困难时,多半选择找家人、亲戚和老乡帮忙,对城市社会融入程度不高,仅仅与所在城市产生就业上的联系,进城生计转型农户的社会交往有待丰富。

从国家统计局发布的农民工监测调查报告可知,进城生计转型农户对于所在城市的归属感偏低,2017年62.0%的进城农民工认为自己不是本地人,81.6%的进城农民工表示自己对

务工城市生活不是非常适应,并且定居的城市规模越大,农户的归属感越低。

近四十年的乡城流动,生计转型农户进城的目的早已不是当初简单的寻求就业机会和增加家庭收入,新生代农民工拥有更强的城镇化意愿,追求的是人的全面发展和完全融入城市生活方式。由于城镇化融入过程中高昂的成本,就地就近城镇化作为一种更经济、文化融入度更高的城镇化模式已成为当前城镇化的主流模式。"十三五"期间,我国提前完成一亿人在城市落户的目标,实现了户籍人口城镇化率的快速增长,但与常住人口城镇化率的差距依然明显,这意味着依然存在大量的半城镇化农户在城乡之间"候鸟式"流动。随着农村土地制度和户籍制度改革的不断深入,以往的制度性障碍正在被削弱,且随着我国城市基础设施和生活服务设施的改善,对生计转型农户有了更高的接纳度;但生计转型农户是城镇化融入的主体,他们自身的城镇化融入能力是内因,相应政策的实施是外因,只有内外因共同作用,才能促使他们更顺利完成其城镇化融入过程,摆脱"半城镇化"的窘境。总之,农户城镇化融入需要从经济、社会、文化、政策等多角度进行关注。

二、基于过程的农户城镇化融入能力测度

为了探究不同类型生计转型农户的城镇化融入能力的差异,本部分从农户城镇化融入过程出发,在分析影响农户城镇化融入过程的因素的基础上,测算不同类型生计转型农户的城镇化融入能力值,并对比分析不同类型农户在不同阶段下城镇化融入能力的差异及其原因。

(一)基本含义

一般来说,农户的城镇化融入过程是漫长且困难的,漫长体现在大多数生计转型农户往往会花费十几年,乃至一代人的时间跨越"半城市化"的尴尬处境,才能完成城镇融入过程(王春光,2010);困难意味着城镇融入过程并不是一个从农村到城镇的单向迁移过程,多数生计转型农户要经历高度流动的候鸟状态,长时间徘徊在农村和城市的边缘,才能逐渐过渡到稳定的移民状态,抑或经历反复失败重新退回农村(朱宇 等,2011)。从过程出发,农户城镇化融入的第一步是离开农村,离开农业产业;第二步是进入城镇,从事非农产业工作,成为农民工;第三步是融入城镇,成为真正的市民。

1. 离开农村

生计转型农户离开农村包括两个层次的含义,一是农户要有城镇化意愿,"人的城镇化"是农户主观意愿上的城镇化而不是被动城镇化;二是生计转型农户决定离开农村时能较好地处置农村的各类资产,如农地是家庭粗放经营还是转租,宅基地使用权是否会受到影响、在村集体的各种利益是否会受到损失等。

2. 进入城镇

进入城镇指生计转型农户在城镇非农产业就业、获取非农收入保障家庭的基本生存。在这个阶段中,生计转型农户经历了从农村到城镇的空间转换、农民到农民工的职业转换以及整合家庭各类资源,逐渐形成稳定非农生计,从而为支付城镇化融入过程中的不菲成本打下良好经济基础。一些农民工由于自身文化水平较低、年龄较大等原因,不能在城市寻求到一份相对稳定的非农工作支付家庭进入城镇的成本,而只能自己成为"候鸟式"农民工,不能完成整个家庭进入城镇成为生计转型农户。

3. 融入城镇

生计转型农户家庭融入城镇指结束在城市与乡村之间的流动状态,并全面融入城镇的阶段。全面融入城镇,不仅要有在城镇的可持续生计能力,还需要能享受到城市的各项公共服

务,如医疗问题、子女的入学问题,这不仅需要家庭的努力,还需要城市政府的政策支持。同时,全面融入还包括农户心理、文化的融入,只有对生活的城市有心理上的认同感,这里才能成为第二或第三故乡,才会认为"我"就是这个城市的人。

(二)影响因素分析

影响农户城镇化融入的因素亦是复杂且多样的,意图分析出所有影响生计转型农户城镇化的因素几乎是不可能做到的。但是起主要作用的影响因素永远都是关键少数,下面从农户城镇化融入过程出发,理清影响农户城镇化融入的关键影响因素。

1. 影响农户"离开农村"的因素

农户是否离开农村进行城镇化,首先取决于农户的城镇化意愿。按照人口迁移中的推拉理论,决定农户意愿的包括农村和城镇的各种推力和拉力,如收入差异、生活方便程度、生活环境、邻里关系等,这些因素如何影响城镇化意愿,因人而异。人是有感情的动物,农户离开农村一定会有不舍,而这种不舍会随着在农村生活的时间长短、生活的美好程度而不同。农户在农村的重要物质资产——农地和宅基地,这两项资产的处置是否顺利,也是影响农户是否离开农村的重要因素。首先承包和经营农地面积大小会影响离开农村的决策,当面积较小时,对决策的影响也会较小;而较大面积农地就是对大笔资产的处置,农户会更加谨慎。其次农地流转难易程度会影响农户离开农村决策;宅基地和房屋的处置相比于农地更加复杂,宅基地不能自由流转,而由于人口密度相对较低,对农村房屋承租的需求也很少,所以离开农村农户的房屋一般处于闲置状态,更重要的是,宅基地使用权是农户的重要资产,离开农村是否影响其使用权的行使更是关键影响因素。

农户离开农村的关键影响因素可概括为城镇化意愿、乡村情节、经营农地面积、农地处置难度和宅基地处置难度。

2. 影响农户"进入城镇"的因素

农户家庭能否成功进入城镇,首先,取决于户主和家庭其他劳动力在城镇是否有一份稳定且收入较高的非农工作,而劳动力的就业情况又与受教育程度和年龄关系密切,一般来说,中青年和受教育程度较高的劳动力更容易就业;其次,居住问题,若居无定所,农户不会选择进入城镇;再次,家庭是否具备一定的经济基础,举家进入城镇,相对高昂的生活成本是家庭必须面临的问题;最后,农户决定一个家庭在某个城市定居,户主一般已在该城市工作了较长的时间,对城市的生活环境已经熟悉,才能保证家庭成功进入城市。

农户"进入城镇"的关键影响因素可概况为户主年龄、户主受教育程度、户主职业类型、就业地点、外出时间、城市居住类型和家庭经济基础状况。

3. 影响农户"融入城镇"的因素

"融入城镇"是比"进入城镇"更难完成的阶段,"进入城镇"主要依赖的是经济基础,而"融入城镇"首先需要的是在城镇的可持续生计能力,是家庭生计在城镇的发展问题,"逆水行舟,不进则退",在城镇竞争激烈的生存环境下,如何永保不败之地需要持续不断的努力,也就是进入难,融入更难。要融入一个城市,仅靠家庭的努力是不够的,还需要城市政府的政策支持,如保障性住房政策、农民工子女受教育问题、医疗问题、养老保障问题,如能得到城市政府的市民待遇,生计转型农户将更容易融入城镇。最后,完全融入城镇,还需要文化的认同,对于民族地区农户来说,他们的生活习惯与宗教信仰能否得到尊重,决定了他们融入城市、认同城市文化的程度。

农户融入城镇的关键影响因素可概况为可持续生计能力、政策因素、子女教育问题、风俗习惯与宗教信仰。

(三)基于过程的农户城镇化融入能力测度模型

基于融入过程的西南地区生计转型农户城镇化融入能力包括离开农村能力、进入城镇能力、融入城镇能力。在上述农户城镇化融入过程影响因素分析的基础上,可构建农户城镇化融入能力测度指标体系,利用项目组在民族地区的调研数据采用熵值法求取指标权重从而计算出不同类型农户的离村能力、进城能力、融城能力和基于过程的农户城镇化融入能力。

1. 构建测度指标体系

生计转型农户在其城镇化融入过程中必然会经历离开农村、进入城镇和融入城镇三个阶段,那么对应的城镇化融入能力也就包括离开农村、进入城镇和融入城镇三个方面的能力,具体影响因素和赋值方法见表4-5。

表4-5 基于融入过程的西南地区生计转型农户城镇化融入能力测度指标体系

一级指标	二级指标	赋值	权重
离开农村能力(0.2029)	城镇化意愿	强烈=1;较强烈=0.75;一般=0.5;不愿意=0.25;完全不愿意=0	0.2484
	乡村情节	完全不依恋=1;不依恋=0.75;一般=0.5;依恋=0.25;十分依恋=0	0.3531
	经营农地面积	0亩=1;0~2亩=0.875;2~4亩=0.75;4~6亩=0.625;6~8亩=0.5;8~10亩=0.375;10~30亩=0.25;30亩以上=0.125	0.0479
	农地处理难度	十分容易=1;较容易=0.75;一般=0.5;不容易=0.25;十分不容易=0	0.1219
	宅基地处理难度	十分容易=1;较容易=0.75;一般=0.5;不容易=0.25;十分不容易=0	0.2287
进入城镇能力(0.5920)	户主年龄	16~22岁=0.75;23~35岁=1;36~50岁=0.75;51~64岁=0.5;65岁以上=0.25	0.0114
	户主文化水平	文盲=0;小学=0.25;初中=0.5;高中=0.75;大专及以上=1	0.0525
	户主职业类型	零杂工=0.1;农业=0.2;酒店餐馆=0.3;工厂工人=0.4;建筑业=0.5;保险/商场服务=0.6;技工=0.7;运输业=0.8;科教文卫=0.9;经商=1	0.0951
	就业地点	1本村,2本镇,3本县,4本省,5外省	0.1652
	外出时间	0年=0;0~1年=0.125;1~2年=0.25;2~4年=0.375;4~6年=0.5;6~8年=0.625;8~10年=0.75;10~20年=0.875;20年以上=1	0.1752
	城市居住	买房=1;单位公寓=0.75;单租=0.5;合租=0.25;其他(农村)=0	0.2769
	家庭经济基础	好=1;较好=0.75;一般=0.5;较差=0.25;差=0	0.2238
融入城镇能力(0.2051)	可持续生计能力	好=1;较好=0.75;一般=0.5;较差=0.25;差=0	0.6752
	子女入学问题	容易入学=1;较容易入学=0.75;一般=0.5;不容易入学=0.25;十分不容易入学=0	0.1234
	民族习惯与信仰	适应=1;较适应=0.75;一般=0.5;不适应=0.25;十分不适应=0	0.0748
	政策因素	适应=1;较适应=0.75;一般=0.5;不适应=0.25;十分不适应=0	0.1266

2. 信度、效度检验

以上指标体系是否可靠以及是否能够有效地揭示生计转型农户的城镇化融入能力,本书采用 Cronbach's alpha 系数法、KMO 统计量和 Bartlett 球形检验来进行信度、效度分析,检验结果见表 4-6 和表 4-7。

(1)信度检验

本部分使用内部一致性检验,即 Cronbach's alpha 系数法对量表的信度进行检验。通常认为,Cronbach's alpha 系数越靠近 1,说明内部一致性程度较高,表明这个变量各个题项之间具有较大的相关性;Cronbach's alpha 系数大于 0.7 为高信度,大于 0.6 表示可被接受,小于 0.35 为低信度。

利用 SPSS26.0 对测度数据进行可靠性分析,Cronbach's alpha 系数为 0.745,说明测度数据有着较高的信度。

表 4-6 可靠性统计

Cronbach's alpha	项数
0.745	16

(2)效度检验

本部分使用 KMO 统计量和 Bartlett 球形检验来对测度数据进行效度分析。KMO 统计量的范围是 0 到 1,一般认为 KMO 值越靠近 1,表明因子分析的效果越好。Bartlett 球形检验判断如果相关阵是单位阵,则各变量独立因子分析法无效。利用调研数据,使用 SPSS26.0 进行检验,得 KMO 统计量为 0.737 且 Bartlett 球形检验具有显著性,说明数据呈球形分布,各个变量在一定程度上相互独立,效度检验符合标准。

表 4-7 KMO 和 Bartlett 球形检验

KMO 统计量		0.737
Bartlett 球形检验	近似卡方	5808.044
	自由度	120
	显著性	0.000

3. 指标权重计算

信息理论中的熵是一种对于不确定性的度量,信息量愈大,不确定性愈小,则信息熵就愈小;反之,信息熵就愈大。基于这种特性,通过熵值法可以确定一个指标的随机性以及有序程度,进而计算其权重。熵值法可以避免主观性过强,消除人为干扰,使综合评价更加科学合理(赵丽 等,2012)。本章采用熵值法来确定生计转型农户城镇化融入测度指标的权重,计算方法如下。

① 用式(4-1)对指标值进行标准化。

$$Y_{ij} = \frac{y_{ij}}{\sum_{i=1}^{m} y_{ij}} \tag{4-1}$$

② 用式(4-2)和式(4-3)计算第 j 项指标的信息熵值 e_j 和信息效用值 d_j。

$$e_j = -\frac{1}{\ln m} \sum_{i=1}^{m} Y_{ij} \ln Y_{ij} \tag{4-2}$$

$$d_j = 1 - e_j \tag{4-3}$$

③ 用式(4-4)计算第 j 项评价指标的权重 W_j，信息效用值愈大，则说明指标愈重要，对评价的重要程度愈大。

$$W_j = \frac{d_j}{\sum_{j=1}^{n} d_j} \tag{4-4}$$

4. 生计转型农户城镇化融入能力值计算

对生计转型农户城镇化融入能力测度指标的各指标值进行加权求和，即可得出生计转型农户城镇化融入能力值，计算见式(4-5)。

$$C_i = \sum W_j y_{ij} \tag{4-5}$$

式中，C 表示生计转型农户城镇化融入能力值；W_j 是测度指标的权重；y_{ij} 是生计转型农户在某项指标的得分值。

(四)测度结果分析

基于熵值法综合评价原理的农户城镇化融入能力测度结果，测度值均在 0 到 1 之间。李练军等(2017)将新生代农民工的市民化能力以 0.4 和 0.6 为界限分为强、中、弱三个等级，依据测度结果，鉴于西南地区生计转型农户的抗风险能力、生计资本等家庭基本状况较差以及在城镇化融入过程中面临的挑战更大，本研究认为，研究西南地区生计转型农户城镇化融入能力强、中、弱的划分界限可确定为 0.4 和 0.7，所以西南地区生计转型农户的城镇化融入能力有以下三个等级：0.4 及以下为"弱"，0.4 至 0.7 为"中等"，0.7 及以上为"强"。

1. 测度结果

四类生计转型农户的城镇化融入能力见表 4-8 和图 4-5。

表 4-8 基于过程的生计转型农户城镇化融入能力测度结果

农户类型	测度值	弱/％	中等/％	强/％
村组多元型	0.3508	63.14	35.95	0.91
县镇多元型	0.5820	9.25	68.67	22.08
外出务工型	0.5475	7.12	83.46	9.42
外出创业型	0.6702	3.45	55.17	41.38

(1)村组多元型农户基于过程的城镇化融入能力测度结果

村组多元型农户的城镇化融入能力平均值为 0.3508，按照城镇化融入能力等级划分标准，属于"弱"水平；各等级比重分布如下，63.14％的村组多元型农户城镇化融入能力测度值属于"弱"，35.95％的农户属于"中等"，0.91％的农户属于"强"，城镇化融入能力测度值主要集中在"弱"上。综合判断，村组多元型农户的城镇化融入能力总体处于"弱"水平。

(2)县镇多元型农户基于过程的城镇化融入能力测度结果

县镇多元型农户的城镇化融入能力测度值为 0.5820，为"中等"水平；各等级比重分布如下，68.67％的农户城镇化融入能力测度值属于"中等"，22.08％的农户属于"强"，9.25％的农户属于"弱"，城镇化融入能力测度值主要集中在"中等"和"强"之间。综合判断，县镇多元型农户的城镇化融入能力总体位于"中等偏上"水平。

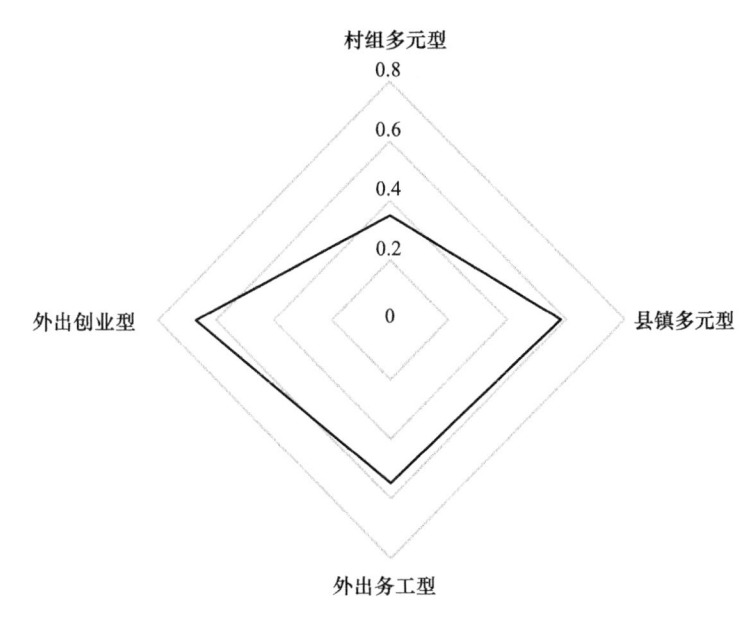

图 4-5 基于过程的生计转型农户城镇化融入能力雷达图

(3)外出务工型农户基于过程的城镇化融入能力测度结果

外出务工型农户的城镇化融入能力测度值为 0.5475，为"中等"水平；各等级比重分布如下，83.46%的农户城镇化融入能力测度值属于"中等"，7.12%的农户属于"弱"，9.42%的农户属于"强"，城镇化融入能力测度值主要集中在"中等"上。综合判断，外出务工型农户的城镇化融入能力总体位于"中等"水平。

(4)外出创业型农户基于过程的城镇化融入能力测度结果

外出创业型农户的城镇化融入能力测度值为 0.6702，为"中等"水平；各等级比重分布如下，3.45%的农户城镇化融入能力测度值为"弱"，55.17%的农户为"中等"，41.38%的农户为"强"，城镇化融入能力测度值主要集中在"中等"和"强"之间，而且"弱"的占比在所有生计转型农户中最小，而"强"的占比最大。综合判断，外出创业型农户的城镇化融入能力总体位于"中等偏强"水平。

综上所述，基于过程的民族地区生计转型农户城镇化融入能力强弱排序依次为外出创业型农户、县镇多元型农户、外出务工型农户、村组多元型农户。

2. 结果分析

不同类型生计转型农户城镇化融入能力的强弱差异，是由不同阶段的能力差异造成的，各有其不同的关键影响因素。本部分将分析不同类型生计转型农户在城镇化融入过程中的离开农村能力、进入城镇能力和融入城镇能力，找出其关键影响因素，解释城镇化融入能力差异产生的原因。

(1)村组多元型农户城镇化融入能力分析

村组多元型农户每个阶段的城镇化能力见表 4-9 和图 4-6。离村能力平均值为 0.6004，属于"中等"水平，548 户农户中"弱""中等""强"的比例依次为 28.28%、32.85%、38.87%；进城能力平均值为 0.2346，属于"弱"水平，且 86.13%的农户为"弱"；融城能力平均值为 0.4399，属于"中等"水平，49.09%和 35.76%的农户为"弱"和"中等"。综合判断，村组多元型农户的离村能力"中等偏强"，进城能力"弱"，融城能力"中等偏弱"。

表 4-9 基于融入过程的村组多元型农户城镇化能力测度结果

村组多元型	测度值	弱/%	中等/%	强/%
离村能力	0.6004	28.28	32.85	38.87
进城能力	0.2346	86.13	13.87	0.00
融城能力	0.4399	49.09	35.76	15.15
城镇化融入能力	0.3508	63.14	35.95	0.91

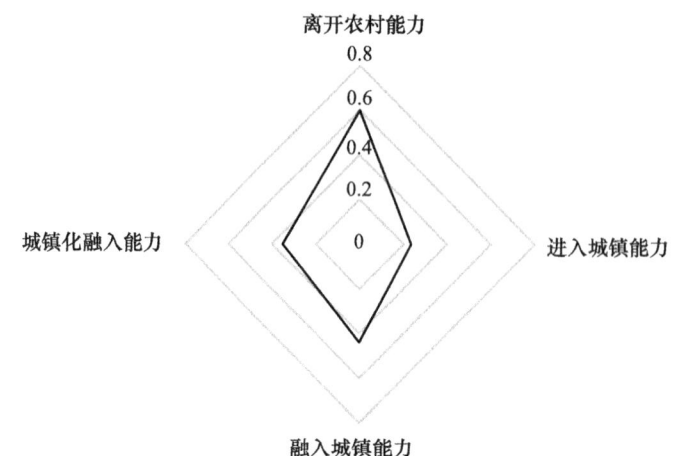

图 4-6 基于融入过程的村组多元型农户城镇化融入能力雷达图

村组多元型农户三个阶段的城镇化能力相对强弱顺序是离村能力、融城能力和进城能力。离村能力"中等偏强",是因为村组多元型农户虽然对家乡风土人情有着深厚的依恋情感,城镇化意愿不强,一般也都还在经营家庭承包的农地,但对农地处置相对不难,且生计已经多元化,农业收入占家庭总收入比例仅为 11.51%。融城能力"中等偏弱",是因为村组多元型农户虽然对子女教育问题、民族习惯与信仰和政策因素普遍持乐观态度,但可持续非农生计能力较弱,在四类农户中最差,在城镇生活有一定的经济风险。进城能力"弱",是因为村组多元型农户普遍年纪较大,受教育水平较低,生计类型属于比较低端的多元化,零杂工占了 19%,且就业地点主要集中在本乡镇范围以内,进城会让村组多元型农户的生计无以为继。所以影响村组多元型农户城镇化融入能力的关键因素是职业类型和可持续非农生计能力。

(2) 县镇多元型农户城镇化融入能力分析

县镇多元型农户每个阶段的城镇化能力见表 4-10 和图 4-7。离村能力平均值为 0.7269,属于"强"水平,且 530 户农户中 62.26% 离村能力"强";进城能力平均值为 0.5463,属于"中等"水平,且 69.63% 的农户为"中等";融城能力平均值为 0.5417,属于"中等"水平,50.75% 的农户为"中等"。综合判断,县镇多元型农户的离村能力"强",进城能力"中等",融城能力"中等"。

表 4-10 基于融入过程的县镇多元型农户城镇化能力测度结果

县镇多元型	测度值	弱/%	中等/%	强/%
离村能力	0.7269	9.25	28.49	62.26
进城能力	0.5463	15.28	69.63	15.09
融城能力	0.5417	24.72	50.75	24.53
城镇化融入能力	0.5820	9.25	68.67	22.08

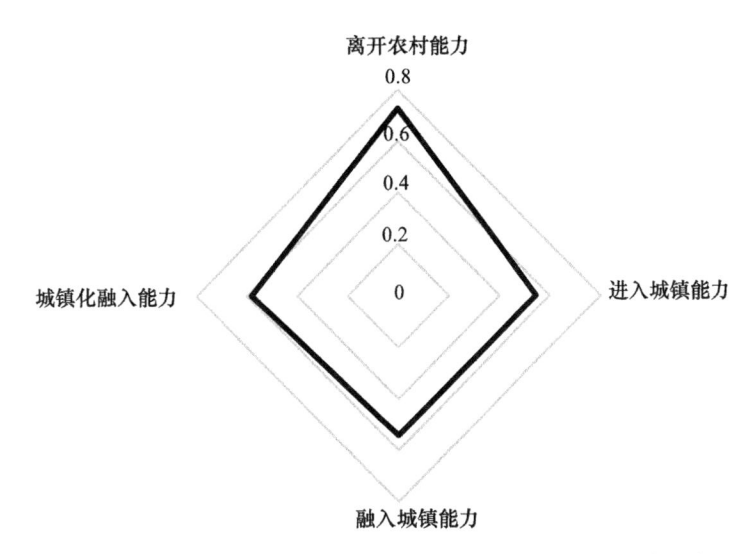

图 4-7 基于融入过程的县镇多元型农户城镇化融入能力雷达图

县镇多元型农户三个阶段的城镇化能力相对强弱顺序是离村能力、进城能力和融城能力。离村能力"强",是因为县镇多元型农户虽然离开了农村,但生活工作地点就在本县范围以内,不会有强烈的离村情节;农业收入仅占家庭总收入的 6.96%,在农地和宅基地的处置上也没有障碍。进城能力"中等",由于县镇多元型农户人均年收入比村组多元型、外出务工型农户都多,经济基础已得到改善,但由于劳动力受教育程度等的原因,该类农户临时就业较多,让农户对非农职业的稳定性缺乏安全感。融城能力"中等",因为县镇多元型农户的子女受教育在本县范围内,解决难度相对较小,本县(市)范围内的风俗习惯与宗教信仰差别不大,同一县(市)范围内的落户政策、医疗、社会保障政策等政策因素的城乡差异也不大,故影响农户融入城镇的主要因素还是可持续非农生计能力。所以影响县镇多元型农户城镇化融入能力的关键因素是劳动力受教育程度和可持续生计能力。

(3)外出务工型农户城镇化融入能力分析

外出务工型农户三个阶段的城镇化能力见表 4-11 和图 4-8。离村能力平均值为 0.6385,属于"中等"水平,393 户农户中 41.48% 和 41.98% 为"中等"和"强"水平;进城能力平均值为 0.5475,属于"中等"水平,83.72% 的农户为"中等";融城能力平均值为 0.4576,属于"中等"水平,45.04% 和 39.69% 的农户为"弱"和"中等"。综合判断,外出务工型农户的离村能力"中等偏强",进城能力"中等",融城能力"中等偏弱"。

表 4-11 基于融入过程的外出务工型农户城镇化能力测度结果

外出务工型	测度值	弱/%	中等/%	强/%
离村能力	0.6385	16.54	41.48	41.98
进城能力	0.5475	7.12	83.72	9.16
融城能力	0.4576	45.04	39.69	15.27
城镇化融入能力	0.5475	7.12	83.46	9.42

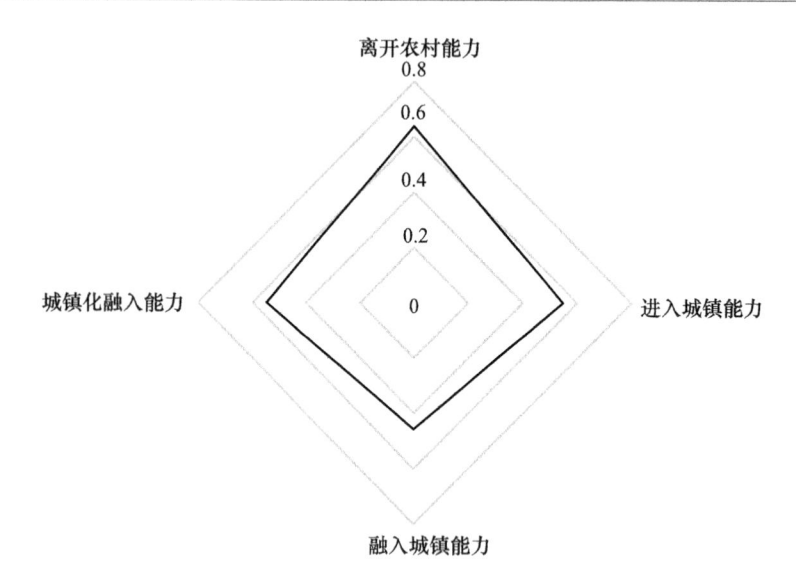

图 4-8　基于融入过程的外出务工型农户城镇化融入能力雷达图

外出务工型农户三个阶段的城镇化能力相对强弱顺序是离村能力、进城能力和融城能力。离村能力"中等偏强",外出务工型农户有着丰富的外出务工经验,在城镇生活工作时间较长,对城镇生活比较熟悉,特别是新生代农民工没有老一代对于乡土深厚的情感,城镇化意愿较强;外出务工型农户很少从事过种植业生产,对农业经营没兴趣,在农地和宅基地的处置问题上也不会过多纠结。进城能力"中等",外出务工型农户相对年轻,多为新一代农民工,文化程度相对较高,基本接受过义务教育,还有一部分接受过大学教育,主要在城市制造业工厂就业,居住在统一的员工宿舍或合租公寓,家庭经济基础情况一般。融城能力"中等偏弱",外出务工型农户在城市的收入不算太高但基本稳定,可持续非农生计能力整体高于村组多元型农户;导致融城能力偏弱的主要原因在于就业地点在本县(市)或本省的范围以外的大城市,由于户籍问题而在子女入学、城市落户、社会保障等政策方面遇到阻碍;在风俗习惯与宗教信仰的适应性问题上,外出务工型农户比村组、县镇多元型农户相对难度加大。所以影响外出务工型农户城镇化融入能力的关键因素是政策因素。

(4)外出创业型农户城镇化融入能力分析

外出创业型农户三个阶段的城镇化能力见表 4-12 和图 4-9。离村能力平均值为 0.6293,属于"中等"水平,58 户农户中 36.21% 和 43.10% 的离村能力为"中等"和"强";进城能力平均值为 0.6947,属于"中等"水平,46.55% 和 50.00% 的农户为"中等"和"强";融城能力平均值为 0.6399,属于"中等"水平,32.76% 和 46.55% 的农户为"中等"和"强"。综合判断,外出创业型农户的离村能力、进城能力、融城能力均为"中等偏强"。

表 4-12　基于融入过程的外出创业型农户城镇化能力测度结果

外出创业型	测度值	弱/%	中等/%	强/%
离村能力	0.6293	20.69	36.21	43.10
进城能力	0.6947	3.45	46.55	50.00
融城能力	0.6399	20.69	32.76	46.55
城镇化融入能力	0.6702	3.45	55.17	41.38

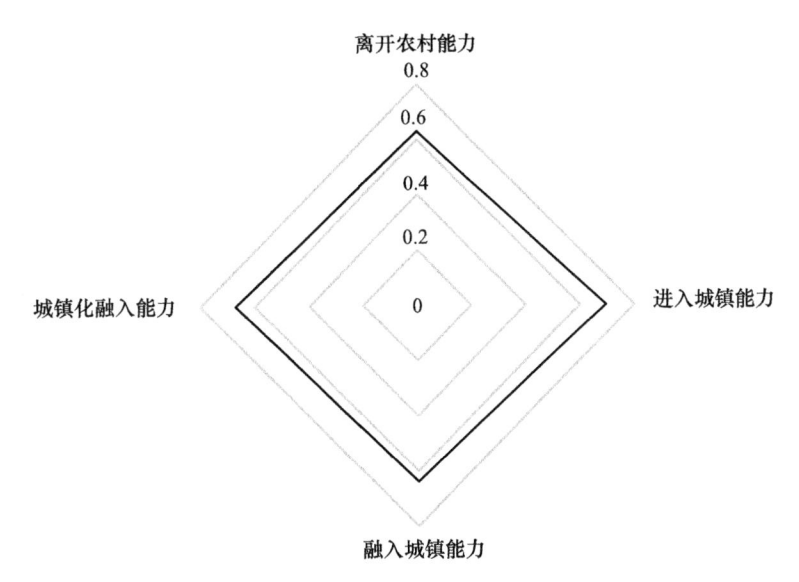

图 4-9 基于融入过程的外出创业型农户城镇化融入能力雷达图

外出创业型农户三个阶段的城镇化能力比较均衡,都是"中等偏强",进城能力略强。离村能力"中等偏强",外出创业型农户在外地城镇自主创业或经商,生活工作较稳定,城镇化意愿较强烈;外出创业型农户农业收入占比很低,农地、宅基地的处置不会成为其城镇化的障碍,但由于他们对家庭资产比较敏感,虽不亲自经营一般也不会放弃在农村土地的使用权。进城能力"中等偏强",外出创业型农户受教育水平在四类农户中最高,家庭年收入普遍高于工薪阶层,家庭经济基础优越,一般选择在城市买房居住。融城能力"中等偏强",外出创业型农户家庭经济实力雄厚,抵御生计风险能力强,可持续生计能力强;若已在城市购买了商品住房,在城镇落户、子女入学问题也会迎刃而解;外出创业型农户经历丰富、见多识广,文化适应能力较强,一般不存在融入障碍。比较而言,影响外出创业型农户城镇化融入能力的关键因素是乡村情结。

(5)不同类型生计转型农户城镇化能力对比分析

不同类型生计转型农户在城镇化过程中每个阶段的融入能力如图 4-10 所示。

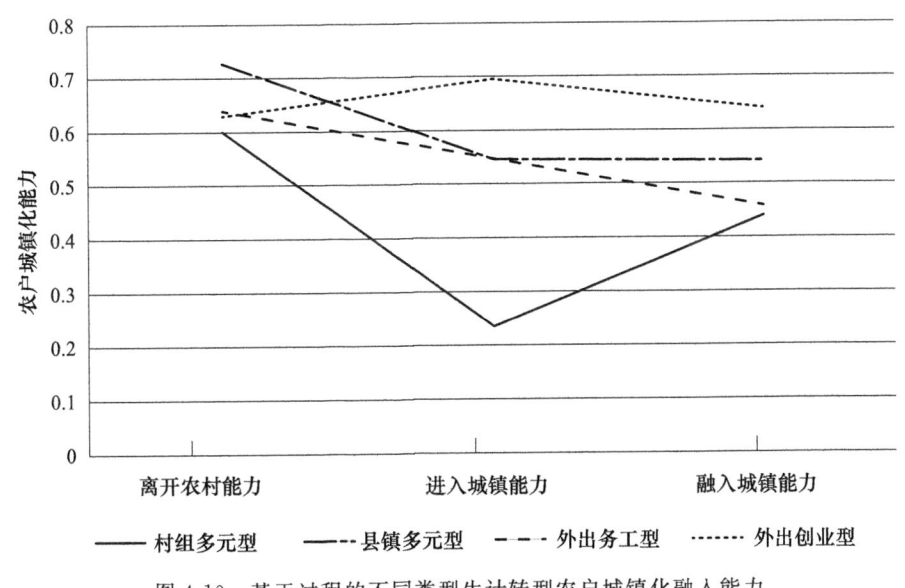

图 4-10 基于过程的不同类型生计转型农户城镇化融入能力

离村能力从强到弱的顺序为,县镇多元型农户最强,外出务工型和外出创业型次之,村组多元型农户最弱。总体来说,所有生计转型农户的离村能力普遍在"中等"水平及以上,最弱的村组多元型农户平均值也有 0.6004。这说明近几十年以来农村土地制度的变迁特别是"三权分置"、宅基地继承权的确定等给农民吃了定心丸;但外出创业型农户的离村能力相对不强,可能由于在生存问题解决后,人的思乡情结等精神需求更突出,这也是乡贤愿意重返家乡参与乡村振兴的原因。

进城能力从强到弱的顺序为,外出创业型农户最强为"中等偏强",外出务工型农户与县镇多元型农户不相上下为"中等",村组多元型农户最弱为"弱",不同类型农户的进城能力差距明显。在影响进城能力的几个因素中,表面上看是城市居住类型和家庭经济基础状况的差距导致的,而归根结底还是受教育程度和职业类型导致了农户进城能力的区别。

融城能力从强到弱的顺序为,外出创业型农户最强,县镇多元型农户次之,然后是外出务工型农户,村组多元型农户最弱。不同类型农户的融城能力略有差距,在语言文化适应性、宗教信仰得到尊重和城市接纳度这三个指标上,不同类型生计转型农户没有显现出太大差距;但对生计转型农户的落户政策、子女入学、社会保障等政策在本县(市)城镇和省外大规模城市差距较大,同时不同类型农户的可持续非农生计能力差别也较大。

在四类农户中,外出创业型农户进城能力和融城能力均最强,离村能力排第三,进入和融入城镇相对于离开农村需要的时间更长、难度更大,更能反映农户的城镇化融入能力,故外出创业型农户总城镇化融入能力最强。县镇多元型农户进城和融城能力均第二,故总城镇化融入能力为第二名。外出务工型农户融城能力第三、进城能力与县镇多元型农户相同,进城能力也略低于县镇多元型农户,所以总城镇化融入能力为第三名。村组多元型农户三个阶段的能力均最弱,故总城镇化融入能力也最弱。

三、基于融入维度的农户城镇化能力测度

上述基于融入过程的农户城镇化能力,从农户离开农村、进入城镇、融入城镇的三个阶段衡量农户城镇化能力的强弱;而基于融入维度的农户城镇化能力,更强调农户进入城镇之后的融入城镇过程,包括经济融入、社会身份融入和文化融入三个方面。基于融入过程和维度的农户城镇化分别从不同角度去测度农户的城镇化能力,在测度指标上既有联系也有区别。

(一)基本含义

生计转型农户完全融入城镇的过程是复杂的,不仅经济上要能够融入,而且在社会、心理和身份等层面也要能够融入(李培林 等,2012),即农户的城镇化融入包括不同维度,本书主要是从经济适应、社会身份适应、文化认同这三个维度来探讨。

1. 经济适应

经济适应对于农户来说是一种谋生能力,是农户在生活的各个发展阶段上的各种经济活动以及经济关系的运行和发展,在生计转型农户中主要体现的是农户在城镇生活中实现基本生活需要所进行的一系列经济整合(杨菊华,2015),这种整合既包含农户离开农村时的经济水平情况,也包括农户在进入城镇时的适应情况和融入城镇时的持续生活情况。

2. 社会身份适应

社会身份适应指个体慢慢接受现有的一种道德观念和行为准则,并且能够在社会的变化中相应地做出反应的过程;是社会中不同阶层的人群能够共同生活在一个平等的、有参与度的社会(罗晓晨,2018)。对于生计转型农户来说,社会身份适应主要包括两个方面:一个是社会

通过提供一些客观条件来满足农户的生计转型生活,另一个是农户对所处新的城市环境的一种"加入",这种"加入"可以是活动参与,也可以是与城市居民的社会交往。

3. 文化认同

文化认同指不同的群体在进行接触时,随着时间的推移,一种群体或多种群体的原始文化发生变化即个体在生活中随着环境的变化而不断做出调整的过程(王小翠,2020)。其内涵主要包括工具认同、组织认同和思想观念认同。对于生计转型农户来说,文化认同是农户与城市进行深度融合的关键一步,不同地区之间、不同民族之间、农民和市民之间,由于社会环境和文化的不同,他们的价值观念和文化也不尽相同。文化认同和社会适应不同的是它所衡量的不仅仅是农户生活上可以和城市居民一样进行各种活动,而且还包括价值观和思想文化上的一种归属感。

(二)影响因素分析

农户城镇化的经济、社会身份、文化融入程度可能会相互影响,影响各个维度融入状况的因素可能不是完全一一对应的,但每个维度的融入还是有其关键影响因素。

1. 影响农户"经济适应"程度的因素分析

经济适应是农户由流出地转向流入地的前提,也是农户能够融入城镇的基础。家庭经济基础反映农户家庭当前经济基本状况,直接影响农户能否进入城镇以及进入城镇后能否正常生活;户主职业类型,决定了家庭收入的高低和稳定性;农户的可持续非农生计能力,决定了家庭经济的可持续能力,经济融入必须能来也能留得住;农户迁入城镇必须得"住有所居",所居住城市的房价是影响农户能否"住下来"的重要因素;要解决住房问题,房价和经济基础是前提,社会融资能力是必要条件;农户的人际交往能力影响能利用的各类资源,从而影响收入能力。

综上所述,影响农户经济适应程度的因素包括家庭经济基础、户主职业、农户可持续生计能力、城市房价、社会融资能力和人际交往能力。

2. 影响农户"社会身份适应"程度的因素分析

社会身份适应是生计转型农户融入城镇的一个必经过程。农户在城市是否有合法的社会身份认同,是由一系列的城市政策决定的。城市落户政策反映了城市社会对生计转型农户的接纳,城市对农户的社会保障不仅是城市对农户身份的认同,还为农户解决了后顾之忧;城市能否接受农户子女入学决定着整个家庭能否在城市安顿;城市民族政策说明城市是否关注到了少数民族农户城市社会生活中的一些特殊需求。

综上所述,影响农户社会适应程度的因素主要有城市落户政策、城市社会保障政策、农户子女入学政策、民族政策等。

3. 影响农户"文化认同"情况的因素分析

文化认同是农户与城市进行深度融合的关键一步。生计转型农户相比较于纯农型农户来说拥有较高的文化水平和精神生活需求,希望能够得到与城市居民一样平等就业、平等享受公共服务的权利和享有平等的政治权利,城市能否满足农户的这些需求反映了城市对农户的接纳度;语言沟通是否存在障碍、农户的生活习俗能否得到尊重是农户能否融入城市的重要前提。

综上所述,影响农户文化认同情况的因素包括城市接纳度、语言和生活习俗的适应性等。

(三)基于融入维度的农户城镇化能力测度模型

基于融入维度的民族地区生计转型农户城镇化融入能力包括经济适应能力、社会身份适应能力、文化认同能力。在上述农户城镇化融入维度影响因素分析的基础上,可构建农户城镇化融入能力测度指标体系,利用项目组在民族地区的调研数据采用熵值法求取指标权重从而计算出不同类型农户的经济适应能力、社会身份适应能力、文化认同能力和基于融入维度的农户城镇化融入能力。

1. 构建测度指标体系

在前述生计转型农户城镇化融入维度影响因素分析的基础上,构建基于融入维度的民族地区生计转型农户城镇化能力测度指标体系和各影响因素赋值方法,见表 4-13。

表 4-13 基于融入维度的民族地区生计转型农户城镇化能力测度指标体系

一级指标	二级指标	具体指标测算	指标权重
经济适应能力 0.6752	经济基础	好=1;较好=0.75;一般=0.5;较差=0.25;差=0	0.2164
	城市房价	低=1;较低=0.75;一般=0.5;较高昂=0.25;高昂=0	0.2642
	社会融资能力	好=1;较好=0.75;一般=0.5;较差=0.25;差=0	0.1028
	可持续生计能力	好=1;较好=0.75;一般=0.5;较差=0.25;差=0	0.2257
	户主职业类型	零杂工=0.1;农业=0.2;餐饮服务=0.3;工厂工人=0.4;建筑业=0.5;保险/商场销售服务=0.6;技工=0.7;运输业=0.8;科教文卫=0.9;经商=1	0.0917
	人际交往能力	好=1;较好=0.75;一般=0.5;较差=0.25;差=0	0.0992
社会身份适应能力 0.1789	落户政策	容易落户=1;较容易落户=0.75;一般=0.5;不容易落户=0.25;十分不容易落户=0	0.2742
	社会保障	完善=1;较完善=0.75;一般=0.5;较缺乏=0.25;十分缺乏=0	0.3128
	民族政策	宽松=1;较宽松=0.75;一般=0.5;较严格=0.25;严格=0	0.2574
	子女入学政策	容易入学=1;较容易入学=0.75;一般=0.5;不容易入学=0.25;十分不容易入学=0	0.1556
文化认同能力 0.1459	城市接纳度	接纳=1;较接纳=0.75;一般=0.5;较排斥=0.25;排斥=0	0.2220
	宗教信仰得到尊重	适应=1;较适应=0.75;一般=0.5;不适应=0.25;十分不适应=0	0.1158
	语言生活习俗适应性	适应=1;较适应=0.75;一般=0.5;不适应=0.25;十分不适应=0	0.1807
	年龄	16~22 岁=1;23~35 岁=2;36~50 岁=3;51~64 岁=4;65 岁以上=5	0.1248
	受教育程度	文盲=1;小学=2;初中=3;高中=4;大专以上=5	0.3567

2. 信度、效度检验

以上指标体系是否可靠以及是否能够有效地揭示生计转型农户的城镇化融入能力,这里采用 Cronbach's alpha 系数法、KMO 统计量和 Bartlett 球形检验来进行信度、效度分析,检验结果见表 4-14 和表 4-15。

表 4-14 可靠性统计

Cronbach's alpha	项数
0.762	15

信度检验的 Cronbach's alpha 系数为 0.762＞0.7,表明本研究收集到的数据具有较高的信度。

表 4-15　KMO 和 Bartlett 球形检验

KMO 统计量		0.824
Bartlett 球形检验	近似卡方	6107.610
	自由度	105
	显著性	0.000

效度检验的 KMO 的统计量为 0.824,大于最低标准 0.5,并且 Bartlett 球形检验的显著性为 0.000,小于 0.001。这表示拒绝了相关原假设,即这些因素之间存在良好的结构效度。

3. 测度方法

基于融入维度的生计转型农户城镇化能力测度方法与基于过程的农户城镇化融入能力测度方法相同,即在表 4-13 的指标体系和调研数据的基础上用熵值法来计算测度指标权重,然后加权求和计算农户城镇化融入能力值。

(四)测度结果分析

1. 测度结果

农户城镇化融入能力"强""中等""弱"的划分标准同前,测度结果见表 4-16 和图 4-11。

表 4-16　基于融入维度的生计转型农户城镇化能力测度结果

农户类型	测度值	弱/%	中等/%	强/%
村组多元型	0.4515	41.97	44.71	13.32
县镇多元型	0.5335	21.32	61.13	17.55
外出务工型	0.4684	31.81	60.30	7.89
外出创业型	0.6344	8.62	56.90	34.48

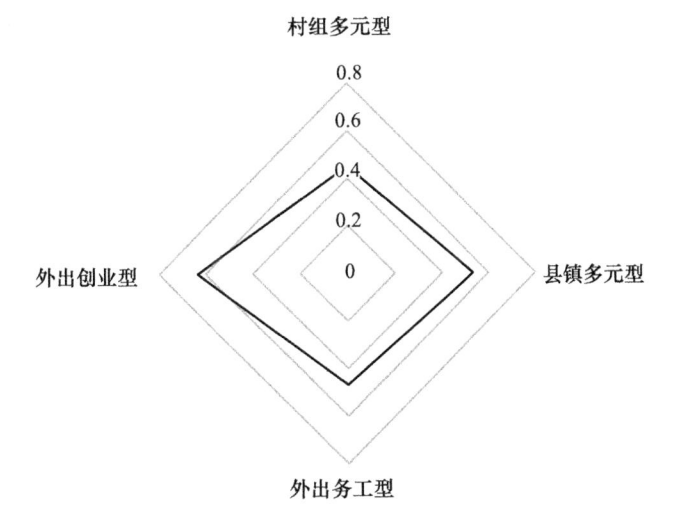

图 4-11　基于融入维度的生计转型农户城镇化能力雷达图

(1)村组多元型农户基于融入维度的城镇化能力测度结果

村组多元型农户的城镇化融入能力平均值为0.4515,按照农户城镇化融入能力等级划分标准,属于"中等"水平。各等级比重分布如下:41.97%的村组多元型农户城镇化融入能力测度值为"弱",44.71%的农户为"中等",13.32%的农户为"强",城镇化融入能力测度值主要集中在"中等"和"弱"上。综合判断,村组多元型农户的城镇化融入能力总体处于"中等偏弱"水平。

(2)县镇多元型农户基于融入维度的城镇化能力测度结果

县镇多元型农户的综合城镇化融入能力得分为0.5335,属于"中等"水平。各等级比重分布如下:21.32%的县镇多元型农户城镇化融入能力测度值为"弱",61.13%的农户为"中等",17.55%的农户为"强",城镇化融入能力测度值多数为"中等"上。综合判断,县镇多元型农户的城镇化融入能力总体处于"中等"水平。

(3)外出务工型农户基于融入维度的城镇化能力测度结果

外出务工型农户的城镇化融入能力测度值为0.4684,为"中等"水平。各等级比重分布如下:60.30%的农户城镇化融入能力测度值为"中等",31.81%的农户为"弱",7.89%的农户为"强",城镇化融入能力测度值主要集中在"中等"和"弱"上。综合判断,外出务工型农户的城镇化融入能力总体位于"中等偏弱"水平。

(4)外出创业型农户基于融入维度的城镇化能力测度结果

外出创业型农户的城镇化融入能力测度值0.6344,为"中等"水平。各等级比重分布如下:8.62%的农户城镇化融入能力测度值为"弱",56.90%的农户为"中等",34.48%的农户为"强",城镇化融入能力测度值主要集中在"中等"和"强"之间,"弱"占比较小,而"中等"占比最大。综合判断,外出创业型农户的城镇化融入能力总体位于"中等偏强"水平。

综上所述,基于融入维度的民族地区生计转型农户城镇化能力强弱顺序依次为外出创业型农户、县镇多元型农户、外出务工型农户、村组多元型农户。

2. 测度结果分析

(1)村组多元型农户城镇化融入能力分析

村组多元型农户每个维度的城镇化融入能力见表4-17和图4-12。经济适应能力平均值为0.3785,属于"弱"水平,548户农户中"弱""中等""强"的比例依次为56.75%、30.84%、12.41%;社会身份适应能力平均值为0.6212,属于"中等"水平,42.70%和38.32%的农户均为"强"和"中等";文化认同能力平均值为0.5842,属于"中等"水平,76.83%和16.24%的农户为"中等"和"强"。综合判断,村组多元型农户的经济适应能力"弱",社会身份适应能力"中等偏强",文化认同能力"中等"。

表4-17 基于融入维度的村组多元型农户城镇化能力测度结果

农户类型	城镇化融入维度	得分	弱/%	中等/%	强/%
村组多元型	经济适应能力	0.3785	56.75	30.84	12.41
	社会身份适应能力	0.6212	18.98	38.32	42.70
	文化认同能力	0.5842	6.93	76.83	16.24
	城镇化融入能力	0.4515	41.97	44.71	13.32

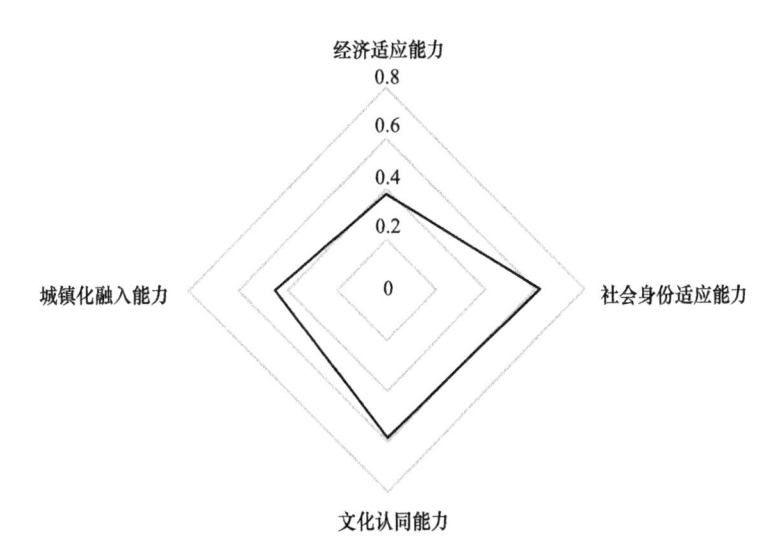

图 4-12 基于融入维度的村组多元型农户城镇化能力雷达图

村组多元型农户三个维度的城镇化能力相对强弱顺序是社会身份适应能力、文化认同能力、经济适应能力。社会身份适应能力"中等偏强",在三个维度的能力中相对较强,是因为村组多元型农户没有离开农村,对国家在民族地区农村的社会保障、民族事务及义务教育等政策比较满意。文化认同能力"中等",因为村组多元型农户受教育程度偏低,语言适应、文化认同相对来说更难。经济适应能力"弱",是因为村组多元型农户虽然家庭收入比非农化程度较高、职业类型多元化,但一般是低端的不稳定的多元化,可持续性不高。家庭经济基础差,其社会融资渠道单一,以向亲戚朋友借贷为主,基本支付不起城市高昂的房价。所以拉低村组多元型农户城镇化融入能力的主要是经济适应能力,关键因素是职业类型、可持续非农生计能力、经济基础等。

(2)县镇多元型农户城镇化融入能力分析

县镇多元型农户每个维度的城镇化融入能力见表 4-18 和图 4-13。经济适应能力平均值为 0.4921,属于"中等"水平,530 户农户中"弱""中等""强"的比例依次为 35.85%、46.04%、18.11%;社会身份适应能力平均值为 0.6637,属于"中等"水平,51.13% 和 39.62% 的农户为"强"和"中等";文化认同能力平均值为 0.5651,属于"中等"水平,74.52% 的农户为"中等"。综合判断,县镇多元型农户的经济适应能力"中等偏弱",社会身份适应能力"中等偏强",文化认同能力"中等"。

表 4-18 基于融入维度的县镇多元型农户城镇化能力测度结果

农户类型	城镇化融入维度	得分	弱/%	中等/%	强/%
县镇多元型	经济适应能力	0.4921	35.85	46.04	18.11
	社会身份适应能力	0.6637	9.25	39.62	51.13
	文化认同能力	0.5651	10.57	74.52	14.91
	城镇化融入能力	0.5335	21.32	61.13	17.55

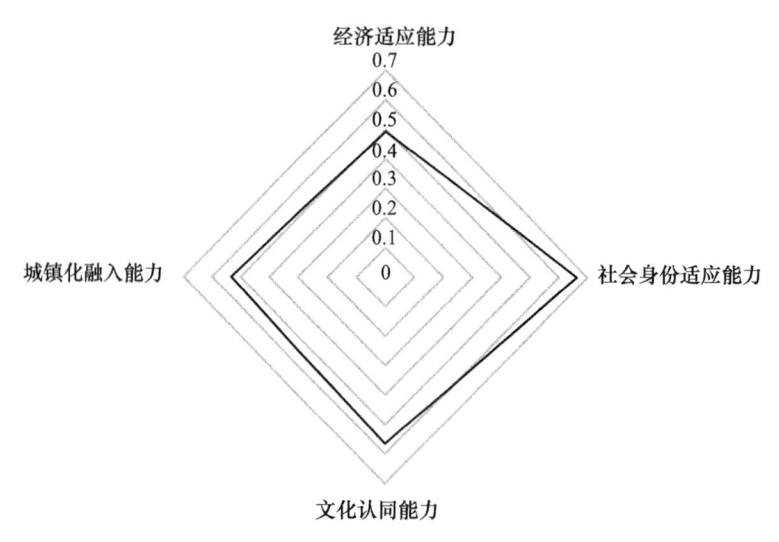

图 4-13 基于融入维度的县镇多元型农户城镇化能力雷达图

县镇多元型农户三个维度的城镇化能力相对强弱顺序与村组多元型农户一样,从高到低分别是社会身份适应能力、文化认同能力、经济适应能力,但经济适应能力比后者稍强。社会身份适应能力"中等偏强",因县镇多元型农户在本县(市)范围内工作生活,落户政策相对宽松,子女入学限制性也不强。从农民到市民,价值观、消费观有区别,文化认同相对较难,所以文化认同能力"中等"。经济适应能力"中等偏弱",比村组多元型农户略强,因就业地点在县城和乡镇,工资待遇一般比村镇略高,同时临时工减少了,就业更稳定。总之,结合各影响因素权重,县镇多元型农户城镇化融入能力的关键影响因素为城市房价、可持续非农生计能力、受教育程度等。

(3)外出务工型农户城镇化融入能力分析

外出务工型农户每个维度的城镇化能力见表 4-19 和图 4-14。经济适应能力平均值为 0.4020,属于"中等"水平,393 户农户中"弱"和"中等"分别为 53.69% 和 37.66%;社会身份适应能力平均值为 0.6364,属于"中等"水平,47.58% 和 37.15% 的农户为"强"和"中等";文化认同能力平均值为 0.5726,属于"中等"水平,74.81% 的农户为"中等"。综合判断,外出务工型农户的经济适应能力"中等偏弱",社会身份适应能力"中等偏强",文化认同能力"中等"。

表 4-19 基于融入维度的外出务工型农户城镇化能力测度结果

农户类型	城镇化融入维度	得分	弱/%	中等/%	强/%
外出务工型	经济适应能力	0.4020	53.69	37.66	8.65
	社会身份适应能力	0.6364	15.27	37.15	47.58
	文化认同能力	0.5726	9.92	74.81	15.27
	城镇化融入能力	0.4684	31.81	60.30	7.89

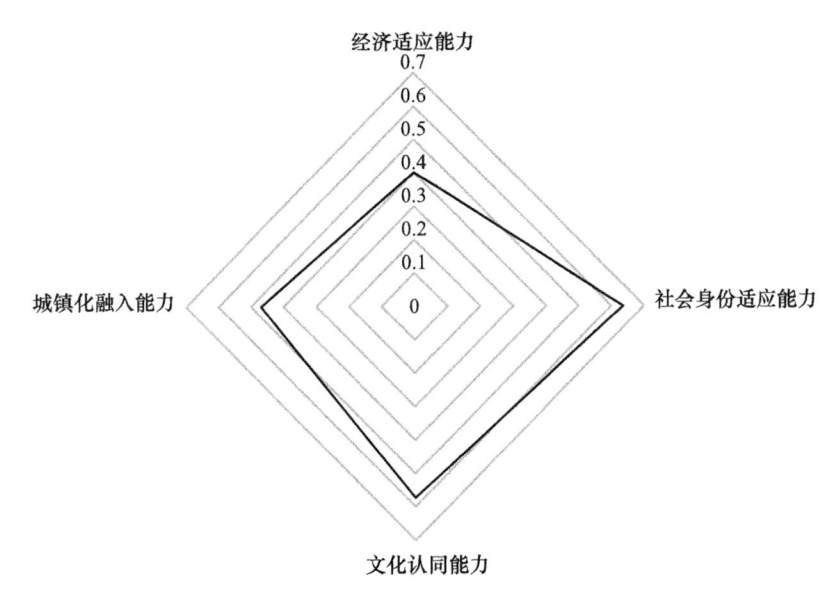

图 4-14　基于融入维度的外出务工型农户城镇化能力雷达图

外出务工型农户三个维度的城镇化能力相对强弱顺序也是社会身份适应能力、文化认同能力、经济适应能力。社会身份适应能力"中等偏强",但比县镇多元型农户略低,因就业地点在本县(市)以外,且大部分在大中规模城市,落户和子女入学相对更难,医保、社保等一般执行的是农村老家的标准,可能比生活的城市略低。文化认同能力"中等",从农民到外省市市民,价值观、消费观差别更大,但他们一般外出时间很长,语言、生活比较习惯,在文化认同上尚可。经济适应能力"中等偏弱",比村组多元型农户略强,但低于县镇多元型农户,外出务工型农户职业以制造业工人和建筑业为主,收入比较稳定,有一定的可持续非农生计能力,但由于城市房价过高,拉低经济适应能力。影响外出务工型农户城镇化融入能力的主要因素是城市房价和社保、子女入学等城市政策。

(4)外出创业型农户城镇化融入能力分析

外出创业型农户每个维度的城镇化能力见表 4-20 和图 4-15。经济适应能力平均值为 0.6395,属于"中等"水平,58 户农户中"强"和"中等"分别为 43.10% 和 37.93%;社会身份适应能力平均值为 0.6753,属于"中等"水平,55.17% 和 36.21% 的农户为"强"和"中等";文化认同能力平均值为 0.6073,属于"中等"水平,81.04% 的农户为"中等"。综合判断,外出创业型农户的经济适应能力"中等偏强",社会身份适应能力"中等偏强",文化认同能力"中等"。

表 4-20　基于融入维度的外出创业型农户城镇化能力测度结果

农户类型	城镇化融入维度	得分	弱/%	中等/%	强/%
外出创业型	经济适应能力	0.6395	18.97	37.93	43.10
	社会身份适应能力	0.6753	8.62	36.21	55.17
	文化认同能力	0.6073	1.72	81.04	17.24
	城镇化融入能力	0.6344	8.62	56.90	34.48

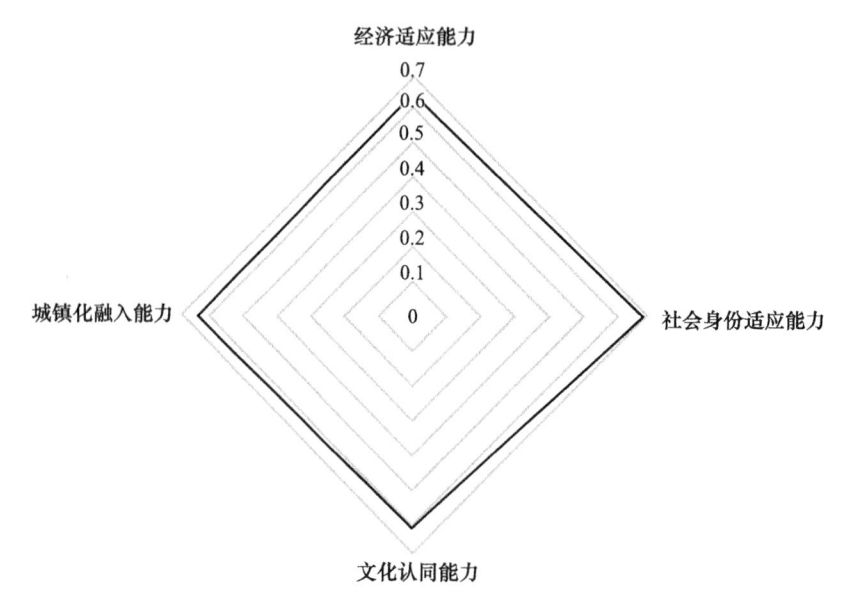

图 4-15 基于融入维度的外出创业型农户城镇化能力雷达图

外出创业型农户三个维度的城镇化能力相对强弱顺序也是社会身份适应能力、经济适应能力、文化认同能力。社会身份适应能力"中等偏强",因外出创业型农户一般外出时间较长,见多识广,社会关系网络较大,能够充分有效运用城市提供的各种落户、社会保障、子女入学等政策。经济适应能力"中等偏强",因他们一般有较好的经济基础,较强的收入能力,且能够自觉地提升自身的人力资本。文化认同能力"中等",低于社会身份和经济适应能力,虽然外出创业型农户具有较高的受教育程度和丰富的社会交往经验,文化认同依然相对更难。所以外出创业型农户融入城镇的主要限制因素是生活文化适应度等。

(5)不同类型农户城镇化融入能力对比分析

四类农户每个维度的城镇化融入能力如图 4-16 所示。

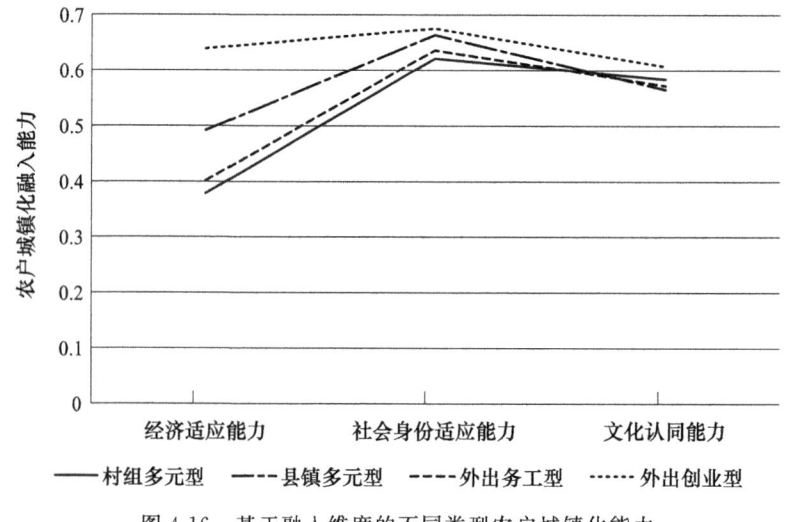

图 4-16 基于融入维度的不同类型农户城镇化能力

经济适应能力从强到弱的顺序为,外出创业型农户最强,县镇多元型农户次之,然后是外出务工型农户,村组多元型农户最弱。除外出创业型农户外,其他三类农户的经济适应能力都较弱,处于"中等偏弱"的水平。由于城市居高不下的房价、农民工与城镇职工收入差距、不稳定的职业等,使多数生计转型农户认为经济障碍是他们融入城镇的最大障碍。

四类农户的社会身份适应能力都在0.6~0.7,差别很小。首先是由于"农民"和"市民"身份在经济利益上各有优劣;其次由于我国已取消城乡二元户籍制度,生计转型农户普遍并不特别关注"能否在城镇落户"。目前,身份导致的最大区别是子女入学问题,外出创业型农户相对略强,主要是强经济能力的正外部性作用,使他们能充分利用各类信息和资源;县镇多元型农户比外出务工型农户稍强,是由于县镇多元型农户生活在小城镇,教育资源竞争激烈程度相对略低。

四类农户的文化认同能力差别也不大,都在0.6左右,村组多元型、县镇多元型、外出务工型农户几乎无差别,外出创业型农户略高,主要是较高的受教育程度和经商过程中与市民们的广泛接触交流使他们更容易理解城市文化。农户总体文化认同能力低于社会身份适应能力,主要由于生活习惯、价值观念等的认同是思想上的认识,社会身份改变缘于政策制度的变更,说明人在思想上的改变相对来说更难。

四类农户的社会身份适应能力和文化认同能力差别均不大,所以他们总体城镇化融入能力的区别主要是由经济适应能力的区别导致的,相对强弱顺序也与经济适应能力相同,外出创业型农户最强,县镇多元型农户次之,外出务工型农户第三,村组多元型农户最弱。

四、农户城镇化融入能力测度结果比较分析

(一)不同类型农户在不同视角下的城镇化融入能力变化趋势相同

从农户城镇化过程和城镇化融入维度出发测度的不同类型农户城镇化融入能力变化趋势相同,均是外出创业型农户最强,其次是县镇多元型农户,外出务工型农户第三,村组多元型农户最低,见图4-17。

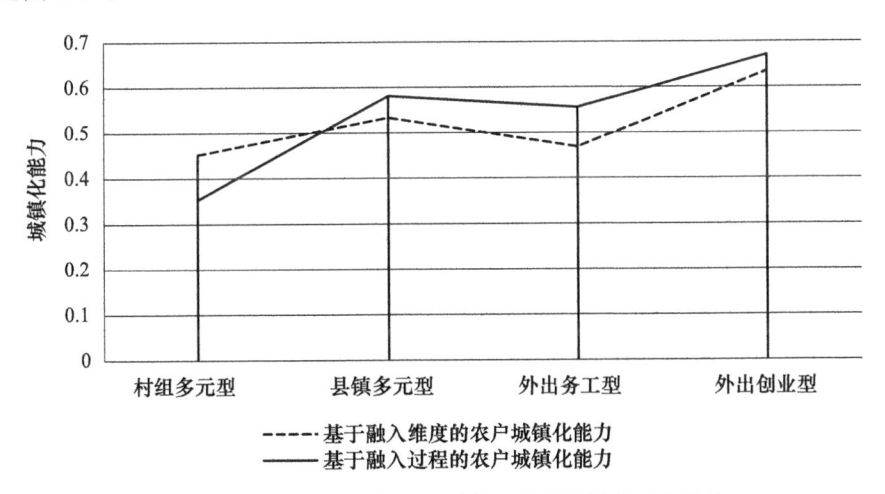

图4-17 基于不同视角的生计转型农户城镇化融入能力

从过程出发的农户城镇化能力包括从离开农村到进入城镇和融入城镇的全过程各个阶段的能力,从融入维度出发的农户城镇化能力着重考察农户进入城镇后的经济、社会身份和文化融入能力,二者的测量指标有联系也有区别,前者权重最大的指标是测量"进入城镇能力"的户

主受教育程度、职业、年龄、就业地点、外出时间、城市居住情况和家庭经济基础,"离开农村"是城镇化的前提,"融入城镇"是城镇化的理想结果,"进入城镇"是农户是否城镇化的最关键过程。后者权重最大的是测量"经济融入能力"的户主职业、家庭经济基础、城市房价、社会融资能力、可持续生计能力、人际交往能力,"经济融入"是关键基础,"社会身份融入"是政策的认可,"文化融入"是完美结果。从不同角度测度出趋势相同的结果,说明两种测量方法都比较好地反映了农户的城镇化能力。

(二)同一类型农户在不同视角下的城镇化融入能力略有差异

总体来看,四类农户在不同视角下城镇化融入能力比较趋势相同,但是具体来看,四类农户在不同视角下的城镇化融入能力存在差异,见图4-18。

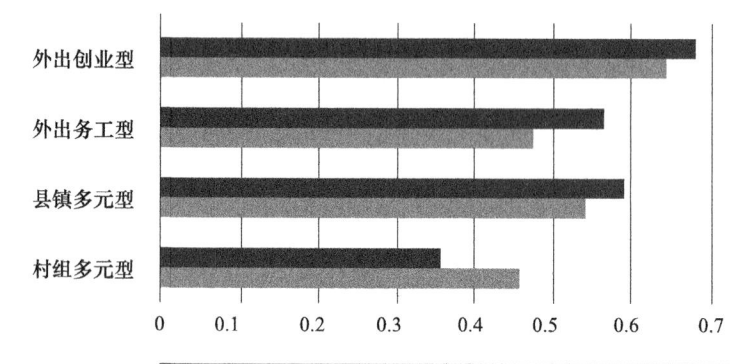

	村组多元型	县镇多元型	外出务工型	外出创业型
■ 基于融入过程的农户城镇化能力	0.3508	0.5820	0.5475	0.6702
■ 基于融入维度的农户城镇化能力	0.4515	0.5335	0.4684	0.6344

图 4-18 不同类型农户在不同视角下城镇化融入能力

1. 村组多元型农户基于融入维度的城镇化能力值更大

一般来说,融入城镇比进入城镇更难,也就是基于融入维度的农户城镇化能力会低于基于过程的农户城镇化能力,但村组多元型农户基于过程的城镇化能力"弱",基于融入维度的城镇化能力"中等"。由于村组多元型农户的"职业类型"决定了他们更适合在本村镇就业,"进城能力"弱;正由于工作和生活在本村镇,子女入学没有障碍,语言、生活习俗适应能力强,"社会身份适应能力"和"文化认同能力"为"中等偏强"和"中等",所以村组多元型农户基于融入维度的城镇化能力值更大。

2. 县镇多元型农户基于融入维度的城镇化能力值略小

县镇多元型农户两种城镇化能力均为"中等",基于过程的城镇化融入能力值为0.5820,基于融入维度的城镇化能力值为0.5335。由于县镇多元型农户离村能力较强,但相对不差的经济适应能力值也只有0.4921。总之,影响县镇多元型农户城镇化融入能力的关键因素为农户受教育程度、城市房价等,我国人均受教育程度正在逐年提升,农村教育软硬件条件也在不断改善,辅之政府对农民有针对的技能培训,农户受教育程度问题会逐年向好;而房价的问题影响因素众多,更多的需要宏观政策的调控和引导。

3. 外出务工型农户基于过程的城镇化能力值更大

外出务工型农户两种城镇化融入能力虽均为"中等",但基于过程的城镇化融入能力值为

0.5475,基于融入维度的城镇化能力值为0.4684,前者更大,由于外出务工型农户离村能力"中等偏强",但经济适应能力"中等偏弱"。总之,影响外出务工型农户城镇化融入能力的主要因素是社保、子女入学等城市政策和城市房价,这需要加快社保制度改革的步伐,提升城市社会公共服务设施的服务能力等。

4. 外出创业型农户基于过程的城镇化能力值稍大

外出创业型农户在四类农户中的城镇化融入能力最大,基于过程的城镇化融入能力值为0.6702,基于融入维度的城镇化能力值为0.6344,均已接近于"强"水平,说明经济融入能力起着决定性的作用。但完成从外出创业型农户向市民的转变,还需解决其乡村情结,即对农户城镇化持进退自由的开放政策,不限制既得利益的延续,不截断重回农村的路径。

五、本章小结

随着我国产业结构调整,生计转型农户增多,农户城镇化意愿和城市对农户的接纳度都在增强,但由于农户的城镇化融入能力的不足,半城镇化农户依然大量存在。本章从城镇化过程和城镇化融入维度两个视角测度了农户的城镇化融入能力,得出外出创业型、县镇多元型、外出务工型、村组多元型农户基于融入过程的城镇化能力分别为0.6702、0.5820、0.5475、0.3508,基于融入维度的城镇化能力分别为0.6344、0.5335、0.4684、0.4515,表明不同类型农户基于不同视角的城镇化融入能力变化趋势相同,都是外出创业型农户城镇化融入能力最强,县镇多元型农户次之,外出务工型农户第三,村组多元型农户最弱;同一类型农户在不同视角下的城镇化融入能力存在差异,村组多元型农户基于融入维度的城镇化能力值更大,县镇多元型农户基于过程和维度的城镇化能力基本相同,外出务工型农户基于过程的城镇化能力值更大,外出创业型农户基于过程的城镇化能力值稍大。这是由于村组多元型农户的离村能力较弱,外出务工型农户的社会融入、文化融入能力较弱,而县镇多元型和外出创业型农户各个阶段和侧面的城镇化融入能力都略强。

提升农户的城镇化融入能力,需要从关键影响因素出发。影响村组多元型农户城镇化融入的关键因素是职业类型和可持续非农生计能力,影响县镇多元型农户的关键因素是劳动力受教育程度和城市房价;影响外出务工型农户的关键因素是社保、子女入学等各类政策因素及城市房价、对城市文化生活的适应性;影响外出创业型农户的关键因素是乡村情结。

第五章　农户生计转型与城镇化融入能力关系研究

随着农户生计方式的调整,农户的生产生活对农业的依赖度降低,但不同的非农生计方式的收入能力、生活稳定程度、人际交往圈层不同,给农户带来不同的城镇生活感受,从而形成不同的城镇化意愿和能力。由第三章可知,在西南地区调查的1635户农户中,纯农型只有106户,93.52%的农户的生计方式都发生了一定程度的转型;从第四章可知,生计转型农户中只有外出创业型农户有较强的城镇化融入能力。那么农户生计如何影响其城镇化意愿和城镇化融入能力呢?这是本章将要解答的问题。

一、城镇化过程中农户生计方式转型

我国实施的新型城镇化战略在促进经济发展、提高城镇化质量的同时,对城乡一体化发展、乡村振兴的作用也不可忽视,对乡村发展最直观的作用是促进了农户生计转型和收入水平的提高。城镇化发展首先为农户提供了更多非农就业岗位,农户在城镇化的过程中提升了人力资本、物质资本、金融资本等生计资本拥有量,从而拥有了更多的生计策略选择权。

(一)区域城镇化水平衡量

城镇化进程是一个复杂、系统的动态化过程,不仅包含了工业化过程和区域经济发展,也涉及产业结构调整、人民生活水平提高、区域协调发展等诸多方面(蓝庆新 等,2013)。而仅仅通过常住人口城镇化率这一个指标来衡量一个地区的城镇化发展水平不够全面和准确,本书从人口城镇化、经济城镇化和生活城镇化三个方面来对区域城镇化水平进行综合评价。

1. 人口城镇化

反映人口城镇化水平的指标有户籍人口城镇化率和常住人口城镇化率,由于我国不同城市对户籍管理的原则和方法不同,同时也由于附着于农村户籍上的土地财产等利益因素,城镇户籍人口数据并不能真实反映人口城镇化水平,本书利用研究区县(市)2018年末城镇常住人口和总人口数据计算常住人口城镇化率,计算方法见式(5-1)。

$$P_i = \frac{U_i}{P_{ti}} \tag{5-1}$$

式中,P_i为i县(市)人口城镇化率;U_i为i县(市)城镇常住人口数;P_{ti}为i县(市)的年末总人口数。

2. 经济城镇化

一个地区的产业结构基本可以反映这个地区的经济发展状况,而城镇化过程中常常伴随着工业化,所以一个地区非农产业占所有产业的比例可以初步反映这个地区的经济城镇化水平。依据研究区县(市)2018年第二产业增加值、第三产业增加值和国民生产总值,计算出研究区县(市)2018年非农产业所占比例,即经济城镇化水平(E_i),计算公式如下。

$$E_i = \frac{S_i + T_i}{G_i} \tag{5-2}$$

式中,S_i 为 i 县(市)第二产业增加值;T_i 为 i 县(市)第三产业增加值;G_i 为 i 县(市)国民生产总值。

3. 生活城镇化

恩格尔系数是国际上一般用于测定贫困线的方法,指家庭食品消费占家庭总消费支出的比重,基本可以反映一个地区的社会平均生活水平。利用研究区县(市)人均食品支出总额和个人消费支出总额,计算出研究区县(市)恩格尔系数,然后用标准值1减去恩格尔系数来正向表示研究区县(市)的生活城镇化水平(E_{Ni}),计算公式如下。

$$E_{Ni}=1-\frac{F_i}{P_i} \quad (5-3)$$

式中,F_i 为 i 县(市)人均食品支出总额;P_i 为 i 县(市)个人消费支出总额。

4. 综合城镇化率

表5-1是反映研究区8个县(市)2018年综合城镇化发展水平各指标值。

表 5-1 研究区县(市)2018 年综合城镇化发展水平指标

研究区县(市)	常住人口城镇化率/%	第二产业增加值/亿元	第三产业增加值/亿元	国民生产总值/亿元	恩格尔系数/%
鹤峰县	37.98	24.36	24.94	61.27	36.49
来凤县	43.40	19.80	40.44	74.14	36.55
长阳县	37.21	62.51	42.69	142.61	28.43
麻阳县	39.06	23.58	42.01	81.25	31.09
酉阳县	35.00	60.05	51.61	144.33	41.10
三江县	28.01	11.49	29.25	59.92	41.50
大理市	51.95	180.63	194.66	395.08	24.15
平塘县	39.50	13.38	37.17	72.41	42.00

数据来源:研究区县(市)2019年统计年鉴、2018年统计公报

依据表5-1的指标值,计算出范围0到1之间的各县(市)的 P_i、E_i 和 E_{Ni} 值,如若将这三项指标当作空间中彼此正相交的方向,三项指标共同构成的空间向量长度为城镇化水平的综合累计值 S_i;而在完全协调的情况下,空间向量与完全协调线重合,则以离完全协调量的距离为偏离度 D_i;在累计值上消去偏离度的影响,最后得到综合值 L_i,便可直观对比不同区域的城镇化发展水平,具体计算公式见式(5-4)~(5-6),计算结果见表5-2。

$$S_i=\sqrt{\frac{P_i^2+E_i^2+E_{Ni}^2}{3}} \quad (5-4)$$

$$D_i=\sqrt{\frac{(P_i-E_i)^2+(P_i-E_{Ni})^2+(E_i-E_{Ni})^2}{3}} \quad (5-5)$$

$$L_i=S_i\times(1-D_i) \quad (5-6)$$

表 5-2 研究区县(市)综合城镇化水平值

县(市)	P_i	E_i	E_{Ni}	S_i	D_i	L_i	等级
大理市	0.5195	0.9499	0.7585	0.7632	0.3050	0.5305	高
来凤县	0.4340	0.8125	0.6346	0.6458	0.2678	0.4729	中
麻阳县	0.3906	0.8073	0.6891	0.6530	0.3037	0.4547	中

续表

县（市）	P_i	E_i	E_{Ni}	S_i	D_i	L_i	等级
长阳县	0.3721	0.7377	0.7157	0.6311	0.2899	0.4481	中
平塘县	0.3950	0.6981	0.5800	0.5715	0.2161	0.4480	中
鹤峰县	0.3798	0.8046	0.6351	0.6311	0.3024	0.4403	中
酉阳县	0.3500	0.7736	0.5890	0.5966	0.3004	0.4174	中
三江县	0.2801	0.6799	0.5850	0.5425	0.2954	0.3822	低

如表 5-2 所示，对比研究区 8 个县（市）综合值 L_i 后，可知大理市的综合值最高，为 0.5305，而三江县最低，为 0.3822。依据 8 个县（市）的综合城镇化率，其 2018 年的综合城镇化水平可划分为 3 个等级，大理市城镇化水平为高，来凤县、麻阳县、长阳县、平塘县、鹤峰县和酉阳县城镇化水平中等，而三江县城镇化水平低。

（二）不同城镇化水平地区农户生计资本拥有量

1. 各县（市）农户生计资本拥有量

城镇化发展促进地区经济发展，增强地区非农劳动力接纳能力，对农户家庭来说，地区城镇化水平越高，农户有更多的非农就业机会，可以取得更高的家庭年收入，从而积累更多的物质资本。表 5-3 为研究区调研农户生计资本拥有量，表中劳动能力、受教育程度、社会融资能力、政府培训与指导、政府扶贫与保障工作、人际交往能力、亲朋好友资源的定义与计量方法与第三章相同。

表 5-3 调研农户生计资本拥有量

资本类型	指标	大理市	平塘县	来凤县	麻阳县
人力资本	户主劳动能力	2.88	2.76	3.09	2.59
	户主受教育程度	3.23	2.50	2.80	3.24
	家庭平均劳动能力	1.63	1.70	2.22	2.23
	家庭平均受教育程度	1.42	1.21	1.30	1.49
	务农劳动力/人	0.22	1.26	0.69	1.27
	非农劳动力/人	1.85	1.21	2.19	1.90
自然资本	人均水田面积/亩	0.07	0.58	0.41	0.41
	人均旱地面积/亩	0.13	0.60	0.76	0.26
	人均林地面积/亩	0.10	0.97	1.12	0.44
	人均园地面积/亩	0.01	0.04	0.09	0.13
物质资本	人均宅基地面积/米²	58.51	36.44	35.75	26.02
	人均房屋面积/米²	100.51	54.78	49.37	43.70
金融资本	人均年收入/元	26974	15703	13604	11671
	社会融资能力	3.55	3.89	2.11	2.85
	政府培训与指导	1.91	1.95	1.07	1.34
社会资本	人际交往能力	2.11	2.27	2.74	2.6
	亲朋好友资源	2.62	2.02	1.36	1.94
	政府扶贫与保障工作	2.66	2.78	1.25	1.72

续表

资本类型	指标	长阳县	鹤峰县	酉阳县	三江县
人力资本	户主劳动能力	2.88	2.71	2.81	2.47
	户主受教育程度	3.60	3.22	3.07	2.95
	家庭平均劳动能力	1.82	2.10	2.20	2.23
	家庭平均受教育程度	1.49	1.47	1.41	1.27
	务农劳动力/人	0.78	0.52	0.38	1.69
	非农劳动力/人	2.21	2.25	2.55	1.46
自然资本	人均水田面积/亩	0.04	0.04	0.25	0.35
	人均旱地面积/亩	0.53	0.67	0.58	0.41
	人均林地面积/亩	0.55	1.67	0.72	0.87
	人均园地面积/亩	0.03	0.04	0.03	0.04
物质资本	人均宅基地面积/米^2	37.86	45.00	31.64	21.18
	人均房屋面积/米^2	72.12	68.92	48.86	53.90
金融资本	人均年收入/元	14111	14325	15395	15224
	社会融资能力	2.01	2.11	2.00	2.79
社会资本	政府培训与指导	1.18	1.28	1.02	1.24
	人际交往能力	2.60	2.55	2.71	2.41
	亲朋好友资源	1.62	1.47	1.22	1.58
	政府扶贫与保障工作	1.16	1.37	1.13	1.55

人力资本中,户主劳动能力和家庭平均劳动能力各县(市)基本无差别,因为劳动能力反映的是劳动力年龄,除了由于农村社保较低导致劳动力退休比城镇略晚外,我国目前劳动力年龄均差别较小;在劳动力受教育程度上,平塘县和三江县略低,其他县(市)差别较小;家庭平均务农劳动力人数大理市明显较少,家庭平均非农劳动力人数平塘县和三江县明显较少,说明大理市旅游业的发展带动农户在就业类型上发生了变化,而三江县和平塘县的产业结构调整较慢。

自然资本中,研究区生计转型农户经营的水田、旱地、林地、园地面积均不多,其中平塘县的人均水田面积最多,为0.58亩;来凤县人均旱地面积最多,为0.76亩;鹤峰县人均林地面积最多,为1.67亩;麻阳县人均园地面积最大,为0.13亩。农户经营的耕地面积少一是受山区耕地资源禀赋限制,二是生计转型后耕地被流转或撂荒,经营的林地面积少因山区农户虽然承包的林地面积较大,但各类杂木林地能带来的收益少,多数林地基本处于自由生长状态,很少有农户去经营管理。自然资本对生计转型农户的生计资本的影响不大。

物质资本中,大理市人均宅基地面积和房屋面积均有明显优势,分别是宅基地面积最小的三江县的2.76倍和房屋面积最小的麻阳县的2.3倍,这是因为大理市生计转型农户人均收入水平较高且基本为村组、县镇多元型生计,无论从需求和能力上来说,他们都更有可能改善居住条件,占用较多的宅基地建造更大面积的房屋。

金融资本中,大理市人均年收入优势非常明显,是排名第二的平塘县的1.7倍,其他各县差别较小;平塘县和大理市的社会融资能力较强。

社会资本中,大理市生计转型农户在政府培训与指导、政府扶贫与保障工作、亲朋好友资源方面略有优势,其他各县差别较小;生计转型农户对自身人际交往能力的评价基本无差别。

2. 农户生计资本标准化值

为了更直观地比较不同城镇化水平地区农户生计资本区别,对农户拥有的生计资本在用极值处理法进行标准化的基础上加权求和,权重依据评价指标对农户生计转型的重要性在专家排序的基础上用层次分析法计算得出,在进行具体的指标权重的确定时,一级指标中五大资本的 CR 值为 0.0156;二级指标的人力资本中户主劳动能力、户主受教育程度、家庭平均劳动能力等六项指标的 CR 值为 0.0185;自然资本的人均水田、旱地、林地、园地四项指标的 CR 值为 0.0265;社会资本中政府培训与指导等四项指标的 CR 值 0.0116,均小于 0.10。一级指标和二级指标的权重排序均通过一致性检验,见表 5-4。

表 5-4 调研农户生计资本评价指标体系及权重

资产类型	测量指标	指标代码	指标权重	
人力资本(0.3470)	户主劳动能力	H1	0.0301	0.0867
	户主受教育程度	H2	0.0671	0.1933
	家庭平均劳动能力	H3	0.0818	0.2357
	家庭平均受教育程度	H4	0.0997	0.2873
	务农劳动力/人	H5	0.0247	0.0712
	非农劳动力/人	H6	0.0437	0.1258
自然资本(0.1157)	人均水田/亩	N1	0.0303	0.2616
	人均旱地/亩	N2	0.0524	0.4531
	人均林地/亩	N3	0.0193	0.1671
	人均园地/亩	N4	0.0137	0.1182
物质资本(0.1157)	人均建设用地面积/米^2	P1	0.0463	0.4000
	人均房屋面积/米^2	P2	0.0694	0.6000
金融资本(0.2515)	人均年收入	F1	0.1761	0.7000
	社会融资能力	F2	0.0755	0.3000
社会资本(0.1702)	政府培训与指导	S1	0.0445	0.2616
	人际交往能力	S2	0.0265	0.1555
	亲朋好友资源	S3	0.0216	0.1270
	政府扶贫和保障工作	S4	0.0771	0.4531

依据上述方法对研究区农户生计资本进行标准化,资本标准化值见表 5-5。

表 5-5 调研农户生计资本拥有量标准化值

	大理市	来凤县	麻阳县	长阳县	平塘县	鹤峰县	酉阳县	三江县
城镇化水平	高	中	中	中	中	中	中	低
人力资本	0.51	0.51	0.83	0.86	0.12	0.77	0.71	0.42
自然资本	0.01	0.82	0.43	0.36	0.72	0.59	0.51	0.46
物质资本	1.00	0.27	0.08	0.47	0.32	0.56	0.20	0.07
金融资本	0.75	0.37	0.17	0.41	0.18	0.40	0.47	0.34
社会资本	0.80	0.22	0.44	0.21	0.83	0.27	0.15	0.28
生计资本	0.62	0.43	0.46	0.53	0.35	0.55	0.47	0.34

大理市生计资本标准化值为 0.62,为 8 个调研县(市)中最高,说明高城镇化水平地区农户拥有的生计资本总量更多。其中物质资本、金融资本也最多,社会资本较多。因为城镇化水平越高,农户非农就业越普遍,年人均收入可能越高,于是人均金融资本更高,也就可能积累更多的物质资本。同时地区生产总值更高,政府也就有能力为农户提供更多的社会资本。大理市生计转型农户拥有的自然资本最低,也是高城镇化水平的代价,城镇化需要的建设用地增加必然以减少农用地为代价。大理市人力资本水平为中等,所以提高人力资本水平是增加农户生计资本和大理市城市竞争力的方向。

中等城镇化水平地区农户生计资本也处于中等水平,来凤县自然资本较高,其他各项资本不突出;麻阳县人力资本较高,但物质资本和金融资本较低;长阳县人力资本较高,但社会资本较低;平塘县自然资本、社会资本较高,但人力资本很低;鹤峰县人力资本、自然资本较高,物质资本、金融资本、社会资本中等;酉阳县人力资本较高,物质资本、社会资本较低。总之各项生计资本各有优势和不足,总生计资本处于中等水平。

低城镇化水平地区生计资本标准化值也低,三江县各项生计资本都不突出,物质资本属于 8 个县(市)的最低水平,因三江县人口城镇化、经济城镇化水平均最低,农户生计非农化程度低,生计转型农户资本积累少。

总之,城镇化发展首先可提升农户的金融资本,进而促进物质资本、社会资本的增加,最后农户会自觉提升自身人力资本。

(三)不同城镇化水平地区农户生计策略选择

区域城镇化水平不同,社会产业结构必然不同,那么农户可选择的生计方式也不同,表 5-6 是不同生计类型农户占本县(市)总调研农户的比例。

表 5-6 不同生计类型农户占本县(市)总调研农户的比例　　　　　　　%

县(市)	等级	纯农型	村组多元型	县镇多元型	外出务工型	外出创业型	合计
大理市	高	3.32	61.14	31.75	2.37	1.42	100
来凤县	中	4.31	29.19	42.11	21.05	3.34	100
麻阳县	中	5.56	22.50	26.85	37.22	7.87	100
长阳县	中	3.14	38.34	35.80	17.61	5.11	100
平塘县	中	13.11	42.45	25.28	17.74	1.42	100
鹤峰县	中	4.35	34.24	39.13	18.48	3.80	100
酉阳县	中	3.38	21.74	54.59	16.43	3.86	100
三江县	低	5.45	28.18	11.82	52.73	1.82	100

大理市综合城镇化水平 0.5305,属于研究区的高城镇化水平地区,农户的生计策略选择主要集中在村组多元型上,占比为 61.14%,其次为县镇多元型,占比为 31.75%,村组、县镇多元生计是大理市农户的主要生计策略选择,外出务工型农户只有 2.37%。这是因为大理市旅游产业发达,农户可以就地就近从事导游、餐饮、住宿、特色手工业品加工等各类与旅游业相关的职业,并取得较稳定的非农收入。同时旅游产业等第三产业的发展还可带动农业、工业、建筑业的发展,形成良性循环,提升地区经济对劳动力的容纳能力。

来凤县、麻阳县、长阳县、平塘县、鹤峰县、酉阳县的综合城镇化水平中等,各县的不同类型农户比例各不相同,但村组、县镇多元型农户之和均多于外出务工型农户,但外出务工型农户占比也在20%左右,既有很大比例的农户在本县内就业,也有较大比例的农户在外县(市)或外省就业,说明本县(市)有一定非农劳动力接纳能力,但还不够。

三江县综合城镇化水平只有0.3822,为研究区最低。农户的生计策略选择主要集中在外出务工型上,占比为52.73%,为研究区最高;县镇多元型农户占比11.82%,为研究区最低,说明较低的城镇化水平能够提供的非农就业机会有限,农户不得不外出务工。

二、农户生计方式变化对城镇化意愿的影响

生计转型农户向城市转移是在世界各国社会经济发展历史中被验证过了的必然趋势。自从中共中央、国务院于2014年3月印发《国家新型城镇化规划(2014—2020年)》后,相继又出台了一系列推进户籍制度改革的相关意见,这些举措均意在降低生计转型农户城镇化融入的门槛。而作为现阶段城镇化主体的生计转型农户的城镇化意愿到底如何?生计转型农户的城镇化意愿受到哪些因素影响呢?本部分将结合课题组调研数据进行探究。

(一)农户城镇化意愿影响因素分析

影响生计转型农户城镇化意愿的因素纷繁复杂,且不同农户考量的因素不同。本书结合农户城镇化融入过程和融入维度来选取变量指标,试图找出不同类型农户城镇化融入意愿的共性因素。分析的变量类型包括农户家庭特征、离乡障碍、经济因素、社会因素、文化因素五个方面,具体变量名称和变量描述见表5-7,其中户主年龄、户主受教育程度、户主职业、家庭受教育程度、人均年收入、非农收入占比为家庭该因素的实际情况;乡村情节、农地处理难度、宅基地处理难度、城市房价、家庭经济基础、社会融资能力、可持续生计能力、人际交往能力、落户政策、子女入学政策、社会保障政策、民族事务管理政策、城市接纳度、宗教信仰得到尊重、语言生活适应性为户主对家庭该因素的评价。

表5-7 变量赋值及描述

变量类型	变量名称	变量描述
家庭特征	户主年龄	16~22岁=0.75;23~35岁=1;36~50岁=0.75;51~64岁=0.5;65岁以上=0.25
	户主受教育程度	文盲=0;小学=0.25;初中=0.5;高中=0.75;大专及以上=1
	户主职业	零杂工=0.1;农业=0.2;餐饮服务=0.3;工厂工人=0.4;建筑业=0.5;保险/商场销售服务=0.6;技工=0.7;运输业=0.8;科教文卫=0.9;经商=1
	家庭受教育程度	家庭劳动力受教育程度平均值
离乡障碍	乡村情节	完全不依恋=1;不依恋=0.75;一般=0.5;依恋=0.25;十分依恋=0
	农地处理难度	十分容易=1;较容易=0.75;一般=0.5;不容易=0.25;十分不容易=0
	宅基地处理难度	十分容易=1;较容易=0.75;一般=0.5;不容易=0.25;十分不容易=0
	人均年收入	家庭人均实际收入
	非农收入占比	家庭年非农收入除以总收入
经济因素	城市房价	低=1;较低=0.75;一般=0.5;较高昂=0.25;高昂=0
	家庭经济基础	好=1;较好=0.75;一般=0.5;较差=0.25;差=0
	社会融资能力	好=1;较好=0.75;一般=0.5;较差=0.25;差=0
	可持续生计能力	好=1;较好=0.75;一般=0.5;较差=0.25;差=0
	人际交往能力	好=1;较好=0.75;一般=0.5;较差=0.25;差=0

续表

变量类型	变量名称	变量描述
社会因素	落户政策	容易落户=1;较容易落户=0.75;一般=0.5;不容易落户=0.25;十分不容易落户=0
	子女入学政策	容易入学=1;较容易入学=0.75;一般=0.5;不容易入学=0.25;十分不容易入学=0
	社会保障政策	完善=1;较完善=0.75;一般=0.5;较缺乏=0.25;十分缺乏=0
	民族事务管理政策	适应=1;较适应=0.75;一般=0.5;不适应=0.25;非常不适应=0
文化因素	城市接纳度	接纳=1;较接纳=0.75;一般=0.5;较排斥=0.25;排斥=0
	宗教信仰得到尊重	适应=1;较适应=0.75;一般=0.5;不适应=0.25;十分不适应=0
	语言生活适应性	适应=1;较适应=0.75;一般=0.5;不适应=0.25;十分不适应=0

(二)生计方式对农户城镇化意愿的影响模型

由于生计转型农户是否愿意进行城镇化是一个二分类变量,所以其影响因素可采用二元 logistic 回归模型进行分析。二元 logistic 回归模型是一种对因变量为定性变量作回归分析的非线性模型,基本特点是:因变量必须为二分类变量,一般因变量为阳性,表示为 $y=1$,若为阴性,则表示为 $y=0$,自变量既可以是分类变量,也可以是连续变量。本部分中,农户愿意进行城镇化表示为"1",不愿意进行城镇化表示为"0"。

将农户家庭特征、离乡障碍、经济因素、社会因素和文化因素的 21 个变量指标标准化后放入二元 logistic 回归模型中,验证这些指标对不同类型生计转型农户城镇化意愿产生的影响,结果见表 5-8。

表 5-8 不同类型农户城镇化意愿影响因素模型结果

	纯农型			村组多元型		
	系数	标准误差	显著性	系数	标准误差	显著性
户主年龄	7.727	5.219	0.139	3.856***	0.852	0.000
户主受教育程度	2.413	3.893	0.535	1.393*	0.719	0.053
户主职业	2.509	2.839	0.377	−0.228	0.385	0.554
家庭受教育程度	−13.007	8.620	0.131	−0.896	1.486	0.547
乡村情结	0.222	1.674	0.895	1.480***	0.446	0.001
农地处理难度	2.664	2.840	0.348	0.935	0.624	0.134
宅基地处理难度	−3.067	2.665	0.250	2.852***	0.546	0.000
人均年收入	−25.894	16.843	0.124	7.024***	2.317	0.002
非农收入占比	2.394	1.872	0.201	5.256***	0.879	0.000
城市房价	3.861	3.292	0.241	−0.654	0.615	0.287
家庭经济基础	5.968**	2.829	0.035	−0.596	0.652	0.361
社会融资能力	−3.471	2.251	0.123	0.128	0.530	0.809
可持续生计能力	12.076***	3.864	0.002	0.838	0.556	0.132
人际交往能力	2.357	2.929	0.421	1.135**	0.528	0.032
落户政策	−2.506	2.168	0.248	−0.914*	0.517	0.077

续表

	纯农型			村组多元型		
	系数	标准误差	显著性	系数	标准误差	显著性
子女入学政策	2.967	2.253	0.188	−0.053	0.542	0.922
社会保障	2.288	2.773	0.409	−0.470	0.598	0.432
民族政策	−0.622	2.375	0.793	0.488	0.484	0.313
城市接纳度	−2.656	3.119	0.394	−0.971	0.641	0.129
宗教信仰得到尊重	5.103*	2.795	0.068	−0.186	0.658	0.778
语言生活适应性	−2.374	2.546	0.351	−0.025	0.494	0.960
常量	−14.017	5.539	0.011	−6.893	1.173	0.000
−2对数似然		45.928			428.897	
Cox&Snell R^2		0.577			0.337	
Nagelkerke R^2		0.795			0.484	
sig.		0.000			0.000	

	县镇多元型			外出务工型		
	系数	标准误差	显著性	系数	标准误差	显著性
户主年龄	2.054*	1.154	0.075	−0.744	1.569	0.635
户主受教育程度	2.324*	1.311	0.076	−0.342	1.218	0.779
户主职业	−0.386	0.544	0.478	−0.599	1.614	0.710
家庭受教育程度	−1.496	2.102	0.477	2.654	2.524	0.293
乡村情结	0.988	0.718	0.169	0.085	0.818	0.917
农地处理难度	−0.930	1.068	0.384	0.564	1.081	0.602
宅基地处理难度	1.906**	0.942	0.043	−1.257	1.065	0.238
人均年收入	4.104*	2.373	0.084	4.763	3.752	0.204
非农收入占比	5.672***	1.291	0.000	1.301	1.840	0.479
城市房价	−0.137	0.815	0.866	1.173	0.973	0.228
家庭经济基础	0.463	0.966	0.632	−1.288	1.168	0.270
社会融资能力	0.184	0.661	0.781	0.453	0.958	0.636
可持续生计能力	−0.023	0.878	0.979	−0.352	0.890	0.692
人际交往能力	−0.850	0.864	0.325	−0.119	1.148	0.917
落户政策	−0.095	0.917	0.918	4.409***	1.149	0.000
子女入学政策	−1.075	0.846	0.204	6.162***	1.143	0.000
社会保障政策	−1.276	0.975	0.191	−0.793	1.002	0.429
民族政策	2.059**	0.776	0.008	1.290**	0.863	0.050
城市接纳度	3.994***	0.884	0.000	0.515**	0.960	0.043
宗教信仰得到尊重	1.195	0.932	0.200	0.460**	0.906	0.042
语言生活适应性	1.910**	0.911	0.036	0.843	1.030	0.414
常量	−8.368	1.691	0.000	−4.326	2.312	0.061
−2对数似然		231.322			150.046	

续表

	县镇多元型			外出务工型		
	系数	标准误差	显著性	系数	标准误差	显著性
Cox&Snell R^2		0.254			0.463	
Nagelkerke R^2		0.490			0.731	
sig.		0.000			0.000	

	外出创业型		
	系数	标准误差	显著性
户主年龄	−2.207	3.551	0.534
户主受教育程度	−0.208	2.004	0.917
户主职业	8.621	16.785	0.608
乡村情结	6.062**	2.081	0.004
家庭受教育程度	2.351	1.374	0.523
农地处理难度	−1.118	2.611	0.668
宅基地处理难度	−0.552	2.536	0.828
非农收入占比	6.195	10.999	0.573
人均年收入	2.383	3.796	0.530
城市房价	−0.255	2.278	0.911
家庭经济基础	3.961*	2.369	0.095
社会融资能力	1.112	1.700	0.513
可持续生计能力	−1.177	2.279	0.605
人际交往能力	0.310	2.226	0.889
落户政策	−0.238	1.948	0.903
子女入学政策	1.375	2.225	0.537
社会保障政策	4.826*	2.924	0.099
民族政策	−1.319	1.958	0.500
城市接纳度	2.181	3.842	0.570
宗教信仰得到尊重	0.850**	3.706	0.041
语言生活适应性	−6.549	4.762	0.169
常量	−14.836	22.608	0.512
−2 对数似然		138.256	
Cox&Snell R^2		0.528	
Nagelkerke R^2		0.723	
sig.		0.000	

注：***、**、*分别代表着在1%、5%和10%水平上显著

如表5-8所示，西南地区农户的城镇化意愿影响因素二元logistic回归模型显著性均为0.000，R^2值在0.48~0.73，说明构建的回归模型整体拟合程度较好且解释力尚可，回归模型结果可信度较高；但模型所选择的变量只有部分在1%、5%和10%上显著，且不同类型农户存在较大差别，说明不同类型农户城镇化意愿影响因素不同。

1. 纯农型农户城镇化意愿的影响因素

纯农型农户城镇化意愿的显著影响因素有家庭经济基础、可持续生计能力和宗教信仰得到尊重,系数均为正数,说明家庭经济基础越好、可持续生计能力越强、宗教信仰越是得到尊重,纯农型农户的城镇化意愿就越强。从3个显著影响因素的系数大小看,可持续生计能力是最重要影响因素。总之,纯农型农户最关注的是经济因素,因除少数大规模农户的经济收入较高外,大多数纯农型农户为传统小农户,家庭人均收入很低,在家庭基本生活保障程度还较低的情况下,纯农型农户还处于生存需求阶段,所以会认为最重要的影响因素是能否在城镇生存及是否具备可持续生计能力。

2. 村组多元型农户城镇化意愿的影响因素

村组多元型农户城镇化意愿的显著影响因素有户主年龄、户主受教育程度、乡村情结、宅基地处理难度、人均年收入、非农收入占比、人际交往能力、落户政策,前7项因素的系数均为正,说明户主越年轻、受教育程度越高、越没有乡村情结、宅基地使用权越能得到保障、家庭人均年收入越高、家庭非农收入比越高、人际交往能力越强,城镇化意愿就越强;落户政策的系数为负,说明对于村组多元型农户来说,城镇户口不仅没有吸引力,反而是城镇化的障碍,他们更希望在保留农村户口的前提下进行经济、生活的城镇化;从显著影响因素的系数来看,家庭人均年收入、非农收入占比和户主年龄是最重要影响因素。

3. 县镇多元型农户城镇化意愿的影响因素

县镇多元型农户城镇化意愿的显著影响因素有户主年龄、户主受教育程度、宅基地处理难度、人均年收入、非农收入占比、民族政策、城市接纳度、语言生活适应性,上述影响因素的系数均为正数,说明户主越年轻、受教育程度越高、宅基地使用权越能得到保障、家庭人均年收入越高、家庭非农收入比越高、城市民族政策越完善、城市对生计转型农户的接纳度越高、家庭越能适应城市的文化和生活习俗,城镇化意愿就越强烈。从显著影响因素的系数大小来看,非农收入占比、家庭人均年收入、城市接纳度、户主受教育程度是重要影响因素。

4. 外出务工型农户城镇化意愿的影响因素

外出务工型农户城镇化意愿的显著影响因素有落户政策、子女入学政策、民族政策、城市接纳度、宗教信仰得到尊重,系数均为正数,说明落户越容易、子女的入学问题越好解决、对民族政策和宗教信仰越能得到尊重,外出务工型农户的城镇化意愿就越强烈,同时也说明落户、子女入学问题和对大城市文化生活的适应是妨碍外出务工型农户城镇化的最大障碍。

5. 外出创业型农户城镇化意愿的影响因素

外出创业型农户城镇化意愿的显著影响因素有乡村情结、家庭经济基础、社会保障政策、宗教信仰得到尊重,四个影响因素的系数均为正数,说明乡村情结越小、家庭经济基础越好、社会保障政策越完善、宗教信仰越是得到尊重,外出创业型农户的城镇化意愿越强烈。从显著因素的系数来看,乡村情结是最重要的影响因素,其次是社会保障政策、家庭经济基础和宗教信仰得到尊重。

6. 不同类型农户城镇化意愿影响因素比较分析

① 经济因素是所有农户都关注的因素,但随着农户生计转型程度的加深,其影响程度减弱。对纯农型农户来说,经济因素是最重要的几乎是唯一的影响因素;家庭人均年收入对村组多元型和县镇多元型农户都有较大的影响,但从系数来看,对县镇多元型农户的影响相对较小;家庭经济基础虽然也影响外出务工型农户的城镇化意愿,但不是最重要的影响因素。

② 家庭劳动力素质是村组多元型和县镇多元型农户关注的因素。从影响系数来看,年

龄对村组多元型农户影响更大,而受教育程度对县镇多元型农户影响更大。这是因为村组多元型农户没有离开农村,如果比较年轻,就更有机会从事非农工作,否则可能就是纯农型农户。而要离开农村成为县镇多元型农户,就需要更高的受教育程度才能胜任城镇对劳动力的要求。

③ 乡村情结对纯农型和创业经商农户都有影响,但对外出创业型农户影响更大。纯农型农户没有离开农村,一些年龄较大的、在农村生活了一辈子的农户也离不开农村;外出创业型农户一般在城市中拼了很长时间,经济条件较好,对城市生活也比较适应,但还有一部分家庭不愿意完全离开农村融入城镇,只是因为浓浓的乡村情结让他们难以割舍。

④ 村组多元型和外出务工型农户都关注落户问题,但落户政策对他们的城镇化意愿影响方向相反。村组多元型农户生活在本地,保留本村户籍能保证集体经济组织提供的一切经济利益不受到损失;外出务工型农户工作生活在本县(市)以外,因没有当地户籍给子女入学甚至就业、买房都带来不便,所以很多外出务工农户迫切希望能在就业的城市入籍。

⑤ 随着生计转型程度的加深,农户更关注社会因素和文化因素。纯农型农户和村组多元型农户生活在本村,社会、文化环境没有变化;生计转型程度越深,农户离原来的生活方式、生活场所越远,社会政策因素可能会促进或妨碍他们的融入,文化因素如城市接纳度、宗教信仰得到尊重会影响他们对新生活的心理感受。

三、农户生计资本对城镇化融入能力的影响

拥有不同生计资本的农户会选择不同的生计方式,而不同生计方式农户的城镇化能力不同,那么生计资本会如何影响农户的城镇化融入能力呢?本部分以研究区生计转型农户的生计资本为自变量,分别以基于融入过程和维度的农户城镇化能力为因变量进行多元线性回归分析,找出影响农户城镇化融入能力的显著影响因素。

(一)生计资本对基于融入过程的农户城镇化能力的影响

以基于融入过程的农户城镇化能力为因变量,取值采用第四章测度的结果,生计资本为自变量,包括人力资本、自然资本、物质资本、金融资本、社会资本,每项资本的测量指标和计量方法见表5-3,利用研究区1529户生计转型农户的相关数据进行多元线性回归分析,分析结果见表5-9和表5-10。

表5-9 基于融入过程的农户城镇化能力影响因素的多元线性回归检验

模型	R	R^2	调整后R^2	标准估算的错误	德宾-沃森值	F	显著性
1	0.759	0.576	0.577	0.124	1.514	78.550	0.000

a. 预测变量:(常量),政府扶贫与保障工作,人均受教育程度,人均园地面积,人均建筑地面积,人均林地面积,家庭人均劳动能力,亲朋帮助,人均旱地面积,人均水田面积,人均年收入,政府培训与指导,人际交往能力,非农劳动力,社会融资能力,人均宅基地面积,务农劳动力,户主受教育程度,户主劳动能力。
b. 因变量:基于融入过程的农户城镇化能力

表5-9中的模型摘要显示了模型的拟合情况,其中复相关系数 R 为0.759,说明农户生计资本的拥有量与农户的城镇化融入能力之间存在线性相关关系。调整后的 R^2 为0.577,这说明生计资本的拥有量能解释农户城镇化融入能力的程度为57.7%,其中 F 统计量为78.550,$P<0.001$,在 $\alpha=0.05$ 的检验水准下,生计资本与基于过程的农户城镇化融入能力之间所拟合的多元线性回归方程具有统计学意义。

表 5-10 基于融入过程的农户城镇化能力的生计资本影响系数

模型	未标准化系数 B	标准误差	标准化系数	t	显著性	B的95%置信区间 下限	B的95%置信区间 上限	容差	VIF
(常量)	0.092	0.025		3.630	0.000	0.042	0.141		
户主劳动能力	0.100***	0.022	0.096	4.527	0.000	0.057	0.143	0.759	1.318
户主受教育程度	0.103***	0.021	0.138	5.021	0.000	0.063	0.143	0.456	2.194
家庭劳动能力	−0.033	0.022	−0.037	−1.505	0.133	−0.077	0.010	0.578	1.731
家庭受教育程度	0.047	0.047	0.038	1.011	0.312	−0.044	0.138	0.236	4.237
务农劳动力人数	−0.039	0.025	−0.043	−1.531	0.126	−0.088	0.011	0.432	2.315
非农劳动力人数	0.121***	0.029	0.143	4.141	0.000	0.063	0.178	0.285	3.511
人均水田	0.072	0.052	0.027	1.371	0.171	−0.031	0.174	0.862	1.160
人均旱地	0.247	0.267	0.019	0.924	0.355	−0.277	0.770	0.853	1.172
人均林地	0.167	0.103	0.031	1.627	0.104	−0.034	0.369	0.967	1.034
人均园地	−0.008	0.051	−0.003	−0.167	0.868	−0.108	0.091	0.956	1.046
人均房屋面积	−0.135***	0.041	−0.080	−3.288	0.001	−0.216	−0.055	0.571	1.751
人均宅基地面积	−0.079	0.076	−0.027	−1.043	0.297	−0.228	0.070	0.494	2.026
人均年收入	0.156***	0.041	0.081	3.778	0.000	0.075	0.237	0.739	1.353
社会融资能力	0.118***	0.012	0.223	9.851	0.000	0.094	0.141	0.665	1.503
政府培训与指导	0.042**	0.019	−0.047	−2.226	0.026	−0.078	−0.005	0.755	1.325
人际交往能力	0.177***	0.012	0.328	14.557	0.000	0.153	0.201	0.673	1.486
亲朋好友资源	0.007	0.009	0.016	0.799	0.424	−0.011	0.025	0.840	1.190
政府扶贫与保障工作	0.087***	0.024	0.085	3.659	0.000	0.040	0.133	0.641	1.560

注:因变量为基于过程的农户城镇化融入能力;***、**分别代表着在1%和5%水平上显著

表 5-10 中,各项生计资本的组成因子的共线性统计的 VIF 值均小于 10,说明各因子之间不存在共线性,可用于分析其对农户城镇化融入能力的影响。

人力资本中户主劳动能力和受教育程度均显著正向影响农户基于过程的城镇化融入能力,从系数来看受教育程度影响略大,这说明了劳动力受教育水平对城镇化的重要性;但家庭劳动力人均受教育程度和人均劳动能力对农户城镇化能力影响不显著,可能因为家庭中有受教育程度较高但年龄偏大的劳动力,他们拉高了家庭劳动力人均受教育程度,但对提升家庭城镇化能力影响不大。在劳动力人数中,非农劳动力人数对农户城镇化能力有显著正向影响,务农劳动力人数有负向影响但不显著,因为非农劳动力首先提高了人口城镇化和经济城镇化水平,其生活方式城镇化程度也更高;但务农劳动力正好相反,影响不显著可能因为生计转型农户农业收入一般较少,给家庭城镇化能力带来的影响有限。

自然资本的四个因子对基于融入过程的农户城镇化能力均没有显著影响,理论上来说,人均农用地面积可能会减小农户的离村能力,从而对城镇化融入能力带来负向影响,但因研究区生计转型农户拥有的水田、旱地、园地面积均很少,承包的林地面积虽稍大但很少集约经营,故不足以形成显著影响。

物质资本中人均房屋面积对农户基于融入过程的城镇化能力有显著负向影响,人均宅基地面积有负向影响但不显著。可能因为当房屋面积较大时,一方面与城镇拥挤的居住环境形

成反差减小农户城镇化的热情,另一方面因农村房屋租赁市场不发达,较大的房屋面积相对更不好处理,于是较大房屋面积形成的拉力减小了农户的离村能力;宅基地面积影响不显著,因宅基地三权分置制度的实施,城镇化并不影响农户对宅基地的权益,从而对农户的离村能力影响不大。

金融资本中人均年收入和社会融资能力对基于融入过程的农户城镇化能力均有显著正向影响,人均年收入和社会融资能力越高,越有利于农户解决在城镇的居住问题,从而提升进城能力;同时较高的人均年收入意味着较好的家庭经济基础和优越的可持续生计能力的支撑,从而提高融城能力。

社会资本中,政府培训与指导、政府扶贫与保障工作、人际交往能力对农户基于融入过程的城镇化能力均有显著正向影响,政府每年投入大量的资金用于对农民的职业培训,提高了农民的非农就业能力;政府的扶贫工作中产业扶贫提升了农户的农业收入,从而提高了农户的经济基础,教育扶贫提升了农民受教育程度,异地搬迁扶贫方便了农户的非农就业,这些都提升了农户的城镇化融入能力。较好的人际交往能力意味着可以更好地利用各种资源提升家庭经济能力和更好地融入城市等,从而提升农户的融城能力。亲朋好友资源对农户进入城镇是有帮助的,但该因子不显著,说明农户要融入城镇,亲朋的作用有限。

总之,人力资本、金融资本、社会资本对基于融入过程的农户城镇化能力有较好的正向影响,物质资本存在负向影响,自然资本对基于过程的农户城镇化能力没有影响。

(二)生计资本对基于融入维度的农户城镇化能力的影响

以基于融入维度的农户城镇化能力为因变量,取值采用第四章测度的结果,生计资本为自变量,指标和计量方法与上文相同,利用研究区 1529 户生计转型农户的相关数据进行多元线性回归分析,分析结果见表 5-11 和表 5-12。

表 5-11 基于融入维度的农户城镇化能力影响因素的多元线性回归检验

模型	R	R^2	调整后 R^2	标准估算的错误	德宾-沃森值	F	显著性
1	0.778	0.606	0.601	0.115	1.290	128.914	0.000

a. 预测变量:(常量),政府扶贫与保障工作,人均受教育程度,人均园地面积,人均建筑地面积,人均林地面积,家庭人均劳动能力,亲朋帮助,人均旱地面积,人均水田面积,人均年收入,政府培训与指导,人际交往能力,非农劳动力,社会融资能力,人均宅基地面积,务农劳动力,户主受教育程度,户主劳动能力。

b. 因变量:基于融入维度的农户城镇化能力

表 5-11 中的模型摘要显示了模型的拟合情况,其中复相关系数 R 为 0.778,说明农户生计资本的拥有量与基于融入维度的农户的城镇化能力之间存在线性相关关系。调整后的 R^2 为 0.601,这说明生计资本的拥有量能解释农户城镇化融入能力的程度为 60.1%;F 统计量为 128.914,$P<0.001$,在 $\alpha=0.05$ 的检验水准下,农户拥有的生计资本与基于融入维度的城镇化能力之间所拟合的多元线性回归方程也具有统计学意义。

人力资本中,家庭受教育程度对基于融入维度的农户城镇化能力有显著正向影响,劳动力人数有显著负向影响,户主和家庭劳动能力、户主受教育程度没有显著影响。这说明整个家庭要从经济、文化、社会各个方面融入城镇,单靠户主的力量是不行的;务农劳动力人数负相关与上文的原因相同,非农劳动力人数也在 5% 的水平上负相关,因为家庭人口越多,农户家庭要融入城镇的难度越大。

自然资本中,人均旱地在 5% 的水平上显著正相关,人均水田、人均林地、人均园地不相关。虽然自然资本在融入过程中会对农户产生拉力,但在基于维度的融入中越多的自然资本越利于农户积累家庭经济基础,从而提升城镇化能力,但因研究区农户的园地、林地带来的收益很少,耕地资源中旱地多于水田,所以只有旱地显著提升基于融入维度的农户城镇化能力。

物质资本中人均房屋面积和人均宅基地面积均对基于融入维度的农户城镇化能力没有显著影响,虽然理论上来说物质资本影响经济融入能力,但即使是宅基地实行三权分置,房屋可以出租,由于农村房屋租赁需求非常有限,绝大多数农户也无法从房屋、宅基地的经营中获取收益。

表 5-12 基于融入维度的农户城镇化能力的生计资本影响系数

模型	未标准化系数 B	标准误差	标准化系数	t	显著性	B 的 95% 置信区间 下限	上限	共线性统计 容差	VIF
(常量)	0.142	0.023		6.070	0.000	0.096	0.188	0.759	1.318
户主劳动能力	0.004	0.020	0.004	0.193	0.847	−0.036	0.044	0.456	2.194
户主受教育程度	−0.028	0.019	−0.035	−1.464	0.143	−0.065	0.009	0.578	1.731
家庭劳动能力	−0.017	0.021	−0.018	−0.838	0.402	−0.057	0.023	0.236	4.237
家庭受教育程度	0.209***	0.043	0.161	4.837	0.000	0.124	0.293	0.432	2.315
务农劳动力人数	−0.123***	0.023	−0.129	−5.255	0.000	−0.169	−0.077	0.285	3.511
非农劳动力人数	−0.067**	0.027	−0.076	−2.495	0.013	−0.120	−0.014	0.862	1.160
人均水田	−0.078	0.048	−0.028	−1.611	0.107	−0.173	0.017	0.853	1.172
人均旱地	0.525**	0.247	0.037	2.123	0.034	0.040	1.010	0.967	1.034
人均林地	0.060	0.095	0.010	0.632	0.527	−0.127	0.247	0.956	1.046
人均园地	−0.088	0.047	−0.031	−1.869	0.062	−0.181	0.004	0.571	1.751
人均房屋面积	0.018	0.038	0.010	0.470	0.638	−0.057	0.093	0.494	2.026
人均宅基地面积	−0.034	0.070	−0.011	−0.482	0.630	−0.172	0.104	0.739	1.353
人均年收入	0.148***	0.038	0.073	3.873	0.000	0.073	0.223	0.665	1.503
社会融资能力	0.216***	0.011	0.387	19.534	0.000	0.195	0.238	0.755	1.325
政府培训与指导	0.053***	0.017	0.057	3.077	0.002	0.019	0.087	0.673	1.486
人际交往能力	0.229***	0.011	0.399	20.258	0.000	0.206	0.251	0.840	1.190
亲朋好友资源	0.006	0.008	0.013	0.709	0.478	−0.011	0.023	0.641	1.560
政府扶贫与保障工作	0.114***	0.022	0.104	5.164	0.000	0.070	0.157	0.759	1.318

注:因变量为基于融入维度的农户城镇化能力;***、**分别代表着在1%和5%水平上显著

金融资本中人均年收入和社会融资能力对基于融入维度的农户城镇化能力均有显著正向影响,人均年收入和社会融资能力直接影响农户的经济融入能力,而经济融入能力是农户城镇化融入的最核心的能力,不仅是农户城镇化融入的基础,还影响社会和文化融入。

社会资本中,政府培训与指导、政府扶贫与保障工作、人际交往能力均对基于融入维度的农户城镇化能力有显著正向影响,政府培训、扶贫等工作提升了农户的经济融入能力,完善的社会保障工作提升了农户的社会融入能力,人际交往能力是一种综合素质的反映,对经济、社会、文化的融入都有正向影响。

总之,金融资本、社会资本对基于融入维度的农户城镇化能力有较好的正向影响,人力资本中家庭劳动力受教育程度、自然资本中旱地面积也有一定的正向影响;但劳动力人数存在负向影响,房屋、宅基地等物质资本对基于融入维度的农户城镇化能力没有影响。

四、本章小结

农户生计转型与城镇化密切相关,区域城镇化水平影响农户生计选择,反过来,不同生计方式农户的城镇化意愿不同,同时拥有不同的生计资本意味着拥有不同的城镇化融入能力。

城镇化发展水平越高的地区,农户越有机会就地城镇化,同时可能获得更高的家庭收入,从而促进家庭物质积累,更有能力提升人力资本,而更优越的人力资本进一步促进社会进步、城镇化发展,从而形成良性循环。

不同类型农户的城镇化意愿影响因素不同。家庭经济基础和可持续生计能力对纯农型农户的城镇化意愿影响显著;家庭人均年收入、劳动力年龄和受教育程度对村组多元型农户的城镇化意愿影响显著;县镇多元型农户除受家庭人均年收入、劳动力年龄和受教育程度因子影响外,还受城市接纳度等社会融入因素影响;外出务工型农户最关心的是子女入学、城市落户、生活习惯与民族文化的适应度等因子;外出创业型农户一般城镇化意愿较强,乡村情结是重要的负向影响因素。总之,随着生计转型程度的加深,农户更关注社会因素和文化因素。

农户拥有的生计资本影响着他们的城镇化融入能力,其中金融资本、社会资本、人力资本中受教育程度是重要的正向影响因素,但当家庭人口多、受教育程度又不高时,农户较难融入城镇;农地等自然资本、房屋、宅基地等物质资本的拥有量对农户的城镇化融入可能形成反向拉力,但影响很小。

第六章 精准扶贫对农户城镇化融入能力的影响分析

精准扶贫和城镇化建设是我国经济领域紧密相连的两项工作,我国的扶贫工作从2013年习近平总书记提出精准扶贫的工作思路开始,到2020年的全面脱贫,成绩卓越。城镇化以位置效应和经济联动效应助力贫困户减贫,反过来精准扶贫工作通过资金、教育、产业、制度等多样化的扶贫手段使农户进行多元化、非农化的生计方式转型,在提高农户收入和提升农户的可持续生计能力的同时,也增强了农户的城镇化意愿,提升了农户的城镇化融入能力。本章在测度精准扶贫工作成效的基础上,分析精准扶贫对农户城镇化融入能力的影响。

一、精准扶贫影响农户城镇化融入能力的理论分析

(一)理论框架

农村贫困率和城镇化率存在反向相关关系(李秉文,2018),精准扶贫使农户脱贫的同时可提升农户的城镇化融入能力。我国的贫困区域主要在边疆少数民族地区,很多集中连片发生,精准扶贫工作不仅要识别贫困区县,更要识别贫困村,对贫困户建档立卡,通过对每一个贫困对象的帮扶达到户脱贫、村出列、县退出、区域减贫的目标;扶贫工作的主要手段和措施有直接资金扶贫、教育扶贫、产业扶贫、异地搬迁与生态补偿扶贫、制度创新扶贫等,这些手段或直接增加了农户的经济收入,或通过提升人力资本间接增加农户收入,或通过丰富农户的生计方式增强其生计的稳定性,或为农户创建更美好的自然和社会文化环境,总之,全面增加了农户的人力、社会、自然、物质和金融资本,从而增强了农户的城镇化意愿,提升了农户的城镇化融入能力,见图6-1。

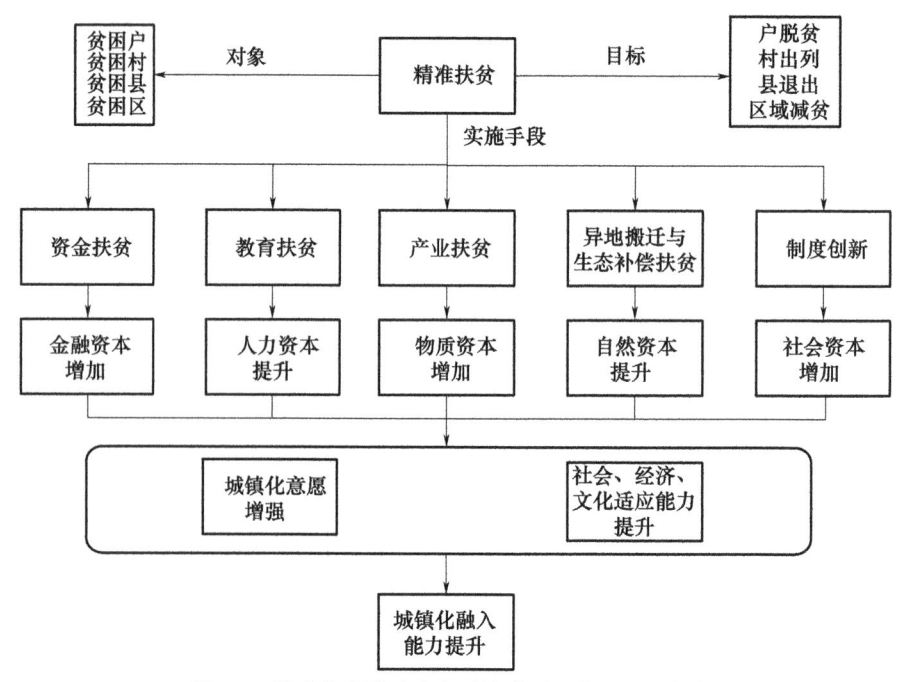

图6-1 精准扶贫影响农户城镇化融入能力理论框架

(二)影响过程

资金扶贫是对贫困户直接进行资金补贴,各地对不同贫困程度的家庭补贴标准不同,资金扶贫直接增加了农户的可支配收入,是最受欢迎的一种扶贫手段。教育扶贫有针对全日制普通教育学生的直接资金扶贫和免费职业教育扶贫,普通教育扶贫减轻了教育支出,提高了贫困家庭人口受教育程度,从根本上提高了劳动力素质;职业教育扶贫通过发挥补偿性和发展性功能,帮助贫困家庭劳动力改善就业、扩充社会关系网络和认同城市文明,在缩小物质贫困、消解能力贫困和消弭精神贫困方面有着巨大价值(朱德全 等,2018)。产业扶贫结合区域资源优势,充分发挥区域特色,增强农村造血功能,振兴乡村经济,缩小城乡差距,降低了农户生计脆弱性;如各种类型的农业产业扶贫可延长农业产业链条,增加农产品附加值;少数民族地区的旅游业扶贫可发挥民族地区自然、文化特色;城郊休闲产业扶贫在增加农户收入的同时,改善了人居环境,有些地区直接带来了整个村镇的就地城镇化(赖斌 等,2016)。异地搬迁和生态补偿扶贫不仅修复了生态环境、改善了搬迁户的居住条件,同时相对集中的居住提高了基础设施利用效率,创造了服务性需求,为农户的非农就业创造了条件。针对贫困户的制度创新如低保政策、医疗保障制度、保障房政策等降低了贫困户的各类生活成本,使脱贫在制度上得到保障,增强了贫困户的信心,让生计转型贫困户也有了城镇化的机会。总之,精准扶贫政策显著缩小了城乡居民收入差距(刘梦航 等,2020),为生计转型农户市民化提供了初始的经济支持。

二、精准扶贫工作成效的测度

对于区域贫困和反贫困绩效的测度,可基于多维贫困视角对期初和期末的贫困状况进行考察、识别、测度和比较分析;也可建立指标体系,利用层次分析法从经济发展水平、社会发展水平、人文发展水平、生态环境发展水平等层面进行分析(王馨婕,2019)。本书从农户视角研究精准扶贫工作成效,分别从主观成效和客观成效两个方面进行测度。

(一)构建精准扶贫观测变量评价指标体系

从农户视角对精准扶贫工作成效进行评价,农户较少关注反映区域经济、社会、人文水平的指标,而更多关注自身的主观感受,本研究选取了"对精准扶贫工作的总体评价"这一主观指标;另外,由于本研究是精准扶贫对城镇化的影响,故还选取了"政府的职业技能培训与指导对家庭生计转型的作用"这一与城镇化直接相关的主观评价指标;在客观成效上,"家庭人均收入的变化情况"是非常重要和直接的观测变量。综上所述,精准扶贫观测变量评价指标体系如表6-1所示。

表6-1 精准扶贫观测变量评价指标体系

	观测变量	变量代码	变量描述
精准扶贫成效	对精准扶贫工作的总体评价	A1	很差=1,较差=2,一般=3,较好=4,很好=5
	政府的职业技能培训与指导对家庭生计转型的作用	A2	很小=1,较小=2,一般=3,较大=4,很大=5
	家庭人均收入的变化情况	A3	显著减少=1,减少=2,无明显变化=3,增加=4,显著增加=5

(二)研究区精准扶贫工作成效

1.精准扶贫工作主观成效

(1)农户对精准扶贫工作的总体评价

如图6-2所示,研究区1635户调研农户对于精准扶贫工作总体评价为"一般"的农户有

831户,占50.8%;评价为"较好"和"很好"的农户一共有480户,占29.4%;评价为"很差"的农户占2.9%;说明农户对精准扶贫工作的总体评价尚可,但还有较大上升空间。农户们认为研究区精准扶贫工作对贫困户的精准识别做得很好,资金扶贫和教育扶贫公平有成效,制度扶贫普通受到好评;异地搬迁与生态补偿扶贫受到了大多数被搬迁农户的欢迎,少数农户认为给他们的农业生产带来不便;产业扶贫中对区域的优势产业把握不准,扶持产业的可持续发展能力不强,导致产业扶贫资金使用效率不高。

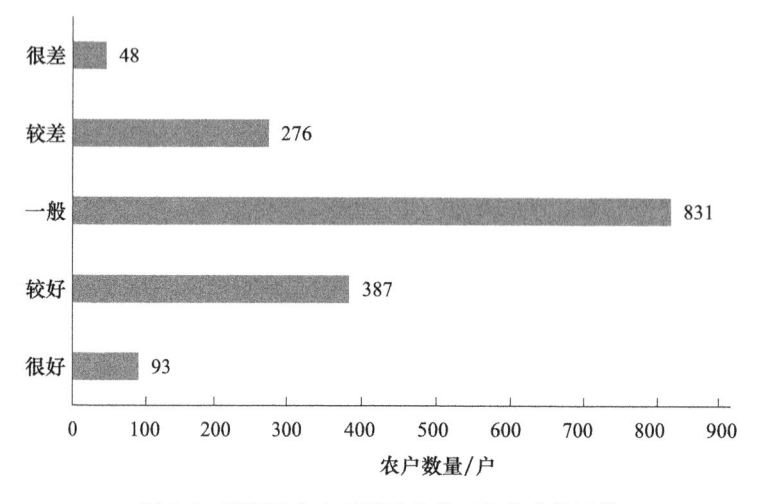

图 6-2 研究区农户对精准扶贫工作的总体评价

(2)政府的职业技能培训与指导对家庭生计转型的作用

从农业到非农就业的转型,给农户的职业技能提出了新的挑战,快速的社会经济转型扩大了这种结构性失业,政府对农民提供各类职业技能培训与指导,以期提升农民对新职业、新身份的适应度。图 6-3 是农户对政府的职业技能培训与指导在自身生计转型中的作用的评价,绝大多数农户认为作用很小,这首先是由于在数目浩大的农民群体中接受过培训的人数较少,其次也说明职业教育扶贫实用性还不高,当然也有少数农户认为作用很大,让他们成功实现了生计转型。

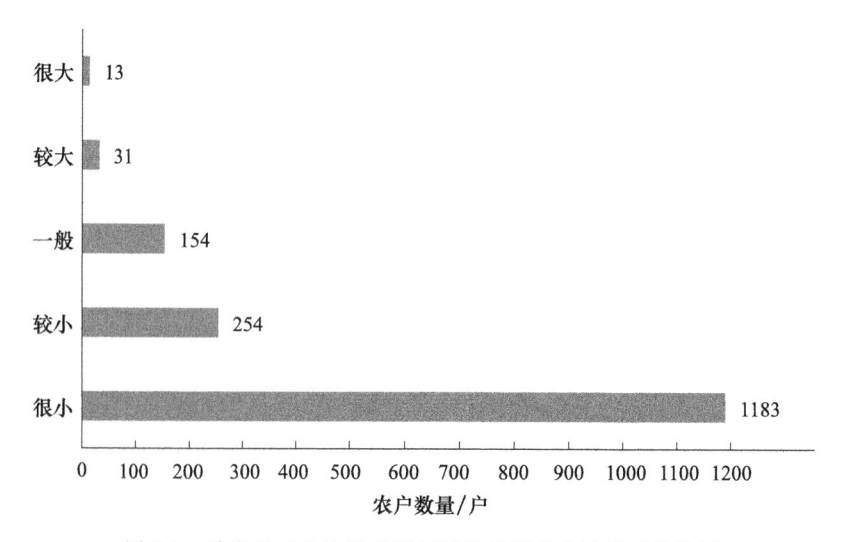

图 6-3 政府的职业技能培训与指导对家庭生计转型的作用

2. 精准扶贫工作客观成效

人均可支配收入是衡量家庭经济状况的重要客观指标,本项目调查了农户从 2013 年至 2017 年近五年的家庭人均收入变化情况,如图 6-4 所示,87 户农户认为家庭人均收入"减少"和"显著减少",1027 户认为"增加",124 户认为"显著增加",总之,70.4%的农户近五年家庭人均可支配收入增加了,结合精准扶贫的主观成效,可知其中有精准扶贫的贡献。

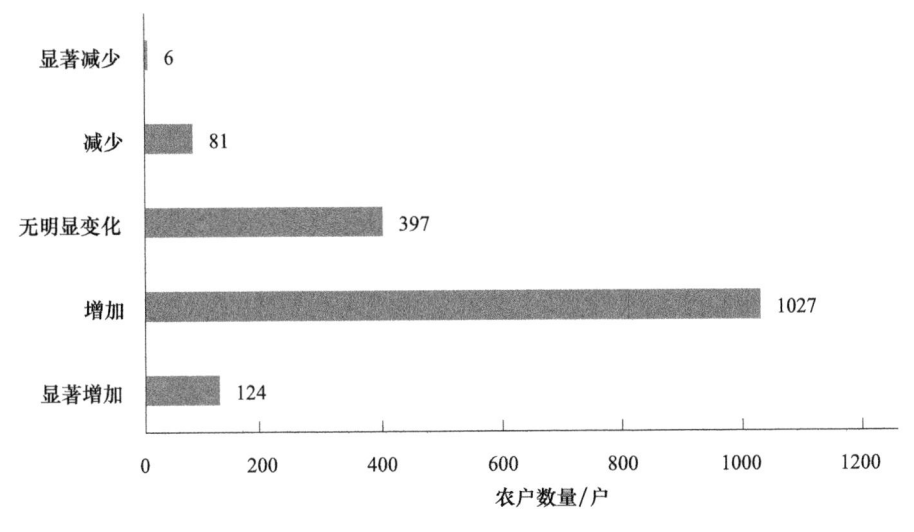

图 6-4 研究区农户家庭 2013—2017 年人均收入变化情况

三、构建精准扶贫影响农户城镇化融入能力的结构方程模型

精准扶贫与农户的城镇化融入能力之间存在着复杂的关系,由于两者都是不能够被直接衡量的变量,若采用简单的方程分析会产生较大的误差,但结构方程模型(Structural Equation Modeling,SEM)可描述潜在变量之间的因果关系以及模型中其他变量无法解释的随机误差项部分,于是本书采用结构方程模型来分析两者之间的关系。

(一)构建精准扶贫与农户城镇化融入能力测量模型

1. 测量方程

构建精准扶贫影响农户城镇化融入能力的结构方程模型,首先需要对精准扶贫和农户城镇化融入能力这两个潜在变量进行测量,测量模型见式(6-1)。

$$X = A_X \xi + \delta$$
$$Y = A_Y \eta + \varepsilon$$
(6-1)

式中,构建外生潜在变量和内生潜在变量测量方程。X 和 Y 分别是外生和内生观测变量,ξ 和 η 分别是外生潜在变量和内生潜在变量,A_X 和 A_Y 是观测变量 X 和 Y 的因素负荷量,δ 和 ε 是观测变量的测量误差。

2. 构建观测变量指标体系

精准扶贫为外生潜在变量,农户城镇化融入能力为内生潜在变量,精准扶贫的观测变量评价指标体系上文已进行分析,见表 6-2;农户城镇化融入能力观测变量评价指标体系采用第四章基于融入维度的城镇化融入能力测度模型,见表 6-3。

表 6-2 精准扶贫的观测变量评价指标体系

变量定义	潜在变量	观测变量
外生潜在变量	精准扶贫成效	农户对精准扶贫工作的总体评价(A1)
		政府的职业技能培训与指导对家庭生计转型的作用(A2)
		近五年家庭人均收入变化情况(A3)

表 6-3 农户城镇化融入能力的观测变量评价指标体系

变量定义	潜在变量	观测变量
内生潜在变量	经济适应能力	户主职业类型(B1)
		家庭经济基础(B2)
		城市房价(B3)
		社会融资能力(B4)
		可持续生计能力(B5)
		人际交往能力(B6)
	社会身份适应能力	落户政策(C1)
		社会保障(C2)
		民族政策(C3)
		子女入学政策(C4)
	文化认同能力	年龄(D1)
		受教育程度(D2)
		城市接纳度(D3)
		宗教信仰得到尊重(D4)
		语言生活习俗适应性(D5)

3.测量模型的检验

上述量表在对精准扶贫和农户城镇化融入能力进行度量时是否具有稳定性和一致性,信度检验的结果见表6-4,Cronbach's alpha 系数为0.694,大于最低可接受标准0.5,具有可接受的信度水平。

表 6-4 可靠性统计量

Cronbach's alpha	项数
0.694	18

表 6-5 的效度分析结果表明,研究所需的 18 个指标的样本数据的 KMO 统计量的值为 0.832,说明可以用来做因子分析;Bartlett 球形检验,$P<0.001$,拒绝单位相关阵的原假设,说明数据存在良好的结构效度。

表 6-5 KMO 和 Bartlett 球度检验表

KMO 统计量		0.832
Bartlett 球形检验	近似卡方	8076.687
	自由度	153
	显著水平	0.000

(二)结构方程模型分析的基本步骤

建立结构方程模型的基本环节见图6-5,它大体上可以分为模型构建、模型拟合、模型修正和模型结果的分析和讨论五部分。

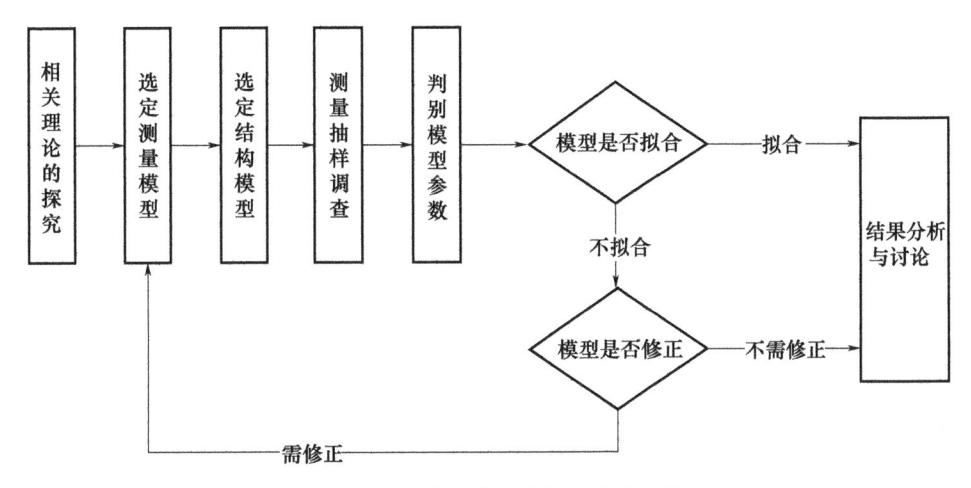

图 6-5 结构方程模型分析的基本步骤

(三)研究框架及研究假设

前面关于精准扶贫影响农户城镇化融入能力的理论分析表明,资金扶贫和产业扶贫直接提升农户的经济适应能力,王凯等(2020)采用SBM模型对武陵山片区农户2010—2016年的旅游扶贫效率和经济发展水平进行耦合分析发现两者的耦合度较高,处于良性协调发展状态,扶贫效率与经济发展水平之间呈现显著的双向正向关系;扶贫政策的实施不仅显著提升区县经济的发展,并且也会对周边地区产生正向溢出效应(张国建 等,2019)。经济活动需要一定的区域,文化作为这种区域的核心,也会对经济产生影响,而精准扶贫在对经济进行扶贫的同时也推动了文化的发展。同时对个体而言,较强的经济能力意味着较强的支付能力,当农户能够支付提升人力资本的成本时,就有机会提升文化认同能力和社会身份适应能力。

假设1:精准扶贫对农户经济适应能力存在正向影响关系。

假设2:农户经济适应能力对社会身份适应能力存在正向影响关系。

假设3:农户经济适应能力对文化认同能力存在正向影响关系。

在社会身份适应能力方面,黄薇(2019)在分析中国的保险政策和减贫关系时提出,倾斜性保险扶贫政策能够增加农户的收入和支出福利,两者具有显著的正向影响。李傲(2019)通过计量模型对内蒙古牧区农户进行研究发现保险政策对农户的消费信心,消费支出有所增加,从而促进整体生活质量的提升。同样地,教育扶贫作为一种制度规范措施以及相应的制度体系对贫困农户的思想观念和行为方式会产生一定的影响,并随着时间的变化而不断变化(袁利平 等,2020)。

假设4:精准扶贫对农户社会身份适应能力存在正向影响关系。

假设5:农户社会身份适应能力对文化认同能力存在正向影响关系。

在文化认同能力方面,教育扶贫有助于提高农户家庭整体文化和人力资本水平,提升内生性脱贫的能力和转变发展观念,摆脱贫困的代际传递,实现生计的可持续发展(蒙泽察 等,2020);青觉等(2017)通过对民族地区进行分析发现,地区贫困在很大程度上与文化有关,教育扶贫可以提升农户家庭的教育水平和职业技能。

假设6:精准扶贫对农户文化认同能力具有正向影响关系。

(四)模型构建

在上述研究假设的基础上,构建图6-6的精准扶贫影响农户城镇化融入能力初始结构方程模型,即精准扶贫成效影响农户城镇化经济适应能力、社会身份适应能力和文化认同能力,农户经济适应能力影响社会身份适应能力和文化认同能力,社会身份适应能力影响文化认同能力,共六条影响路径。

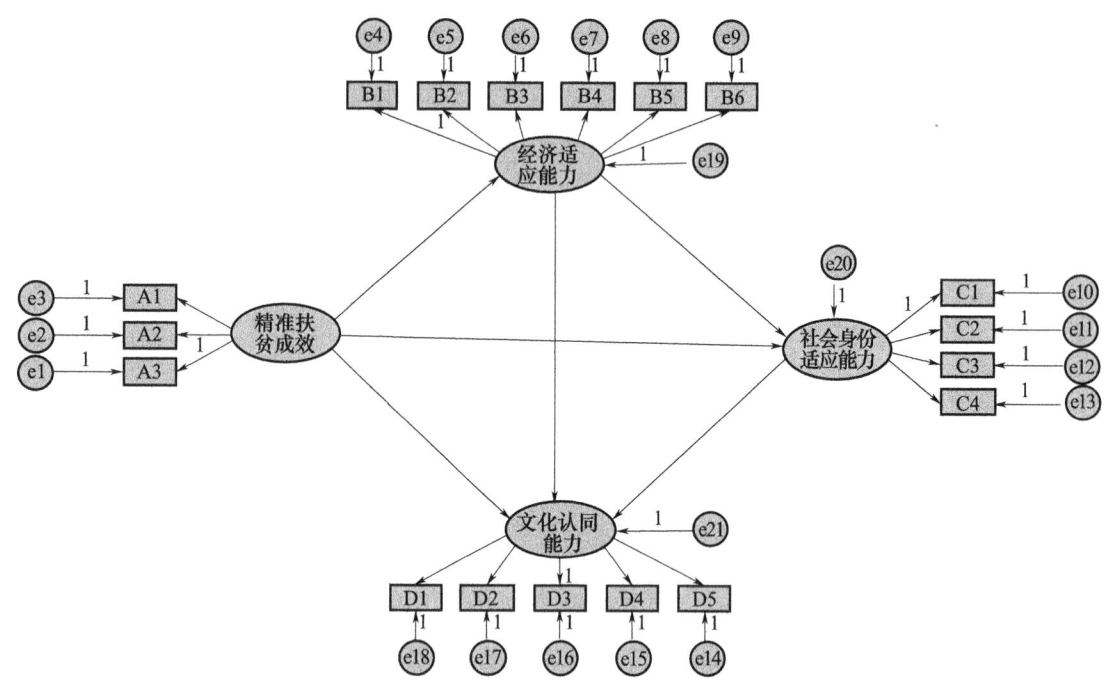

图6-6 精准扶贫对农户城镇化融入能力影响初始结构方程模型

注:图中椭圆形、矩形、单箭头分别代表潜在变量、观测变量和因果关系

四、模型拟合评价与修正

(一)初始结构模型拟合与评价

1. 观测变量正态性检验

在通过AMOS软件用极大似然法求解出模型拟合度和参数估计值之前,先需要对观测变量进行正态性检验,检验结果见表6-6,观测变量的偏度系数均小于3,峰度系数均小于8,说明观测变量均通过了正态性检验。

表6-6 结构方程模型观测变量的正态性检验

观测变量	最小值	最大值	偏度系数	偏度系数临界比	峰度系数	峰度系数临界比
A1	1	5	−0.024	−0.393	0.164	1.356
A2	1	5	1.954	32.255	3.506	28.935
A3	1	5	0.762	12.576	1.066	8.8

续表

观测变量	最小值	最大值	偏度系数	偏度系数临界比	峰度系数	峰度系数临界比
B1	1	10	−0.237	−3.907	−1.445	−11.93
B2	1	5	−0.55	−9.08	−0.695	−5.737
B3	1	5	−0.645	−10.648	−0.848	−6.999
B4	1	5	0.234	3.867	−1.029	−8.496
B5	1	5	−0.541	−8.938	−0.831	−6.858
B6	1	5	0.465	7.671	−0.868	−7.168
C1	1	5	1.32	21.791	0.814	6.715
C2	1	5	0.98	16.181	0.001	0.005
C3	1	5	1.813	29.921	2.514	20.751
C4	1	5	1.153	19.033	0.369	3.049
D1	1	5	0.584	9.646	−0.88	−7.265
D2	1	5	0.237	3.908	0.27	2.231
D3	1	5	0.337	5.567	−0.109	−0.9
D4	1	5	0.99	16.345	0.232	1.916
D5	1	5	0.647	10.673	−0.53	−4.377

2. 模型拟合度评价

从模型基本拟合度、整体拟合度和内在结构拟合度三个方面对模型拟合度进行评价。

(1) 模型基本拟合度评价

模型基本拟合度主要评价精准扶贫成效观测变量、农户城镇化融入能力观测变量与其各自对应的潜变量之间的基本拟合度。利用 AMOS24.0 软件对观测模型进行初始检验后发现，除 D1、D2 外，观测变量对各自潜变量的标准化因子载荷分布在 0.45～0.761，大多数符合大于 0.5 的因子载荷标准，标准误差较小且没有负值，都具有显著性，说明初始模型基本拟合度尚可，见表 6-7。

表 6-7 初始结构方程模型观测变量在其潜变量上的因子载荷

观测变量	观测变量与潜变量的关系	潜变量	非标准化估计	标准化估计	标准误差	临界比	P
A1	←	精准扶贫成效	0.706	0.45	0.064	11.026	***
A2	←	精准扶贫成效	1	0.679			
A3	←	精准扶贫成效	0.721	0.52	0.041	4.94	***
B1	←	经济适应能力	0.963	0.488	0.091	10.619	***
B2	←	经济适应能力	0.936	0.761	0.034	27.2	***
B3	←	经济适应能力	1	0.73			
B4	←	经济适应能力	0.858	0.659	0.036	23.98	***
B5	←	经济适应能力	0.897	0.683	0.036	24.785	***
B6	←	经济适应能力	0.833	0.641	0.036	23.375	***
C1	←	社会身份适应能力	0.939	0.642	0.042	22.437	***
C2	←	社会身份适应能力	1	0.729			

续表

观测变量	观测变量与潜变量的关系	潜变量	非标准化估计	标准化估计	标准误差	临界比	P
C3	←	社会身份适应能力	0.772	0.731	0.031	24.876	***
C4	←	社会身份适应能力	0.766	0.545	0.04	19.324	***
D1	←	文化认同能力	−0.079	−0.094	0.024	−3.328	***
D2	←	文化认同能力	−0.041	−0.038	0.031	−1.342	0.18
D3	←	文化认同能力	1	0.729			
D4	←	文化认同能力	0.718	0.648	0.034	21.189	***
D5	←	文化认同能力	0.962	0.755	0.043	22.505	***

注：***指P值小于0.001，后续表意义相同

(2) 模型整体拟合度评价

整体拟合度是判断模型是否完善的主要指标。借鉴相关文献和研究方法，本研究选取绝对拟合指数、相对拟合指数和简约拟合指数来衡量，见表6-8。

表6-8 模型拟合指数及其评价标准

	名称	评价标准
绝对拟合指数	CMIN/DF（CMIN为卡方；DF为自由度）	CMIN/DF<3为拟合良好；3~5为可接受
	RESEA（近似误差均方根）	RESEA<0.08时模型拟合良好
相对拟合指数	NFI（常规拟合指数）	NFI>0.8时为可接受
	IFI（增量拟合指数）	IFI>0.8时为可接受
	CFI（比较拟合指数）	CFI>0.8时为可接受
简约拟合指数	PNFI（简约基准拟合指数）	PNFI>0.5时模型拟合良好
	PCFI（简约拟合指数）	PCFI>0.5时模型拟合良好

利用AMOS24.0软件对模型进行整体拟合度检验，结果见表6-9。RESEA（近似误差均方根）为0.085，与评价标准小于0.08略有偏离；CMIN/DF（卡方自由度比）为3.764，属于3~5的区间为可接受；模型绝对拟合度尚可接受。NFI（常规拟合指数）为0.797，比评价标准大于0.8略小；IFI（增量拟合指数）为0.81，CFI（比较拟合指数）为0.809，均高于标准值0.8；模型相对拟合度可接受。PNFI（简约基准拟合指数）为0.672，PCFI（简约拟合指数）为0.682，均高于标准值0.5；模型简约拟合度良好。模型整体拟合度为可接受。

表6-9 初始结构方程模型拟合指数

拟合指数	CMIN/DF	RMSEA	NFI	IFI	CFI	PNFI	PCFI
初始值	3.764	0.085	0.797	0.81	0.809	0.672	0.682

(3) 模型内在结构拟合度评价

结构方程模型由各个潜变量之间的路径关系组成。利用AMOS24.0软件对初始模型进行检验后发现，初始模型研究假设的六条影响路径有五条通过了显著性检验，标准化路径系数均为正数，说明这些假设的潜变量之间存在正向影响关系，基本符合研究假设；而精准扶贫成效影响农户文化认同能力的路径没有通过显著性检验，该假设应当剔除，减少其对模型的影响。

总体来说，初始模型基本拟合度尚可，大多数观测变量对各自潜变量的标准化因子载荷符

合大于0.5的因子载荷标准,存在较强的解释力;模型整体拟合度为可接受;模型内在结构中有一条路径没有通过显著性检验。所以初始结构模型拟合度尚可,但达不到最优模型的水平,需要进行修正,见表6-10。

表6-10 初始结构方程模型路径参数估计

潜变量	潜变量之间的路径关系	潜变量	非标准化估计	标准化估计	S.E.	C.R.	P
经济适应能力	←	精准扶贫成效	0.504	0.274	0.078	6.455	***
社会身份适应能力	←	精准扶贫成效	0.859	0.593	0.087	9.847	***
社会身份适应能力	←	经济适应能力	0.23	0.292	0.026	8.749	***
文化认同能力	←	精准扶贫成效	0.086	0.055	0.094	0.913	0.361
文化认同能力	←	社会身份适应能力	0.597	0.558	0.067	8.935	***
文化认同能力	←	经济适应能力	0.124	0.147	0.029	−4.239	***

(二)初始结构模型修正与评价

1. 模型修正

结构方程模型修正通常从以下四个方面来进行调整:一是不增加或删减外生或内生变量的个数,增加或删减各潜变量之间的路径关系;二是不增加或删减外生或内在变量,也不增加或删减各潜变量之间的路径关系,只修正残差的协方差;三是增加或删减内生变量的数量;四是内生变量数量不变的基础上,增加或删减外生变量的数量。

本书采取前三种修正方法,即删去显著性不达标的潜变量之间的路径关系;根据修正系数修正MI值较大的残差的协方差;删减内生变量的数量。具体操作步骤为:一是将"文化认同能力←精准扶贫成效"这条路径关系删去;二是删去标准化因子载荷小于0.1的户主年龄(D1)和户主受教育程度(D2);三是依据修正系数,增加残差相关关系,具体增加的残差相关关系见表6-11,可以看出,这些修正指数参数均通过了显著性检验,且临界值比超过了1.96。

表6-11 修正指数参数估计

误差变量	共变关系	误差变量	非标准化估计	标准化估计	标准误差	临界比	P
e5	↔	e6	0.351	0.357	0.032	10.947	***
e15	↔	e16	0.158	0.226	0.028	5.711	***
e11	↔	e13	0.065	0.09	0.023	2.815	0.005
e7	↔	e8	0.332	0.441	0.032	10.344	***
e4	↔	e9	0.18	0.058	0.084	2.14	0.032

首先是e5和e6,分别是经济适应能力中家庭经济基础和城市房价的误差变量,家庭经济基础的好坏通常可以影响农户在面临高昂城市房价时的态度,所以从理论上来说,二者存在一定相关关系;其次是e15和e16,分别是文化认同能力中城市接纳度和宗教信仰得到尊重的误差变量,城市接纳度一定程度上包含了对于民族地区农户的宗教信仰等行为和文化的接纳和包容;然后是e11和e13,分别是社会身份适应能力中的社会保障政策和子女入学政策,通常来

说,农户进入城市以后,如果要在城市扎根定居,最关心的就是社会保障政策和子女入学政策,两者息息相关,存在一定的相关关系;最后是 e7 和 e8 以及 e4 和 e9,分别是经济适应能力中户主职业和人际交往能力以及社会融资能力和人际交往能力的误差变量,经济适应能力的各个观测变量互相影响,环环相扣,存在一定的相关关系。综上所述,上述误差变量之间可能存在某种程度上的共变关系。

2. 修正模型的评价

(1)修正模型的基本拟合评价

如表 6-12 所示,观测变量对各自潜变量的标准化因子载荷分布在 0.501~0.856,全部符合大于 0.5 的因子载荷标准,标准误差均较小且没有负值,都具有显著性,所以修正后的结果方程模型基本拟合度较好,精准扶贫成效和农户城镇化融入能力的观测变量均对各自对应的潜变量具有较强的解释力。

表 6-12 修正结构方程模型观测变量在其潜变量上的因子载荷

观测变量	观测变量与潜变量的关系	潜变量	非标准化估计	标准化估计	标准误差	临界比	P
A1	←	精准扶贫成效	1	0.668			
A2	←	精准扶贫成效	0.73	0.508	0.065	11.2	***
A3	←	精准扶贫成效	0.707	0.562	0.041	4.991	***
B1	←	经济适应能力	0.986	0.501	0.092	10.677	***
B2	←	经济适应能力	0.839	0.673	0.037	22.854	***
B3	←	经济适应能力	0.868	0.626	0.04	21.499	***
B4	←	经济适应能力	1	0.758			
B5	←	经济适应能力	0.991	0.744	0.044	22.578	***
B6	←	经济适应能力	0.885	0.673	0.039	22.968	***
C1	←	社会身份适应能力	0.942	0.629	0.044	21.472	***
C2	←	社会身份适应能力	1	0.713			
C3	←	社会身份适应能力	0.811	0.752	0.033	24.318	***
C4	←	社会身份适应能力	0.739	0.514	0.039	18.752	***
D1	←	文化认同能力	1	0.856			
D2	←	文化认同能力	0.555	0.546	0.038	14.582	***
D3	←	文化认同能力	0.81	0.644	0.051	15.93	***

(2)修正模型的整体拟合评价

修正模型的整体拟合度结果见表 6-13,与初始模型相比,各项拟合指数均有改善,CMIN/DF 和 RMSEA 达到了拟合良好范围,NFI 达到了可接受范围,表明修正后的模型整体拟合度良好。

表 6-13 修正结构方程模型拟合指数

拟合指数	CMIN/DF	RMSEA	NFI	IFI	CFI	PNFI	PCFI
初始值	3.764	0.085	0.797	0.81	0.809	0.672	0.682
修正值	2.884	0.075	0.874	0.885	0.884	0.684	0.693

(3)修正模型的内在结构拟合评价

如表 6-14 所示,修正后的模型的路径系数均通过了显著性检验,且标准误差较小。在修

第六章 精准扶贫对农户城镇化融入能力的影响分析

正模型中精准扶贫成效对农户经济适应能力、社会身份适应能力有显著正向影响;农户经济适应能力对社会身份适应能力、文化认同能力有显著正向影响;农户社会身份适应能力对文化认同能力有显著正向影响。修正后的结构方程模型见图6-7。

表6-14 修正结构方程模型路径参数估计

潜变量	潜变量之间的路径关系	潜变量	非标准化估计	标准化估计	S.E.	C.R.	P
经济适应能力	←	精准扶贫成效	0.61	0.33	0.081	7.524	***
社会身份适应能力	←	精准扶贫成效	0.842	0.585	0.088	9.608	***
社会身份适应能力	←	经济适应能力	0.228	0.293	0.027	8.365	***
文化认同能力	←	社会身份适应能力	0.724	0.606	0.048	15.152	***
文化认同能力	←	经济适应能力	0.1	0.108	0.031	−3.206	0.001

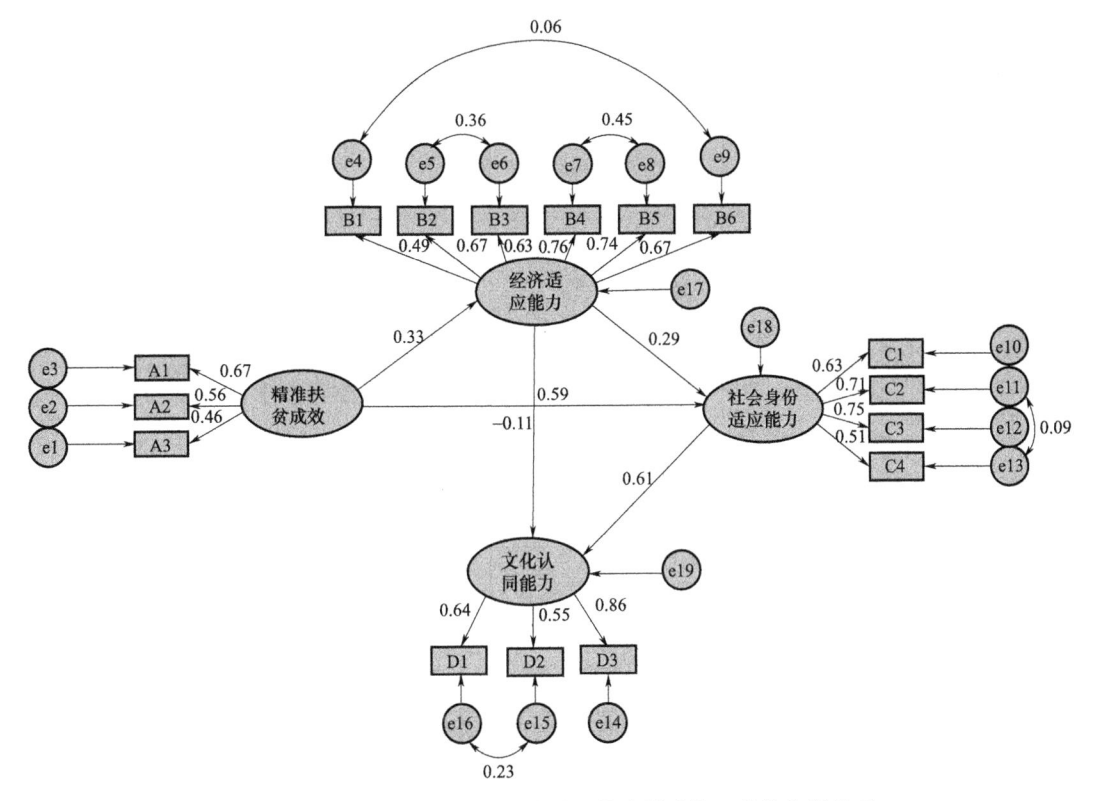

图6-7 精准扶贫对农户城镇化融入能力影响修正结构方程模型

五、精准扶贫影响农户城镇化融入能力的结构方程模型结果分析

修正结构方程模型结果分析主要分为两个部分,一是对潜变量之间的路径关系进行解析;二是对观测变量与其对应的潜变量之间的路径关系进行分析。

(一)结构方程模型分析

潜变量之间的影响效应分为三种:一是通过路径系数来度量原因变量对于结果变量所造成的直接效应;二是原因变量通过中介变量来间接影响结果变量的间接效应;三是加总前两者的影响的总效应,具体结果见表6-15。

表 6-15 潜变量之间的影响效应

潜变量	效应类型	经济适应能力	社会身份适应能力	文化认同能力
精准扶贫成效	直接效应	0.330	0.585	
	间接效应		0.097	0.378
	总效应	0.330	0.682	0.378

从修正结构方程模型可知，精准扶贫成效对农户经济适应能力的影响效应系数为 0.330，存在显著的积极影响。精准扶贫的最基本任务就是通过各种途径和方式帮助贫困农户脱贫致富，直接改善了农户的家庭经济状况，于是有城镇化意愿的生计转型贫困农户的城镇化经济适应能力增强。精准扶贫成效对于农户经济适应能力的提升效果明显，支持假设 1。

精准扶贫成效对农户社会身份适应能力的直接效应为 0.585，通过提升农户经济适应能力影响农户社会身份适应能力的间接效应为 0.097，精准扶贫成效提升农户社会身份适应能力总效应为 0.682。精准扶贫通过制度创新使生计转型贫困农户能更快地适应新身份。总之，精准扶贫成效对于社会身份适应能力存在正面影响，支持假设 4 和假设 2。

精准扶贫成效虽然对农户文化认同能力没有显著的直接效应，但通过经济适应能力和社会身份适应能力产生间接影响，精准扶贫成效对于文化认同能力的间接效应为 0.378。相对于经济适应和身份适应，文化认同是一个潜移默化的过程，它需要农户在生活过程中去逐渐地感同身受，也就是需要有经济适应和身份适应作为前提。总之，精准扶贫成效对于文化认同能力存在间接正向影响，支持假设 3 和假设 5。

(二)测量模型分析

精准扶贫成效潜变量包括三个观测变量，分别为农户对精准扶贫工作的总体评价(A1)、政府的职业技能培训与指导对家庭生计转型的作用(A2)和近五年家庭人均收入变化情况(A3)。标准化因子载荷分别为 0.668、0.508 和 0.562，说明精准扶贫成效主要取决于农户对精准扶贫工作的总体评价，后两者是精准扶贫的直接效果，而农户的评价更能从扶贫过程、手段和效果多方面全面反映精准扶贫的成效。

农户经济适应能力潜变量包括六个观测变量，分别为户主职业类型(B1)、家庭经济基础(B2)、城市房价(B3)、社会融资能力(B4)、可持续生计能力(B5)、人际交往能力(B6)。标准化因子载荷分别为 0.501、0.673、0.626、0.758、0.744、0.673，说明农户在城镇化的经济适应过程中，更关注自身的社会融资能力和可持续非农生计能力，这反映农户的主观适应能力，而家庭经济基础、城市房价是一种客观现实。

农户社会身份适应能力潜变量包括四个观测变量，分别为落户政策(C1)、社会保障(C2)、民族政策(C3)、子女入学政策(C4)，标准化因子载荷分别为 0.629、0.713、0.752、0.514，说明农户较为关注社会保障和民族政策，社会保障决定着农民工退休后的生活质量，民族政策是少数民族农户信仰的保障。

农户文化认同能力潜变量包括三个观测变量，分别为城市接纳度(D1)、宗教信仰得到尊重(D2)、语言生活习俗适应性(D3)，标准化因子载荷分别为 0.856、0.546、0.644，说明农户更关注的是语言生活习俗适应性，因为语言生活习俗适应是文化认同的基础。

六、本章小结

精准扶贫和城镇化建设相互影响，城镇化建设可提升和巩固精准扶贫成效，精准扶贫可通过提升农户城镇化融入能力促进城镇化发展,基于结构方程模型的精准扶贫成效影响农户城镇化融入能力分析较好地解析了其影响路径。

精准扶贫成效可从农户对精准扶贫工作的总体评价、政府的职业技能培训与指导对家庭生计转型的作用两个方面的主观成效和家庭人均收入的变化情况客观成效进行测量,结构方程模型分析的结果表明,精准扶贫成效对农户城镇化的经济适应能力、社会身份适应能力和文化认同能力均存在正向的直接或间接影响。其中,对农户经济适应能力的直接效应为0.330,对农户社会身份适应能力的直接和间接效应分别为0.585和0.097,对农户文化认同能力的间接效应为0.378。

第七章 西南地区农户城镇化融入能力提升的途径与策略

生计转型农户城镇化融入能力测度结果显示,西南地区各类型农户的城镇化融入能力整体处于中等水平,但不同类型的生计转型农户城镇化融入意愿和能力不同,从低到高分别是村组多元型农户、外出务工型农户、县镇多元型农户、外出创业型农户。从农户类型出发,提升西南地区农户城镇化融入能力的途径是促进农户生计从低城镇化能力类型向高城镇化能力类型转型。每种生计类型农户各有其融入城镇的障碍因素,在城镇化策略上应取长补短、分类施策;同时应减少农户城镇化过程中的制度障碍,提升农户的离村、进城和融城能力。

一、生计转型农户城镇化的路径和障碍

农户生计类型不同,他们的就业类型、就业地点、生活方式、生活环境和对生活的需求就不同,融入城镇面临的障碍也就不同。

(一)村组多元型农户城镇化的路径和障碍

村组多元型农户生活在本村,但生计方式已多元化,劳动力在农业行业就业的比例约为22.0%,但农业收入只占家庭总收入的11.5%,对农业的依赖度不太高,在整村就地城镇化的条件不成熟时,生计方式从村组多元向县镇多元转型,从而就近城镇化是村组多元型农户城镇化的可行路径。

生计方式从村组多元向县镇多元转型,障碍主要来自于两个方面。一是就业障碍。与村组多元型农户相比,县镇多元型农户在经商、服务行业、制造业、科教文卫行业就业的增多,而经营农业、打零工和在建筑业就业的农户减少。要提升村组多元型农户的就业层次,主要需从受教育水平和职业技能入手,长远来看,需要政府增加对西南地区的教育投入,近期需加大职业技能培训的范围和增强培训技能的实用性。二是居住问题。居住从乡村迁移到县镇,首先需要农户家庭有一定的经济基础,其次住房的城乡一体化制度改革是关键,包括宅基地的退出和补偿、县镇经济适用房建设和向生计转型农户的分配倾斜、城镇近郊集体经营性居住用地的市场化、城镇高房价的控制和管理、公租房的建设和向困难生计转型农户的租金优惠等。

(二)县镇多元型农户城镇化融入面临的障碍

县镇多元型农户家庭劳动力在农业行业就业的比例只占2.5%,一般在本县或临县范围内从事非农工作,农业收入占家庭总收入的7.0%,对农业的依赖很小,居住地从乡村迁移到了县城或乡镇中心建成区,生活已自然地就近城镇化了,该种城镇化模式在文化、社会融入方面难度较小,所以县镇多元型农户的城镇化融入能力较强,面临的主要障碍表现在经济融入方面,关键影响因素为可持续非农生计能力、受教育程度等。

县镇多元型农户的非农就业行业中,从事小型零售业的比例达26%、零杂工的比例为15%,有一技之长和稳定就业的农户比例依然不高,自身受教育程度的偏低和互联网销售等新型行业的发展,让农户们感觉现时的非农就业可能难以为继,希望留一条随时重回农村的退路。只有提升受教育程度和多层次的就业能力,才能让农户们对未来的城镇化生活充满信心。

(三)外出务工型农户城镇化的障碍和路径

外出务工型农户在本县(市)以外的大中型城市就业和生活,是半城镇化群体的主要组成部分,其城镇化融入的主要障碍因素有三个方面:一是高挺的城市房价,城市普通工薪阶层都难以承受的高房价只能让进城农户望楼兴叹,这在很大程度上降低了农户的城市生活体验,拉大了农户与城市的距离;二是社保、子女入学等城市公共服务政策,当农户正常的生活需求被城市公共服务排除在外时,自身的任何努力都将无法超越;三是部分少数民族农户对大城市的文化难以适应。

虽然外出务工型农户的生活非农化程度较高,但城镇化融入能力低于县镇多元型农户,所以其城镇化路径可一分为二,一部分融入能力相对较强的农户继续在大城市打拼,而难以融入大城市的农户可走就近城镇化之路。

(四)外出创业型农户城镇化融入面临的障碍

外出创业型农户指外出创业经商时间较长,收入稳定,基本已经解决了城镇住房、子女受教育等问题的农户,他们受教育程度相对较高,家庭人均收入较高,城镇化经济融入程度高,城镇化融入能力是四类农户中最高的,部分还存在融入障碍的农户主要受乡村情结和民族文化适应度的影响。

二、基于生计类型的农户城镇化融入能力提升策略

从生计类型出发,提升农户城镇化能力,就是要促进农户生计从低城镇化能力类型向高城镇化能力类型转型,对不同类型农户分类施策。当村组多元型农户非农生计越丰富、越稳定时,可能就自然地实现了就地城镇化;乡镇多元生计相对于出县务工生计更容易融入城镇,所以需要振兴西南地区县域经济,促进农户生计就近转型;而外出创业型农户具有最强的城镇化融入能力,政府应该多渠道鼓励农户创新创业。

(一)振兴乡村经济,促进村组多元型农户就地城镇化

"产业兴旺"是乡村振兴的重要物质基础,也是丰富农户生计方式的基础,乡村如果没有切实的产业支撑,就无法逆转人口流失的空心村尴尬局面以及遏制抛荒弃耕等农村土地资源浪费现象。只有优化乡村产业结构,一二三产业融合发展,才能真正实现乡村振兴。研究区乡村产业结构现状是农业产业占比大但产出效率不高,第二产业发展落后,依靠西南地区特色旅游业支撑的第三产业有遍地开花的趋势,但服务水平不高,部分山区甚至停留在传统的小农经济种植业和家庭作坊式的手工业阶段;结合西南地区的地方特色,推动乡村产业升级,及时优化乡村产业结构,振兴乡村经济,丰富农户生计类型,是提升农户城镇化融入能力的策略之一,具体可有如下途径。

1. 利用自然资源优势,增强农业产业市场竞争力

西南地区往往都是山区,具有独特的气候和地形条件,能够种植出独特风味的各种农产品,保护和利用好这些自然资源,就能让西南地区的特色农产品发扬光大,增强地区农业产业市场竞争力。如麻阳县突出的丘岗地形优势,盛产柑橘,拥有了一批优质柑橘名品,是全国著名的冰糖橘之乡;长阳县生态环境资源优良,非常适合绿色农产品生产开发,高山蔬菜、清江椪柑、清江冻银鱼等全国驰名;鹤峰县位于武陵山区腹地,富硒农产品深受市场欢迎;三江县的稻

渔综合种养模式被广泛推广;酉阳县加大对现代山地特色高效农业投入力度,青花椒、茶叶、中药材等特色产业的种植效益得到提升;平塘县地理标志产品平塘甲茶等的生产和推广正得到地方政府大力支持。西南地区各类特色农产品众多,但要成为具有竞争力的优质农产品,发展为地区的优势农业产业,需要政府出力、农业企业出资、农户们抱团取暖,合力提升产品产业市场竞争力。

2. 延长农业产业链条,加快乡村第二产业发展

西南地区乡村由于经济、技术、文化等原因,第二产业极不发达,不具备发展高新技术产业的条件,但凭借其丰富的资源、得天独厚的环境和少数民族的智慧,可根据当地不同的特色来发展优势农业,如延长农业产业链,发展优质农产品加工产业,特色蔬菜、水果、茶叶、中药材的加工,不仅可以延长农产品保质期,更可大幅提升农产品附加值。同时加大乡村基础设施建设投入,不仅可以改善乡村基础设施条件,也可直接促进乡村建筑业发展。另外,民族地区的手工制作业是特别有发展潜力的乡村第二产业,如手工民族服饰、手工挂画、手工刺绣、竹编、草编、蜡染等,不仅可拓展农户就业渠道、增加农户收入,还可丰富乡村文化生活,弘扬民族文化,甚至实现农户生计就地城镇化。还可通过城乡结合发展的模式,实现城市工业和农村工业的相互协作,城市工业为农村工业提供先进的技术和管理理念,农村工业为城市工业提供丰富的原材料和劳动力资源。

3. 发展生态文化旅游,促进乡村第三产业发展

西南地区优美的生态环境可舒缓快节奏城市人紧张生活,各具特色的民族建筑、少数民族聚居地区拥有的极具民族风情的文化习俗,如三江县侗族婚礼等特色民俗,鄂西地区的土司文化,云南白族的火把节、吹吹腔等,对外乡人有着神秘的吸引力,所以民族地区具备发展生态文化旅游的先天条件,是促进乡村第三产业发展的重要方向。发展乡村旅游,不仅可以拓宽农户的生计转型渠道,优化乡村的产业结构,而且对于保护乡村特色民风民俗可以起到至关重要的作用。

实现乡村旅游的可持续发展,要注意以下几个问题:一是保护好乡村自然生态环境,坚持"绿水青山就是金山银山"的绿色发展理念;二是大力宣传好民族优秀传统文化,将文化传承与乡村旅游有机结合;三是保证乡村正常农业生产,农业生产是一个国家经济发展的基础,没有农业产出初级产品,第二、三产业的顺利发展无从谈起,切勿动摇根基,同时要发挥特色农业的资源禀赋,实现第一产业与第二、三产业协调联动发展;四是处理好农户、村集体和旅游开发者的经济利益关系,发展乡村旅游,实现乡村振兴,最终的目的是为了农户的全面发展,切不可违背初心,损害农户利益,而且协调好各方利益也有利于乡村旅游长久良性发展。同时,过程中不仅要依靠政府有序引导,而且要注重发挥农户的主体性,让农户切身参与其中,在乡村旅游良性发展的同时,农户生计得到彻底改善。

4. 探索"互联网+"模式,拓宽乡村经济振兴的途径

现代信息技术的快速发展,特别是互联网技术的广泛应用,改变着我们生活方式的同时,也给众多传统行业带来了机遇和挑战,民族地区存在着巨大的尚未开发完全的互联网红利。如电子商务的迅速发展,给民族地区农村农业带来了一股快速发展东风,近年来电商经济与网络直播等互联网技术的应用形式,大大扩展了农副产品的销路,扩大了民族地区独特风景和民俗文化的传播范围,给农户们带来实实在在的好处,吸引了一批大学生和农户返乡创业,给农村农业注入了一股新鲜血液,这同时也得益于农村快递、网络、道路等基础设施的逐渐完善。总体来说,电商和网络直播等"互联网+"模式,与乡村振兴战略相互融合,拓宽了乡村振兴的

实践途径,但依然存在不少的问题,如发展形式不够多样化,农副产品同质化严重,地方特色不够显著,物流冷链等基础设施还需完善,相关人才依然缺乏等,"互联网+"模式要想在广大农村得到长足发展,需在打造自主特色农产品品牌、专业人才引进与培训、基础设施完善等方面继续发力。

(二)振兴西南地区县域经济,促进农户生计就近转型

县域经济不发达,提供不了就业机会时,农户只能外出务工,但由于地区、文化差异、政策制度限制,外出务工农户城镇化融入能力相对较弱,所以只有振兴民族地区县域经济,促进农户生计就近转型,才能较快提升农户城镇化融入能力。振兴县域经济,首先既要筑牢县域传统经济基础,又要积极引进新型经济;同时利用外部力量,发展区域联动协作;最后走可持续发展道路才是长久之策。

1. 做强县域传统经济,引进适应性新型经济

发展需要基础,西南地区县域传统经济一般有特色农业、特色手工业、民族生态文化旅游等,做强这些传统经济,一是做到坚持走市场化道路,推进市场化改革,将市场配置资源的作用放在首位,提高资源要素在市场内的配置效率;二是坚持合作经济,单个农户规模小、力量薄弱,不具备抵抗风险的能力,而农村合作社作为农村产业化经营的重要形式,可以帮助农户解决资金、技术等困难,规模经营,降低生产成本,降低市场风险,形成品牌竞争意识,提高市场竞争力,推进一二三产业融合,增加经济收益;三是借助互联网信息技术等手段,扩大品牌影响,增加销售渠道;四是注重人才培养和技术革新,传统品牌也需要与时俱进,适应新的市场需求,在坚持的基础上发展;五是地方政府要着重改善投资和营商环境,吸引外来资金和技术投入,同时促进本地企业与外地企业合作交流,提升本地企业经营管理水平和创新能力。

2. 进行区域协作,实现区域间联动协调发展

西南地区多数为民族地区,包括多个行政区域,各区域间的经济发展目标不同,地方之间的行政管理也存在差异,实现区域一体化发展困难较大,但社会经济发展要求在一定区域内形成统一的市场,于是需要进行区域协作,实现区域间联动协调发展。首先是西南地区相邻的县镇之间可以进行区域协作,相邻县镇自然环境、语言风俗习惯相近,区域协作障碍小,在特色产业、优势资源、基础设施、公共服务等方面可以优势互补,加快区域工业化和城镇化进程,为生计转型农户提供产业支撑,满足农户就近城镇化需求。其次是西南地区与发达地区的区域协作,经济相对落后的西南地区借助承接发达地区的产业转移,可以推进西南地区的产业调整升级,促进西南地区加速发展,振兴西南地区县域经济。承接发达地区产业转移应当由政府牵头,充分发挥其宏观调控作用,适时提升西南地区的产业承接能力;通过加深与发达地区区域协作,提升西南地区企业自主创新能力,适时培养西南地区自己的特色优势产业,并逐渐形成有实力的产业集群,也能加速西南地区的新型城镇化进程,为当地农户提供就业机会,让其不出远门,也能拥有不错的收入水平。另一方面,这些选择就地就近生计转型农户,填补了产业转型生计所产生的劳动力空缺,互惠互利,一举两得。

3. 秉承绿色发展理念,走可持续发展道路

振兴西南地区县域经济,不可再走以往浪费资源、污染环境、牺牲生态系统为代价的粗放型增长老路,应秉承绿色发展理念,在追求增长效率的基础上,注重与生态系统和谐相处,走一条可持续的良性发展道路。例如,发展绿色生态农业,以农业现代化为契机,绿色高效为标准,推广如稻田养鱼、养鸭、养虾等特色有机种植养殖模式,发展绿色有机高效的现代农业。配合产业转型升级,重点发展绿色生态工业,发挥规模效应,形成产业集群,依托特色农产品深加

工、少数民族医药、工艺品等项目,构建产供销一条龙平台,帮助拓展销售渠道,增加产品销量,一定程度解决产品销路,实现增加农户收入、带动县域经济发展。同时,注重自主品牌建设及宣传,一定程度有助于弘扬地方文化,与其他同类型产品形成差异,增加产品附加值。发展可持续第三产业,如旅游业的开发要挖掘民族地区特色文化产品,不可仿冒抄袭,重复建设,否则项目推出时可能热闹一时,很快就会偃旗息鼓,造成资金浪费,农户生计也不可持续。

(三)多渠道鼓励和支持农户创新创业

外出创业型农户是城镇化融入能力最强的一类农户,他们往往不仅能实现自身生计成功转型,还能为其他农户提供就业渠道,政府可以从资金、人才、平台等方面支持农户创新创业。

1. 完善金融扶持体系,破解农户创业资金短缺困境

在乡村振兴战略的大背景下,一批外出务工农户响应"大众创业,万众创新"的号召纷纷返乡创新创业。外出农户返乡创业,既可以创造新的就业岗位,也可以增加农户们的收入。农户创业经商面临的第一个问题就是启动资金,地方政府可进一步完善对创业农户的金融扶持政策体系,包括如下几个方面:①提高个人及小微企业的贷款额度、延长贷款期限和财政贴息等加大创业资金扶持力度;②继续促进普惠金融服务完善发展,加快县乡镇等下沉市场的金融网点建设,大力推广手机支付、网络支付等支付手段在农村地区的覆盖,减少业务办理流程、手续和环节;③探索推出农村金融产品,尝试诸如农民土地承包经营权、农民住房财产权等"两权"贷款抵押金融服务,充分满足返乡农户创业资金需求;④设立农村便民金融服务点,普及金融基础知识,增强农户金融意识;⑤大力推进保险等金融服务,为农户提供健全兜底保障,降低农户创业过程中的意外风险;⑥健全农村信用体系,建立并完善电子档案,精确记录创业农户的信用贷款信息,以便金融机构精准把握贷款人的信用状况,为创建良好的农村金融扶持体系提供信息参考。

2. 建立农村创业人才培育体系,保障农村创业人才有效供给

乡村凋敝,追根究底就是青壮年等适龄劳动人口进城务工,乡村人口不断流失,导致农村人口资源结构性失衡。在农民返乡创业浪潮如火如荼的当下,农村创业人才短缺所带来的制约开始慢慢显现,破解农村创业人口短缺的难题迫在眉睫。多年来国家对于农村地区的人力资本投资主要集中在各类农民职业培训,但很少有农村创业人才的培训,所以农村创业人才的培育就显得尤为重要。建立农村创业人才培育体系,一要注重政府引导,市场参与,规范办学,目的导向,而且注意以农户利益为出发点和落脚点;二要注重宣传教育,让农民了解国家扶持创业的相关政策,鼓励农户们积极参与创新创业;三要精准施政,整合原有的各类惠农扶农政策和资金,各部门联合发力,继续做好农村创业人才培育工作;四要鼓励农林类高校设置农村创业相关专业,源源不断为农村地区造血输血;五要注意改善农村发展环境,筑巢引凤,"巢"要好,"凤"才愿意留下来。

3. 打造三农综合服务平台,消除农户创业后顾之忧

农户在创业过程中可能会遭遇资金不足、人才短缺、技术瓶颈、产品滞销等诸多的现实阻碍,所以需要打造一站式三农综合服务平台,集中解决制约农户发展壮大的人才、资金、技术、土地以及供销等实际问题。总结现有的创业农户的普遍困境,存在一个共性的问题,即地方政府前期注重宣传鼓励,但中后期接续帮扶力度不足。地方政府对于返乡创业农户的宣传教育和事前扶持,帮助农户了解国家对于农村创业的扶持政策以及贷款优惠等事项,在初期的成效明显,但市场行情瞬息万变,农户往往没有足够的应对市场风险以及经营管理的丰富经验,造成返乡农户创业多半出现高开低走的局面,打击了返乡农户的创业热情,所以还需注重对于返

乡创业农户的后续跟踪观察,及时解决农户中后期所遇到的切实问题,以及在过程中培养农户经营管理能力和提升其抵抗外部市场风险的能力。

三、加速推进农户城镇化过程的策略

(一)深化户籍、土地等制度改革,提升农户离村能力

改革开放以来,户籍制度的改革随着社会的发展而不断深化(乔晓春,2019);城乡一体化土地制度改革也在有序推进,但城乡二元体制依然存在,并影响着农户的离村能力。所以需要进一步深化户籍和土地制度改革,保障城乡要素的自由流动,提升农户离村能力。

1. 深化户籍制度改革,逐渐消除附着于户籍上的利益和歧视

户籍是登记户口的册籍,用以记载和留存住户人口的基本信息。由于我国城乡、东中西地区经济发展程度差别巨大,地方性的利益与户籍紧密相连,于是不同地区的户籍意味着巨大的利益差别,而户籍迁移联系着各种利益的获得或放弃,严重阻碍了人口的流动和城镇化的发展。农村户籍人口在城镇可能会受到的"歧视"包括:行业和工种歧视,进入市场较为困难,与城市居民同工不同酬;农村籍人口子女不能平等进入公办学校;农村籍人口在基本医疗、养老保险等公共福利与本地城镇居民具有较大差异等。附着于农村户籍上的利益可能包括:农地承包经营权、宅基地无偿使用权、集体土地利益分配权、地方政府对农民的各种资助或补贴等。这些利益和"歧视",会导致一部分有城镇化意愿和经济能力的农户不得不离开城市,一部分实际已融入城镇的居民却由于农村户籍的利益牵绊还保留着农村户籍。这既增加了我国户籍管理的难度,又严重制约着人口的正常流动和城镇化的正常发展。常住人口城镇化率远大于户籍人口城镇化率、居高不下的农民工大军,都与户籍制度有着紧密的联系,只有逐渐消除附着于户籍上的利益和歧视,才能更好地提升农户的离村能力,从而逐步解决这些问题。

2. 完善宅基地、农地制度改革,为生计转型农户留后路

农户在进行生计转型时,其宅基地和农地有关权益是否能够得到保障问题一直是影响农户进行生计转型实现城镇化的重要问题,宅基地"三权分置"改革为解决这个问题提供了可能。一是体现集体经济组织的宅基地所有权在进行宅基地收益分配时的比例,如何保护农户的收益和处分权;二是农户资格权的分配和继承权利,放活资格权即表示农户完全城镇化时也享有宅基地的使用权,这会在很大程度上减小农村对生计转型农户的拉力,提升农户的离村能力;三是赋予农户宅基地使用权完整的权能,让农户真正享有完整的占有、使用、收益和处分宅基地的权利,如放活对宅基地抵押、出租和转让的限制,让农户能更好地盘活宅基地产权,实现宅基地带来的收益;四是完善农户宅基地退出与补偿机制,充分考虑农户的意愿进行差异化退出,不进行一刀切,不给农户添负担,不损害农户利益;如施行农村土地承包经营权换取城市社保,农村宅基地换取城市基本住房的"两权置换"制度,循序渐进地建立起农村宅基地退出机制,可打消农户进城后顾之忧,解决进城农户在城市所面临的普遍难题,"两权置换"制度以较低的成本实现了农户市民保障权利的过渡,而且实现了农村闲置土地资源的再利用。

在农地制度改革方面,"三权分置"制度进一步放活了农户农地的经营权,多元型、务工型和外出创业型农户在进行非农生产的同时能够充分利用市场在资源配置中的作用,实现农地资源的优化配置,进行自愿有偿的农地流转,实现土地收益;但是农地的承包权能否进一步放活,也影响着农户的离村能力,虽然在我国目前的社会保障制度下土地承包权的不允许流转为农户返乡提供了退路和保障,但农地承包经营权的抵押、流转、退出或继承等影响着农户是否城镇化的考量。

3. 完善集体经营性建设用地收益分配制度,保障生计转型农户收益

允许农村集体经营性建设用地进入市场,为构建城乡统一土地市场扫清了制度障碍,也为农户收益的进一步提高提供了保障,接下来集体经营性建设用地如何进行实质入市和收益如何分配等问题成为农户最为关心的问题,如何处理好入市流转的土地用途,集体性经营建设用地的供应以及入市流转收益和征地补偿安置价格之间的协调关系等。首先,农村集体经营性建设用地这一巨大资产的享有主体应该包括集体经济组织、地方政府和农户个体三方,农村集体组织作为其权利主体,其入市后收益应由其主体组织享有;地方政府对集体土地增值有贡献,应根据土地位置和用途不同合理征收"入市"税金;为保障农户权利,广大农户应分享土地收益的硕果。其次,农户享有的收益又将如何分配呢?不同类型的农户是否区别对待?城镇化农户是否有权利享有?收益制度的安排既要考虑公平,也要考虑对社会经济发展的促进作用,不能形成城镇化的制度障碍。

(二)培养农户素质和非农就业技能,提升农户进城能力

农户的受教育程度、非农就业技能一定程度上决定了他们能否在城镇生存,所以决定了农户的进城能力。

1. 加大西南地区基础教育投入,提高农户素质

由于教育资金短缺和教育体系的不平衡,经济发展水平较低的民族地区对教育的投入与社会发展需求不相适应,研究区大部分农户的受教育水平为初中,李德刚等(2019)也发现民族地区农户由于地域限制和历史遗留等因素的影响使得农户的整体素质和受教育水平偏低,而随着城镇化水平的不断提升,大量的农村剩余劳动力向城镇转移,劳动力转移的方向主要是第二、三产业,较低文化程度的农户或者适应不了第二、三产业相对较高的文化要求,或者就业层次低、不稳定导致收入低,因此为适应城镇化发展进程,提升农户进城能力,政府应充分发挥财政的再分配作用,加大西南地区基础教育投入,尽快实现基础教育均等化,拓宽接受基础教育的农户范围,提升农户整体的受教育水平和文化素质。

2. 加大农户职业教育力度,促进农户非农职业发展

在我国经济快速发展的过程中,行业的更迭速度加快,一些旧的行业和职业在不断消失,而一些新的行业和职业在不断兴起,这要求人们要终生进行职业学习和培训,农户在从农业向非农产业转移的过程中,其职业教育发展更为重要,职业教育的发展不仅对农户自身素质的提高具有直接的推动作用,还是间接反映城镇化质量的关键。目前研究区农户中一部分进入城镇后由于自身教育和技能的不完善,无法胜任城镇工作需要,只能进行一些技术层次较低的工作。分析其原因,主要有两个方面:一是政府对农户职业教育培训的力度不够,有些投入因为监督不力而造成资源的浪费,有些培训因为针对性不强让农户没有参与热情;二是农户自身学习动力不足,闲暇时间大多是以打牌等消遣娱乐为主,对自身素质性的技能培训的提高缺乏追求。要改变这种现状,需从如下几个方面着手:一是加大应用型和技能型职业教育力度,将教学内容与农户真正需要相结合,同时采用不同教学方式来适应社会经济的发展,降低农户接受职业培训的时间成本等,激发农户对非农职业技术学习的热情;二是以立法的形式保障农户享受职业教育的基本权益,确保农户职业教育的地位,使得全社会形成一种接受职业教育的良好风气;三是调动培训机构和职业技术学院的积极性,充分整合各类资源,开展全方位、立体化的职业培训服务。

(三)扩大城市容量,提升农户融城能力

生计转型农户融入城镇,除了农户自身的主动融入,还需要城市的接纳,如城市能否解

决农户家庭的教育、医疗、保险、住房等问题,城市能否认同民族地区农户的价值观和生活习俗。

1. 扩大城市公共服务容量,提升农户融城能力

在城镇化进程中,城乡公共服务的均等化问题一直是党和政府高度重视的问题,但是由于城乡二元体制影响深远,城乡之间的基本公共服务依然存在较大差异。首先,受教育权利受限问题。因城市教育资源紧缺,生计转型农户子女不能享受城市子女同等的教育资源,导致大多数农民工子女成了留守儿童,或者年轻的生计转型农户在结婚生子后为了子女的教育不得不重返农村;其次,医疗保障问题。虽然我国医疗保障覆盖率逐年增长,但异地就医的报销比例小于本地就医,降低了异地务工农户的医疗保障水平;再次,养老保障问题。如果没有购买养老保险,大多数退休农民工领到的养老金非常有限,根本无法支付在城镇的最低生活成本,所以不得不退休后再回农村。教育、医疗、养老等一系列城市公共服务等问题阻碍了生计转型农户融入城镇,这需要城市公共服务扩大覆盖面,惠及已进入城镇的农户。

2. 优化城市住房政策,为农户融入城镇提供基础保障

安居才能乐业,而进城农户以租赁城镇居民个人出租的房屋为主,居住稳定性差且房租成本高,随着农户工资和住房补贴与房价的差距增大,加之较差的住房条件使得农户对住房保障的需求日益强烈,但城镇的住房保障难以惠及大多数农户,经济适用房的供给对象一般是城镇低收入群体,公共住房如公租房、廉租房也是僧多粥少。为保障进城农户基本居住条件,提升农户城镇融入程度,城镇政府需进一步优化住房政策,如明确进城农户住房保障的责任主体、全面监督住房保障政策实施过程、对农户购买普通住房提供金融和税收支持等。

3. 扩大城市文化容量,尊重进城民族农户的民风民俗

城镇化不仅是衡量一个地区的经济发展能力,更是衡量一个地区文明管理程度的标准,心理和文化的融入是城镇化融入的最高形式。少数民族地区由于受地理环境、历史文化等因素的影响,已经形成了独具特色的文化和风俗,但在城镇化进程中,民族特色文化遭受到了强烈冲击,如有些民族语言、民族文字、民族服饰等的使用和穿戴正在逐渐减少。需要从民族地区的文化保护与利用的视角出发,让民族文化的"进城"与城镇化形成良性互动,促进民族地区农户进城,充分发挥城市的包容性作用,尊重民族地区农户的情感,尊重民族地区农户的风俗习惯,促进民族地区农户融入城镇生活,实现各民族广泛交往、交流和共同繁荣发展。

四、本章小结

城镇化过程伴随着非农经济的发展过程,促进区域非农经济的发展是提升农户城镇化融入能力的基本策略。充分利用西南地区乡村自然资源优势,发展乡村特色农产品加工业和手工制作业,发展乡村生态文化旅游,是振兴乡村经济、提升村组多元型农户城镇化融入能力的路径;做强县域传统经济并引进适应性新型经济,进行西南地区县镇之间、西南地区与发达地区之间的区域协作,实现区域间联动协调发展并坚定地走可持续发展之路,是振兴县域经济、提升县镇多元型农户城镇化融入能力的路径;而提升外出务工型农户的城镇化融入能力,一方面是促进外出务工型农户转化为县镇多元型农户,另一方面是改革城市基本公共服务政策;完善西南地区金融扶持体系并破解农户创业资金短缺困境,建立农村创业人才培育体系并保障农村创业人才有效供给,打造三农综合服务平台和消除农户创业后顾之忧,是支持农户创新创业和完全融入城镇的制度和措施。

在农户城镇化过程中,深化户籍制度改革和消除附着于户籍上的利益和歧视,完善宅基地

和农地制度改革并为生计转型农户留后路,完善集体经营性建设用地收益分配制度和保障生计转型农户收益,可减少进城的风险,提升农户离村的经济能力;加大西南地区基础教育投入和提高职业教育的针对性、实用性,提高农户素质和非农职业适应能力,可提升农户的进城能力;扩大城市公共服务和文化容量,优化城市住房政策,为进城少数民族农户扫清政策制度障碍,并尊重他们的风俗习惯,可提升农户的融入城镇能力。

第八章　结语与展望

快速城镇化过程中西南地区生计转型农户城镇化融入能力提升是一个复杂的科学问题,影响因素众多,不同类型农户在城镇化的不同阶段会呈现出不同特征。在整理和研究农户生计转型与城镇化融入理论关系的基础上,基于西南地区1635户农户的调研数据和政府统计数据,本书对西南地区农户生计转型特征和规律、农户城镇化融入能力及其影响因素、农户生计转型与城镇化融入能力的关系、精准扶贫对农户城镇化融入能力的影响和农户城镇化融入能力提升策略等问题进行了研究,得到了相关研究成果,达到了项目研究的预期目标。

在村组多元型、县镇多元型、外出务工型、外出创业型四种非农生计农户中,虽然生计非农化程度依次增强,但城镇化融入能力是外出创业型农户最强,县镇多元型农户次之,外出务工型农户第三,村组多元型农户最弱。在农户城镇化融入障碍因素上,影响村组、县镇多元型农户的主要是经济因素,影响外出务工型农户的主要是城市基本公共服务的不足和文化融入的困难,影响外出创业型农户的主要是民族文化及生活适应性和乡村情结。所以西南地区新型城镇化路径选择上,宜以就近就地城镇化为主、异地城镇化为辅,加大中小城镇发展力度,增强中小城镇经济、人口容纳能力,拓展大城市基本公共服务能力和尊重进城民族农户的文化和生活习俗。

城镇化和乡村振兴是我国社会经济发展的两大战略。生计转型农户城镇化路径有就地就近城镇化和异地城镇化,其中就地就近城镇化与乡村振兴异曲同工,分别从不同途径解决农业农村农民的发展问题。乡村振兴是新型城镇化的重要动力之一,就地就近城镇化也是乡村振兴的成果之一。乡村振兴背景下新型城镇化发展问题、新型城镇化背景下乡村振兴问题、新型城镇化与乡村振兴的有效衔接和协调发展问题尚有待深入研究,理论上需研究新型城镇化与乡村振兴融合发展的必要性、可行性及发展路径等,实践中需探索不同地域新型城镇化与乡村振兴融合发展的方法策略、政策支持等,研究成果将对新型城镇化和乡村振兴战略的实施具有重要的决策参考价值。因此,我们建议国家继续资助这方面的理论与应用研究。

参考文献

安仁才,2013.经济增长与城市化相互作用的机制研究——以江苏省为例[D].上海:上海师范大学.

安祥生,等,2014.基于结构方程模型的城镇化农民可持续非农生计分析[J].地理研究,33(11):2021-2033.

鲍超,2014.中国城镇化与经济增长及用水变化的时空耦合关系[J].地理学报,69(12):1799-1809.

蔡继明,2018.乡村振兴战略应与新型城镇化同步推进[J].人民论坛·学术前沿(10):76-79.

蔡洁,夏显力,2016.农业转移人口就近城镇化:个体响应与政策意蕴——基于陕西省2055个调查样本的实证分析[J].农业技术经济(10):29-37.

曹钢,2010.中国城镇化模式举证及其本质差异[J].改革(4):78-83.

曹雁翎,2014.新生代农民工中小城市长期居留意愿考察——基于新型城镇化背景[J].贵州财经大学学报(3):102-110.

岑剑,陈佳湘,梁成晨,2018.国内外城镇化发展模式对欠发达地区的启示[J].辽宁经济(11):41-43.

陈成文,孙嘉悦,2012.社会融入:一个概念的社会学意义[J].湖南师范大学社会科学学报(6):66-71.

陈方,阎建忠,李惠莲,2017.基于农户生计活动的生计策略类型划分——以重庆市典型区为例[J].西南大学学报(自然科学版),39(11):113-119.

陈海,梁小英,郗静,等,2011.生态脆弱区土地利用变化与农户响应研究[M].北京:科学出版社.

陈鹏,2018.新一轮户籍制度改革:进展、问题及对策[J].行政管理改革(10):57-63.

陈前虎,杨萍萍,2012.农民工市民化意愿影响因素的实证研究——以浙江省为例[J].浙江工业大学学报(社会科学版),11(3):315-319,341.

陈秧分,刘彦随,杨忍,2012.基于生计转型的中国农村居民点用地整治适宜区域[J].地理学报,67(3):420-427.

代富强,吕志强,周启刚,等,2015.农户生计策略选择及其影响因素的计量经济分析[J].江苏农业科学,43(4):418-421.

戴正,闵文义,才让加,等,2006.西部民族牧区现代化、可持续发展的现实选择——牧区城镇化建设[J].西北民族大学学报(哲学社会科学版)(6):99-103.

邓韬,张明斗,2016.新型城镇化的可持续发展及调控策略研究[J].宏观经济研究(2):37-44.

邓维杰,2014.精准扶贫的难点、对策与路径选择[J].农村经济(6):78-81.

丁赛,2006.农村汉族和少数民族劳动力转移的比较[J].民族研究(5):31-40,107-108.

董海珍,2017.新型城镇化背景下少数民族生活方式变迁探究——基于大理白族地区的实证调查[J].贵州民族研究,38(11):59-63.

杜巍,牛静坤,车蕾,2018.农业转移人口市民化意愿:生计恢复力与土地政策的双重影响[J].公共管理学报,15(3):66-77,157.

范红忠,周阳,2010.日韩巴西等国城市化进程中的过度集中问题——兼论中国城市的均衡发展[J].城市问题(8):2-8.

房冠辛,张鸿雁,2015.新型城镇化的核心价值与民族地区新型城镇化发展路径[J].民族研究(1):13-24,123-124.

冯伟林,李聪,2020.易地扶贫搬迁农户生计恢复策略选择的影响因素研究——基于陕西安康的农户调查[J].云南民族大学学报(哲学社会科学版),37(2):73-81.

符平,唐有财,2009.倒"U"型轨迹与新生代农民工的社会流动——新生代农民工的流动史研究[J].浙江社会科学(12):41-47,126.

高春亮,李善同,2019. 迁移动机、人力资本与城市规模:中国新型城镇化模式之争[J]. 上海经济研究(11):120-128.

高德胜,2011. 西部少数民族地区人口城镇化的现实分析及其出路[J]. 企业研究(24):9-10.

高更和,石磊,高歌,2012. 农民工务工目的地分布研究——以河南省为例[J]. 经济地理,32(5):127-132.

高强,1998. 国外农户兼业化研究述评[J]. 世界农业(11):3-5.

葛志军,邢成举,2015. 精准扶贫:内涵、实践困境及其原因阐释——基于宁夏银川两个村庄的调查[J]. 贵州社会科学(5):157-163.

辜胜阻,李正友,1998. 中国自下而上城镇化的制度分析[J]. 中国社会科学(2):60-70.

辜胜阻,易善策,李华,2009. 中国特色城镇化道路研究[J]. 中国人口·资源与环境,19(1):47-52.

郭贯成,韩冰,2018. 城市近郊农户非农就业和宅基地流转意愿作用研究——基于南京市栖霞区的问卷调查[J]. 山西农业大学学报(社会科学版),17(4):1-8.

郭敏,李晓峰,2013. 生产要素视角下的城镇化路径[J]. 中国金融(16):29-30.

郭星华,储卉娟,2004. 从乡村到都市:融入与隔离——关于民工与城市居民社会距离的实证研究[J]. 江海学刊(3):91-98.

郭星华,等,2011. 漂泊与寻根——流动人口的社会认同研究[M]. 北京:中国人民大学出版社.

郭占锋,娄梦玲,张和荣,2015. 政府主导型城镇化的发展困境——Y示范区小城镇建设兼与费孝通小城镇理论对话[J]. 中国农业大学学报(社会科学版),32(6):12-21.

韩琦,2020. 20世纪80年代以来拉美城市化模式的转型及其原因[J]. 上海师范大学学报(哲学社会科学版)(1):5-14.

何军,2011a. 城乡统筹背景下的劳动力转移与城市融入问题研究[D]. 南京:南京农业大学.

何军,2011b. 代际差异视角下农民工城市融入的影响因素分析——基于分位数回归方法[J]. 中国农村经济(6):15-25.

胡晗,司亚飞,王立剑,2018. 产业扶贫政策对贫困户生计策略和收入的影响——来自陕西省的经验证据[J]. 中国农村经济(1):78-89.

胡继亮,李栋,李邱帆,2019. 非农就业、农民工进城落户意愿与城镇化区位选择——基于微观调查数据[J]. 农林经济管理学报,18(5):598-606.

黄麟,胡俊华,2019. 城市化进程中随迁子女入学的现状、问题与对策[J]. 教学与管理(21):26-29.

黄薇,2019. 保险政策与中国式减贫:经验、困局与路径优化[J]. 管理世界,35(1):135-150.

黄文秀,杨卫忠,钱方明,2015. 农户"就地城镇化"选择的影响因素研究——以嘉兴市海盐县为例[J]. 浙江社会科学(1):79,86-92,159.

黄祖辉,2018. 准确把握中国乡村振兴战略[J]. 中国农村经济(4):2-12.

纪明,曾伟平,2016. 中国人口流动的区域特征及对城镇化的影响[J]. 广西师范学院学报(自然科学版),33(2):60-68.

姜安印,杨志良,2020. 新型城镇化建设与城市经济高质量增长——基于双重差分法的实证分析[J]. 经济问题探索(03):84-99.

金崇芳,2011. 农民工人力资本与城市融入的实证分析——以陕西籍农民工为例[J]. 资源科学,33(11):2131-2137.

金瑞,史文中,2014. 广东省城镇化经济发展空间分析[J]. 经济地理,34(3):45-50.

靳小怡,李成华,杜海峰,等,2011. 可持续生计分析框架应用的新领域:农民工生计研究[J]. 当代经济科学,33(3):103-109,128.

赖斌,杨丽娟,李凌峰,2016. 精准扶贫视野下的少数民族民宿特色旅游村镇建设研究——基于稻城县香格里拉镇的调研[J]. 西南民族大学学报(人文社会科学版)(12):154-159.

赖晓华,聂华,滕汉书,2014. 西部民族农村地区旅游城镇化发展模式探讨[J]. 贵州民族研究,35(7):

134-137.

蓝庆新,陈超凡,2013.新型城镇化推动产业结构升级了吗?——基于中国省级面板数据的空间计量研究[J].财经研究,39(12):57-71.

黎春梅,何格,2021.SLA框架下生计资本影响山区农户分化的机理与实证研究——以广西山区农户为例[J].中国农业资源与区划,42(11):144-156.

黎洁,2017.陕西安康移民搬迁农户生计选择与分工分业的现状与影响因素分析——兼论陕南避灾移民搬迁农户的就地就近城镇化[J].西安交通大学学报(社会科学版),37(1):55-63.

李傲,2019.保险能起到扶贫减贫的效果吗?[D].呼和浩特:内蒙古农业大学.

李秉文,2018.甘肃省精准扶贫与新型城镇化联动机制研究[J].生产力研究(9):9-12,39.

李波,2011.以黔中经济区城镇发展带动贵州城镇化进程[C].贵州实施城镇化带动战略研讨会论文集:176-180.

李程骅,2015.新常态下新型城镇化促进经济增长的新认知[J].中共浙江省委党校学报(2):5-10.

李德刚,杨颖,2019.城镇化进程中进城农民的教育问题分析[J].山东农业工程学院学报,36(3):1-5.

李海英,2019.民族地区新型城镇化高质量发展研究[J].企业经济(12):147-153.

李金香,龚晓德,夏淑琴,等,2013.退耕还林对农户可持续生计能力的影响——基于宁夏盐池县农户的调查[J].宁夏大学学报(自然科学版),34(3):279-284.

李练军,潘春芳,2017.中小城镇新生代农民工市民化能力测度及空间分异研究——来自江西省的调查[J].中国农业资源与区划,38(1):175-180.

李明月,陈凯,2020.精准扶贫对提升农户生计的效果评价[J].华南农业大学学报(社会科学版),19(1):10-20.

李乃慧,2018.经济发展对城镇化的促进作用[J].全国流通经济(28):67-68.

李培林,田丰,2012.中国农民工社会融入的代际比较[J].社会,32(5):1-24.

李强,陈振华,张莹,2015.就近城镇化与就地城镇化[J].广东社会科学(1):186-199.

李向平,杨杨,2019.从空间定位到空间错位——城镇化过程中民间信仰方式的转型[J].东南学术(3):200-207,247.

李向前,刘洪,黄莉,等,2019.我国城镇化模式与演进路径研究[J].华东经济管理,33(11):172-177.

李昕,文婧,林坚,2012.土地城镇化及相关问题研究综述[J].地理科学进展,31(8):1042-1049.

李秀萍,韩剑萍,师钦燕,2019.四川省民族地区县域新型城镇化动力及矛盾约束[J].绵阳师范学院学报,38(9):50-56,63.

李雅倩,2016.农民工城市融入的影响因素及实现路径研究[D].济南:济南大学.

李永庆,2014.中国新型城镇化必须提升人的城镇能力[J].改革与战略,30(3):83-87.

李在坤,2014.生计方式变迁下的生态环境与社会文化——以湖北巴东县绿葱坡镇野花坪村天蒜湾为例[J].魅力中国(14):8.

梁流涛,曲福田,诸培新,等,2008.不同兼业类型农户的土地利用行为和效率分析——基于经济发达地区的实证研究[J].资源科学,30(10):1525-1532.

林逸凡,2019.浅析人口流动影响下的区域城镇化水平差异——基于2000—2015年省域面板数据的研究[C].中国城市科学研究会城市发展与规划论文集:416-424.

刘传江,程建林,2009.双重"户籍墙"对农民工市民化的影响[J].经济学家(10):66-72.

刘丹,张亚芳,2018.新型城镇化推进精准扶贫:内在逻辑及实现途径[J].农家参谋(11):39-40.

刘公政,2012.岷江上游民族地区农村劳动力转移对农户可持续生计影响研究[D].成都:四川省社会科学院.

刘精慧,薛东前,2019.陕北黄陵县农户生计资本评价及其生计策略研究[J].中国农业资源与区划,40(6):156-163.

刘俊,张恒锦,金朦朦,等,2019.旅游地农户生计资本评估与生计策略选择——以海螺沟景区为例[J].自然资源学报,34(8):1735-1747.

刘丽娟,2020. 新生代农民工就近城镇化形成机制、实践基础及发展路径[J]. 重庆社会科学(10):18-31.

刘梦航,李俊伟,李强,2020. 精准扶贫政策对城乡居民收入差距的影响研究——以山西省为例[J]. 中国农业资源与区划,41(8):228-237.

刘盛和,陈田,蔡建明,2004. 中国半城市化现象及其研究重点[J]. 地理学报,59(增刊):101-108.

刘帅,吴吉林,2020. 民族地区旅游城镇化发展模式研究——以张家界永定区为例[J]. 农村经济与科技,31(4):180-183.

刘涛,齐元静,曹广忠,2015. 中国流动人口空间格局演变机制及城镇化效应——基于2000和2010年人口普查分县数据的分析[J]. 地理学报,70(4):567-581.

刘天平,益西,张蒙蒙,2020. 震灾搬迁户生计转型及转型机理研究——来自西藏的调查[J]. 高原农业,4(1):108-114.

刘彦随,周扬,刘继来,2016. 中国农村贫困化地域分异特征及其精准扶贫策略[J]. 中国科学院院刊,31(3):269-278.

刘燕,吕世辰,2018. 农村劳动力转移与随迁子女教育需求探析[J]. 理论探索(4):72-79.

刘正江,2012. 哈萨克族定居牧民传统生计方式的变迁与社会适应——以新疆裕民县阿勒腾也木勒乡为例[J]. 中国穆斯林(3):25-27.

刘子文,2020. 少数民族流动人口城市融入问题研究——以上海市Z区为例[J]. 西部学刊(14):28-30.

刘自强,李静,2017. 宁夏农户生计资本对城镇化的响应及提升路径[J]. 北方民族大学学报(哲学社会科学版)(2):127-132.

刘自强,李静,2018. 宁夏回族聚居区城镇化对农户生计的影响[J]. 北方民族大学学报(哲学社会科学版)(3):161-169.

陆大道,陈明星,2015. 关于"国家新型城镇化规划(2014—2020)"编制大背景的几点认识[J]. 地理学报,70(2):179-185.

吕志强,卿姗姗,邓睿,等,2016. 中国人口城市化与土地城市化协调性分析[J]. 城市问题(6):33-38,60.

罗丞,王粤,2020. 摆脱农村贫困:可持续生计分析框架的解释与政策选择[J]. 人文杂志(4):113-120.

罗承松,2010. 苦聪人生计模式的变迁及其适应——以镇沅县恩乐镇易地搬迁的苦聪人为例[J]. 经济研究导刊(33):117-118,150.

罗奎,方创琳,马海涛,2014. 中国城市化与非农就业增长的空间格局及关系类型[J]. 地理科学进展,33(4):457-466.

罗明忠,卢颖霞,2013. 农民工的职业认同对其城市融入影响的实证分析[J]. 中国农村观察(5):10-23,95.

罗文斌,孟贝,唐沛,等,2019. 土地整理、旅游发展与农户生计的影响机理研究:一个乡村旅游发展的实证检验[J]. 旅游学刊,34(11):96-106.

罗晓晨,2018. 河南省农民工城市融入度评价与影响因素研究[D]. 信阳:信阳师范学院.

马聪,刘黎明,袁承程,等,2018. 快速城镇化地区农户生计资本分化特征及其对生计策略的影响——以上海市青浦区为例[J]. 农业现代化研究,39(2):316-324.

马广海,2001. 农民工的城市融入问题[J]. 山东省农业管理干部学院学报(03):67-69.

马仁锋,沈玉芳,刘曙华,2010. 1949年以来工业化与城市化动力机制研究进展[J]. 中国人口·资源与环境,20(05):110-117.

马义华,李太后,2018. 如何实现新型工业化与新型城镇化互动发展[J]. 中国统计(004):56-58.

梅建明,2006. 进城农民的"农民市民化"意愿考察——对武汉市782名进城务工农民的调查分析[J]. 华中师范大学学报(人文社会科学版),45(6):10-17.

孟丽君,2014. 半城镇化农民工生计可持续问题研究[D]. 太原:山西大学.

蒙泽察,郝文武,洪松松,等,2020. 教育对精准扶贫的重要作用——西北连片特困地区农村经济与教育发展关系的实证分析[J]. 华东师范大学学报(教育科学版),38(12):109-120.

莫神星,张平,2019.论以绿色转型发展推动"城市病"治理[J].兰州学刊(8):94-104.
倪鹏飞,2013.新型城镇化的基本模式、具体路径与推进对策[J].江海学刊(1):87-94.
欧丽萍,2020.云南少数民族地区城镇化中的劳动力转移问题研究[J].现代商业(12):104-105.
欧阳进良,宋春梅,宇振荣,等,2004.黄淮海平原农区不同类型农户的土地利用方式选择及其环境影响——以河北省曲周县为例[J].自然资源学报,19(1):1-11.
潘长亮,2019.新型城镇化中失地农民社会融入的影响因素及地区差异[J].江苏农业科学,47(6):342-346.
彭荣胜,2016.传统农区就地就近城镇化的农民意愿与路径选择研究[J].学习与实践(4):59-67.
钱陈,2005.城市化与经济增长的主要理论和模型述评[J].浙江社会科学(2):190-197.
钱兴多,2020.精准扶贫视角下昭通市贫困人口致贫原因及对策研究[D].昆明:云南师范大学.
钱泽森,朱嘉晔,2018.农民工的城市融入:现状、变化趋势与影响因素——基于2011—2015年29省农民工家庭调查数据的研究[J].农业经济问题(6):74-86.
乔晓春,2019.户籍制度、城镇化与中国人口大流动[J].人口与经济(5):1-17.
青觉,王伟,2017.民族地区精准扶贫的文化分析[J].西南民族大学学报(人文社科版),38(4):45-51.
任旲,宋迎昌,2018.中国城市化动力机制与阶段性研究——基于产业发展与户籍制度变迁的视角[J].兰州学刊(06):145-158.
任威,熊康宁,盈斌,等,2020.喀斯特地区不同地貌下农户生计脆弱性影响因子评估:以贵州花江、撒拉溪研究区为例[J].生态与农村环境学报,36(4):442-449.
单卓然,黄亚平,2013."新型城镇化"概念内涵、目标内容、规划策略及认知误区解析[J].城市规划学刊(2):16-22.
盛广耀,2008.城市化模式及其转变研究[M].北京:中国社会科学出版社:3,30-32.
师满江,颉耀文,卫娇娇,等,2015.基于遥感和GIS的农村城镇化进程分析及模式探索[J].农业工程学报,31(5):292-300.
师应来,付英俊,苏波,2011.湖北省城镇化与经济发展水平关系研究[J].统计与决策(21):136-138.
史俊宏,赵立娟,2013.生计转型背景下少数民族牧区生态移民生计风险研究[J].经济论坛(10):114-117.
苏芳,蒲欣冬,徐中民,等,2009.生计资本与生计策略关系研究——以张掖市甘州区为例[J].中国人口·资源与环境,19(6):119-125.
苏芳,周亚雄,2017.新型城镇化背景下劳动力转移对农户生计策略选择的影响分析[J].数理统计与管理,36(3):391-401.
苏磊,付少平,2011.农户生计方式对农村生态的影响及其协调策略——以陕北黄土高原为个案[J].湖南农业大学学报(社会科学版),12(3):47-54.
孙博,段文婷,许艳,等,2019.职业分化视角下的农民城镇化意愿与影响因素研究——以胶东地区为例[J].城市发展研究,26(05):10-15.
孙超英,赵芮,2016.推进四川特色小镇建设的若干思考——基于四川发展特色小镇的SWOT分析[J].中共四川省委党校学报(3):40-45.
孙特生,胡晓慧,2018.基于农牧民生计资本的干旱区草地适应性管理——以准噶尔北部的富蕴县为例[J].自然资源学报,33(5):761-774.
孙晓一,徐勇,汤青,2016.黄土高原半城镇化农民非农生计稳定性及收入差异分析[J].人文地理(3):81-87.
孙学涛,李旭,戚迪明,2016.就业地、社会融合对农民工城市定居意愿的影响——基于总体、分职业和分收入的回归分析[J].农业技术经济(11):44-55.
孙亚南,张荣,张月,2019.二元经济转型中城市化与工业化的耦合协调发展——基于跨国数据的比较与分析[J].经济问题探索(7):26-34.
孙中和,2001.中国城市化基本内涵与动力机制研究[J].财经问题研究(11):38-43.
汤青,2015.可持续生计的研究现状及未来重点趋向[J].地球科学进展,30(7):823-833.
汤青,李扬,陈明星,等,2018.半城镇化农民可持续生计与农村可持续发展——理论框架、研究进展及未来展望[J]. 地理科学进展,37(8):1022-1030.

唐卫宇,1998. 国家大中型基本建设项目对少数民族地区的影响[J]. 北方经济(8):36-38.

童雪敏,2012. 有关农民工城市融入方面的文献综述[J]. 陕西农业科学(2):140-142.

汪三贵,郭子豪,2015. 论中国的精准扶贫[J]. 贵州社会科学(5):147-150.

王春光,2001. 新生代农村流动人口的社会认同与城乡融合的关系[J]. 社会学研究(03):63-76.

王春光,2005. 农民工的"半城市化"问题[C]//李真. 流动与融和:农民工公共政策改革与服务创新论集. 北京:团结出版社:41-57.

王春光,2006. 农村流动人口的"半城市化"问题研究[J]. 社会学研究(5):107-122,244.

王春光,2010. 新生代农民工城市融入进程及问题的社会学分析[J]. 青年探索(3):5-15.

王春光,Jean P B,1999. 温州人在巴黎:一种独特的社会融入模式[J]. 中国社会科学(06):106-119.

王海娟,2016. 农民工"半城市化"问题再探讨——以X县进城购房农民工群体为例[J]. 现代经济探讨(5):68-73.

王弘,蔡彭真,贺立龙,2013. 关于民族地区新型城镇化的探讨——以阿坝藏族羌族自治州建设为例[J]. 贵州民族研究,34(2):97-100.

王介勇,陈玉福,严茂超,2016. 我国精准扶贫政策及其创新路径研究[J]. 中国科学院院刊,31(3):289-295.

王凯,朱芳书,甘畅,等,2020. 区域产业结构转型升级水平与旅游扶贫效率耦合关系——以武陵山片区为例[J]. 自然资源学报,35(7):1617-1632.

王娟,吴海涛,丁士军,2014. 山区农户最优生计策略选择分析——基于滇西南农户的调查[J]. 农业技术经济(9):97-107.

王楠,郝晋珉,李牧,等,2019. 生计转型背景下河北省农村宅基地整理分区与潜力研究[J]. 农业工程学报,35(9):255-264.

王颂吉,白永秀,2015. 丝绸之路经济带建设与西部城镇化发展升级[J]. 宁夏社会科学(1):51-59.

王婷,2013. 中国城镇化对经济增长的影响及其时空分化[J]. 人口研究,37(5):53-67.

王小翠,2020. 来华高校留学生教学文化适应及其教学管理策略研究[D]. 无锡:江南大学.

王馨健,2019. 基于模糊评价法的精准扶贫绩效分析——以甘肃省定西市为例[J]. 荆楚理工学院学报,34(2):79-87.

王鑫,2018. 精准扶贫背景下武陵山片区易地扶贫搬迁研究[D]. 武汉:中南民族大学.

王新萍,2007. 甘肃民族地区城镇化现状及战略[J]. 甘肃行政学院学报(4):78,100-101.

王亚华,苏毅清,2017. 乡村振兴——中国农村发展新战略[J]. 中央社会主义学院学报(6):49-55.

王宗萍,段成荣,2010. 第二代农民工特征分析[J]. 人口研究,34(2):39-44,55-56.

魏后凯,刘长全,2019. 中国农村改革的基本脉络、经验与展望[J]. 中国农村经济(2):2-18.

邬巧飞,2015. 人的城镇化及实现路径研究[J]. 求实(2):65-70.

吴华安,杨云彦,2011. 中国农民工"半城市化"的成因、特征与趋势:一个综述[J]. 西北人口,32(4):105-110.

吴建峰,周伟林,2011. 新时期我国城市化动力机制及政策选择[J]. 城市发展研究,18(5):21-26.

吴晓燕,赵普兵,2014. 新型城镇化进程中农民工的城市融入:困境、归因与破解[J]. 北华大学学报(社会科学版),15(4):26-30.

吴旋,罗建文,2019. 新中国成立70年来户籍制度变革的历史逻辑与未来展望[J]. 宁夏社会科学(5):20-27.

吴业苗,2017. 农业转型及其当下问题:基于"人的城镇化"的考察[J]. 中共浙江省委党校学报(3):111-120.

夏永久,储金龙,2014. 基于代际比较视角的农民城镇化意愿及影响因素——来自皖北的实证[J]. 城市发展研究,21(9):12-17.

谢旭轩,张世秋,朱山涛,2010. 退耕还林对农户可持续生计的影响[J]. 北京大学学报(自然科学版),46(3):457-464.

辛宝英,2020. 城乡融合的新型城镇化战略:实现路径与推进策略[J]. 山东社会科学(5):117-122.

熊正贤,2018. 农民生计转型与土地意识嬗变——来自贵州穿青人地区的调查[J]. 中南民族大学学报(人文社会科学版),38(2):84-88.
徐定德,张继飞,刘邵权,等,2015.西南典型山区农户生计资本与生计策略关系研究[J].西南大学学报(自然科学版),37(9):118-126.
徐黎丽,朱璧莹,2017.石油资源枯竭后的村庄生计转型研究——以长庆油田所在地甘肃省×××县×××村为例[J].地域文化研究(01):82-88,155.
徐丽敏,2014."社会融入"概念辨析[J].学术界(7):84-91.
徐美银,2020.乡村振兴的国际经验与中国道路[J].农业经济(12):30-32.
徐素,朱金,2015.基于人口流动的区域城镇化特征及差异化策略探讨——苏浙皖地区的讨论[J].城市发展研究,22(8):46-54.
严瑞河,2017.基于子女教育视角的北京郊区农民城镇化意愿分层[J].中国农业大学学报,22(4):188-198.
阎建忠,吴莹莹,张镱锂,等,2009.青藏高原东部样带农牧民生计的多样化[J].地理学报,64(2):221-233.
阎建忠,卓仁贵,谢德体,等,2010.不同生计类型农户的土地利用——三峡库区典型村的实证研究[J].地理学报,65(11):1401-1410.
鄢祖容,2017."深度城镇化":破除城市病的有效路径[J].人民论坛(9):94-95.
杨发祥,茹婧,2014.新型城镇化的动力机制及其协同策略[J].山东社会科学(1):56-62.
杨皓,王伟,朱永明,等,2015.退耕还林对农户可持续生计的影响——河北省以保定市涞水县为例[J].水土保持通报,35(4):263-267,270.
杨浩,汪三贵,池文强,2016.少数民族地区精准脱贫进程评价及对策研究[J].贵州民族研究,37(7):148-152.
杨洪林,2020.文化产业视角下乡村振兴与民族地区城乡关系重构[J].云南师范大学学报(哲学社会科学版),52(3):74-83.
杨菊华,2010.流动人口在流入地社会融入的指标体系——基于社会融入理论的进一步研究[J].人口与经济(2):64-70.
杨菊华,2015.中国流动人口的社会融入研究[J].中国社会科学(2):61-79,203-204.
杨伦,刘某承,闵庆文,等,2019.农户生计策略转型及对环境的影响研究综述[J].生态学报,39(21):8172-8182.
杨晟乐,2019.旅游经济带动的县域新型城镇化发展路径研究——以浙江安吉为例[J].建筑与文化(5):108-109.
姚士谋,王肖惠,陈振光,2015.大城市群内新型城镇化发展的策略问题[J].人文地理(4):1-5,71.
姚毓春,2014.人的城镇化:内在逻辑与战略选择[J].学习与探索(1):106-109.
叶青,袁泉,2018.我国金融扶贫的创新与成效——兼论宁夏回族自治区的实践经验[J].福建论坛·人文社会科学版(1):74-80.
叶耀先,2006.新中国城镇化的回顾和启示[J].中国人口·资源与环境,16(2):1-7.
易善策,2007.当前城镇化过程中农民工融入城镇的障碍分析[J].经济问题探索(2):69-74.
袁利平,姜嘉伟,2020.教育扶贫的作用机制与路径创新[J].西北农林科技大学学报(社会科学版),20(2):35-43.
袁梁,张光强,霍学喜,2017.生态补偿对国家重点生态功能区居民可持续生计的影响——基于"精准扶贫"视角[J].财经理论与实践,38(6):119-124.
曾鹏,向丽,2016.中西部地区人口就近城镇化意愿的代际差异研究——城市融入视角[J].农业经济问题(2):91-99.
张丙乾,汪力斌,靳乐山,等,2007.多元生计途径:一个赫哲族社区发展的路径选择[J].农业经济问题(8):31-36.
张芳芳,赵雪雁,2015.我国农户生计转型的生态效应研究综述[J].生态学报,35(10):3157-3164.
张风科,郭远杰,2014.城镇化与经济增长的关系研究——基于国内外年度数据[J].区域金融研究(2):

78-83.

张国建,佟孟华,李慧,等,2019.扶贫改革试验区的经济增长效应及政策有效性评估[J].中国工业经济(8):136-154.

张建,杨子,诸培新,等,2020.农地流转与农户生计策略联合决策研究[J].中国人口·资源与环境,30(2):21-31.

张莅黎,赵果庆,吴雪萍,2019.中国城镇化的经济增长与收敛双重效应——基于2000与2010年中国1968个县份空间数据检验[J].中国软科学(1):98-116.

张明斗,葛于壮,2019.民族地区城镇化发展模式及路径创新——基于四川、广西、贵州等地的调研分析[J].民族学刊(2):49-56,110-112.

张培峰,2007.不同空间尺度的经济发展与城市化的相关分析[J].资源环境与发展(3):22-26.

张先亮,2015.从新型城镇化角度看市民语言能力[J].中国社会科学(3):119-126.

张翼,2011.农民工"进城落户"意愿与中国近期城镇化道路的选择[J].中国人口科学(2):14-26,111.

张莹,雷国平,周敏,等,2019.中国人口土地产业城镇化的协同演化状况[J].城市问题(1):14-22.

张雨龙,2019.哈尼族的生计转型与文化融合发展——以橡胶种植三村为例[J].广西民族大学学报(哲学社会科学版),41(5):41-48.

张占斌,2013.新型城镇化的战略意义和改革难题[J].国家行政学院学报(1):48-54.

章雨晴,郑颂承,2013.农民工城市定居意愿的代际比较——基于南京市284位农民工的调查[J].湖南农业大学学报(社会科学版),14(2):41-47.

章铮,2020.农民工"候鸟式"流动近期内难以改变[N].第一财经日报,2020-03-25(A11).

赵丽,朱永明,付梅臣,等,2012.主成分分析法和熵值法在农村居民点集约利用评价中的比较[J].农业工程学报,28(7):235-242.

赵丽娟,王立群,2011.退耕还林后续产业对农户收入和就业的影响分析——以河北省平泉县为例[J].北京林业大学学报(社会科学版),10(2):76-81.

赵爽,2018.城镇化建设与精准扶贫的双向互动[J].人民论坛(16):94-95.

赵旭,肖佳奇,段跃芳,2018.外迁安置、土地流转及水库移民生计转型[J].资源科学,40(10):1954-1965.

赵雪雁,2011.生计资本对农牧民生活满意度的影响——以甘南高原为例[J].地理研究,30(4):687-698.

赵玉,谢启阳,丁宝根,2020.中国城镇化高质量发展的综合测度与演化特征[J].区域经济评论(05):85-93.

郑海芝,2017.城镇化对中国经济增长的贡献及其实现途径[J].现代商业(15):167-168.

周建新,于玉慧,2013.橡胶种植与哈尼族生计转型探析——以西双版纳老坝荷为例[J].广西民族大学学报(哲学社会科学版),35(2):50-55.

周婧,杨庆媛,信桂新,等,2010.贫困山区农户兼业行为及其居民点用地形态——基于重庆市云阳县568户农户调查[J].地理研究,29(10):1767-1779.

周丽萍,2011.中国人口城市化质量研究[D].杭州:浙江大学.

周敏,靳朝晖,孙守相,2015.农民的城镇化意愿及利益表达——基于D县的调查研究[J].山西农业大学学报(社会科学版),14(6):591-598.

周全德,2014.新型城镇化要求提升家庭发展能力[J].中国国情国力(03):40-42.

周彤,2019.我国精准扶贫政策研究[D].南京:南京大学.

朱德全,吴忠,朱成晨,2018.职业教育精准扶贫的逻辑框架——基于农民工城镇化的视角[J].西南大学学报(社会科学版),44(1):70-76.

朱宇,林李月,2011.流动人口的流迁模式与社会保护:从"城市融入"到"社会融入"[J].地理科学,31(3):264-271.

朱玉福,伍淑花,2018.人口较少民族地区精准扶贫的成效及其经验——基于西藏边境地区南伊珞民族乡的调查[J].黑龙江民族丛刊(5):89-94.

庄苑,2019.烟台市新生代农民工融入城市的障碍与对策[D].烟台:烟台大学.

ADUD T,KUWO R,NUJK M,et al,2018. Application of livelihood vulnerability index in assessing smallholder maize farming households' vulnerability to climate change in Brong-Ahafo Region of Ghana[J]. Kasetsart Journal of Social Sciences, 39(1):22-32.

ALBA R, NEE V, 1997. Rethinking assimilation theory for a new era of immigration[J]. International Migration Review, 31 (4): 826-874.

AMARTYA S,1989. Food and freedom[J]. World Development,17(6):769-781.

BALDWIN R E,MARTIN P,2004. Agglomeration and regional growth[J]. Handbook of Regional & Urban Economics, 4(3960):2671-2711.

BALDWIN J R,BROWN W M,RIGBY D,2008. Agglomeration Economies:Microdata Panel Estimates from Canadian Manufacturing[C]. Economics Analysis Research Paper Series No. 49,Statistics Canada.

BANU N,FAZAL S,2016. Urban Fringe: Crop Cultivation as Livelihood Option [M]. Livelihood and Wellbeing in the Urban Fringe. Cham:Springer International Publishing.

BELCHER B ,MANUEL R,ACHDIAWAN R,2005. Global patterns and trends in the use and management of commercial NTFPs: Implications for livelihoods and conservation [J]. World Development, 33 (9): 1435-1452.

BERTINELLI L,ZOU B,2008. Does urbanization foster human capital accumulation? [J]. The Journal of Developing Areas(2):41.

BRUCKNER M,2011. Economic growth,size of the agricultural sector,and urbanization[J]. Journal of Urban Economics,71(1):26-36.

CAMPBELL B M,SAYER J A,FROST P,et al,2001. Assessing the performance of natural resource systems [J]. Ecology Society,5(2): 286-313.

CARNEY D,1998. Implementing a Sustainable Livelihood Approach[M]. London: Department for International Development: 52-69.

CHAMBERS R, CONWAY G, 1992. Sustainable rural livelihoods: Practical concepts for the 21st century [M]. Brighton,UK:Institute of Development Studies.

CHARSOMBUT P,1981. Labor migration from agriculture in Thailand[R]. Singapore Institute of Southeast Asian Studies Southeast Asia Population Research Awards Program May.

CHIBWANA C,FISHE R M,SHIVELY G,2012. Cropland allocation effects of agricultural input subsidies in Malawi[J]. World Development,40(1):124-133.

DE Q M,FRESNEDO C,PEYROU R,1987. The migrant woman in the country of origin[R]. International Migration/migrations Internationales/migraciones Internacionales,25.

DFID,2000. Sustainable Livelihoods Guidance Sheets[M]. London:Department for International Development: 68-125.

ELLIS F, 2000. Rural livelihoods and diversity in developing countries[M]. London:Oxford University Press: 78-90.

ELLIS F,BAHIIGWA G,2003a. Livelihoods and rural poverty reduction in Uganda[J]. World Development,31 (6):997-1013.

ELLIS F,MDOE N,2003b. Livelihoods and rural poverty reduction in Tanzania[J]. World Development,31 (8) :1367-1384.

GALLUP J L,SACKS J D,MELLINGER A,1999. Geography and economic development[J]. International Regional Science Review,22(2):179-232.

GLAVOVIC B C,BOONZAIER S,2007. Confronting coastal poverty:Building sustainable coastal livelihoods in South Africa[J]. Ocean&Coastal Management,50(12):1-23.

HARRIS J R,TODARO M P,1970. Migration,unemployment and development: a two-sector analysis[J]. The

American Economic Review,60(1):126-142.

HERBERT S,ZHANG H,et al,2001. Sociological Studies[M]. Beijing:Huaxia publishing house.

JEFFREY B,2004. Livelihoods in transition:transnational gold mining operations and local change in Cajamarca[J]. Peru. The Geographical Journal,170(1):78-91.

JOSEPH T,ISAAC L,GODWIN D, et al, 2012. Mining, conflicts and livelihood struggles in a dysfunctional policy environment: the case of Wassa West District, Ghana[J]. African Geographical Review, 31 (1): 296-307.

JULIÁN I C,DEREK S J,2020. Livelihood transitions and social wellbeing on the Atlantic Forest Coast of Brazil [J]. Maritime Studies,19 (2):63-73.

KAREN R, YOKO K, 2018. Governing livelihood and land use transitions: The role of customary tenure in southeastern Morocco[J]. Land Use Policy,78(1):91-103.

KORAH P I,NUNBOGU A M,2018. Spatio-temporal dynamics and livelihoods transformation in Wa,Ghana [J]. Land Use Policy(77):174-185.

KREY V,O'NEILL B C,RUIJVEN B V,et al,2012. Urban and rural energy use and carbon dioxide emissions in Asia[J]. Energy Economics,34(Suppl. 3):S272-S283.

LIU Z F,CHEN Q R,XIE H L,2018. Influence of the farmer's livelihood assets on livelihood strategies in the Western Mountainous Area,China[J]. Sustainability,10(3):875.

MA L J C, 2002. Urban transformation in China, 1949-2000: A review and research agenda[J]. Environment and Planning A,34(9):1545-1569.

MANDKE P, 2005. Exploring the Relationship between Tourism and Urban Poverty Reduction [R]. Queensland:International Conference On Pro Poor Tourism Mechanisms And Mainstreaming.

MCCULLOCH N, CALANDRINO M, 2003. Vulnerability and Chronic Poverty in Rural Sichuan [J]. World Development,31(3):611-28.

MENDEZ-LEMUS Y M,2012. Urban growth and transformation of the livelihoods of poor campesino households: the difficulties of making a living in the periphery of Mexico City[J]. International Development Planning Review,34(4):409-438.

MICHAEL F,2020. The role of land tenure in livelihood transitions from fishing to tourism[J]. Maritime Studies,19(1):184-194.

MUBAYA C P,MAFONGOYA P,2017. Local-level climate change adaptation decision-making and livelihoods in semi-arid areas in Zimbabwe[J]. Environment, Development and Sustainability,19(6): 2377-2403.

MUSINGUZI L,EFITRE J,ODONGKARA K,et al,2016. Fishers' perceptions of climate change,impacts on their livelihoods and adaptation strategies in environmental change hotspots: a case of Lake Wamala,Uganda [J]. Environment,Development and Sustainability,18(4):1255-1273.

NASRIN B,2012. Livelihood Transformation in the Urban Fringe[M]. LAP LAMBERT:Academic Publishing.

NORTHAM R M,1975. Urban Geography[M]. New York:John Wiley & Sons.

NORTHAM R M,1979. Urban Geography. 2nd edn[M]. New York: John Wiley & Sons. 65-67.

PANDEY R,JHAS K,ALATALOJ M,et al,2017. Sustainable livelihood framework——based indicators for assessing climate change vulnerability and adaptation for himalayan Communities[J]. Ecological Indicators (79):338-346.

PARK R,BURGESS E,2014. Introduction to the Science of Sociology[M]. Alaska: Create Space Independent Publishing Platform.

RAY M N,NORTHAM L,1979. Urban geography[M]. New York: John Willey&Sons.

RAY T,2014. Leaving the traditional livelihood: A case study on Mawallis of Sundarban[J]. International

Journal of Social Sciences,3(1):41.

RICHARD L,2012. Urbanization and the Southern United States[J]. Annual Review of Sociology,38(2): 483-506.

SAFAVI H P,2012. The Process of Urbanization and Its Implications for Tourism Sector: A Sustainability Approach: The Case of Famagusta/TRNC[D]. Famagusta: Eastern Mediterranean University: 31-55.

SCOONES I,1998. Sustainable rural livelihoods: A framework for analysis[J]. Institute of Development Studies (12):1-16.

SHEN J,2006. Understanding dual-track urbanization in post-reform China: Conceptual framework and empirical analysis[J]. Population, Space and Place,12(6): 497-516.

SIMPSON M C,2009. An integrated approach to assess the impacts of tourism on community development and sustainable livelihoods [J]. Community Development Journal,44(2):145-157.

SONG Z Y,ZHU Q L,2020. Spatio-temporal pattern and driving forces of urbanization in China's border areas [J]. Journal of Geographical Sciences,30(5):59-71.

TACOLI C,2003. The links between urban and rural development[J]. Environment & Urbanization,15(1): 3-12.

TOLOSSA D,2018. Pathways of livelihood transformation among Borana of Southern Ethiopia[J]. Eastern Africa Social Science Research Review,34(1):137-169.

WALELIGN S Z,2016. Livelihood strategies, environmental dependency and rural poverty: the case of two villages in rural Mozambique[J]. Environment, Development and Sustainability,18(2):593-613.

ZHU N,LUO X B,2006. Nonfarmactivity and rural income in equality: A case study of two provinces in China [R]. World Bank Policy Research Working Paper 3811, January.

附录:农户生计与城镇化能力调查问卷

一、农户家庭基本情况

问卷编码		姓名		性别		年龄		联系方式	
民族		宗教信仰						家庭人口数	
家庭地址			省(区)		市(县)		乡(镇)	村	组
地貌条件		交通方式			主要灾害类型		发生频度		
宅基地面积		建筑面积			层数		使用状态		
承包地总面积		经营地总面积		其中:水田　亩;旱地　亩; 林地　亩;园地　亩;其他　亩					
劳动力情况	性别	年龄	教育	职业		就业地点	外出时间		城市居住
劳动力1									
劳动力2									
劳动力3									
劳动力4									
劳动力5									

地貌:1.平原;2.丘陵;3.山区
交通方式:1.乡村公路;2.省级公路;3.高速公路;4.铁路;5.其他
灾害:1.常发;2.偶发;3.很少
使用状态:1.自住;2.出租;3.基本空置
性别:1.男;2.女
年龄:1.16～22岁;2.23～35岁;3.36～50岁;4.51～64岁;5.65岁以上
文化程度:1.文盲;2.小学;3.初中;4.高中;5.大专以上
职业类型:1.经商;2.科教文卫;3.运输;4.技工;5.保险、商场销售服务;6.建筑业;7.工厂工人;8.酒店餐饮服务;9.农业;10.零杂工
就业地点:1.本村;2.本镇;3.本县;4.本省;5.外省
城市居住:1.买房;2.单位公寓;3.单租;4.合租;5.其他(农村)

二、农户家庭生计状况

生计来源	1. 农业	2. 林业	3. 牧业	4. 渔业	5. 专项补贴	6. 扶贫救济	7. 务工	8. 经商	9. 其他
2017年收入/元									
比例/%									
近五年增减变化									
近五年(2013—2017年)家庭总收入变化情况:1. 显著增加;2. 增加;3. 无明显变化;4. 减少;5. 显著减少									
主要生计类型									
1978—1990年			1990—2012年			2013年至今			
家庭生计类型变化原因(根据重要度得分,从小到大 1~5 分): 传统生计生活压力变化(　　);家庭成员社会就业能力增强(　　);亲戚朋友的带动与帮助(　　); 社会就业机会增多(　　);政府的培训与指导(　　);其他原因(　　)。									

三、农户家庭城镇化融入情况

城镇化融入意愿	农户家庭城镇化融入意愿:1. 强烈;2. 较强烈;3. 一般;4. 不愿意;5. 完全不愿意
	城市化融入理想地:1. 乡镇街上;2. 县(市)级城区;3. 省(区)级城区;4. 其他
	以你家现状看,城镇化理想时间:1.1~2年内;2.3~5年内;3.5年以上;4. 无计划
	不愿意城镇化原因(多选):1. 家庭收入偏低;2. 城市生活成本高;3. 城市生态环境不好;4. 不能经营土地;5. 不愿离开亲朋好友
城镇化能力自我评价	根据你家目前现状,请如实给以下因素打分(从小到大分别记1~5分):1. 城市可持续生计能力(　　);2. 家庭资产状况(　　);3. 文化适应性(　　);4. 国家政策支持强度(　　);5. 融入城市门槛的高低(　　);6. 老家财产处置问题(　　);7. 城市亲朋好友资源(　　);8. 其他(　　)
影响入城决策因素的重要度	请根据影响因素的重要性打分(从小到大分别记1~5分):1. 城市可持续生计能力(　　);2. 家庭资产状况(　　);3. 文化适应性(　　);4. 国家政策支持强度(　　);5. 融入城市门槛的高低(　　);6. 老家财产处置问题(　　);7. 城市亲朋好友资源(　　);8. 其他1:_____(　　);9. 其他2:_____(　　)
城镇化现状	城市化融入现状评价:已有(　　)人城市化了;　　城市化时间:(　　)年。
	城市化融入途径:1. 家庭生计方式转型;2. 子女上大学入城;3. 亲朋帮助;4. 生态移民或精准扶贫等项目安置;5. 其他
阻碍你家城镇化能力因素得分(阻碍越大,得分越高)	根据你家目前现状,请如实给以下因素打分(从小到大分别记1~5分) 1. 生计问题(　　);2. 教育问题(　　);3. 生活习惯与宗教信仰(　　);4. 恋乡情结(　　);5. 政策因素(　　) A. 政策因素:1. 落户政策(　　);2. 子女入学(　　);3. 社会保险(　　);4. 民族政策(　　);5. 其他(　　) B. 经济因素:1. 城市房价(　　);2. 家庭经济基础(　　);3. 社会融资难易(　　);4. 其他(　　) C. 民族因素:1. 城市对少数民族的接纳度(　　);2. 宗教信仰得到尊重(　　);3. 地方语言文化生活习俗适应性(　　);4. 其他(　　) D. 老家因素:1. 宅基地问题(　　);2. 农地问题(　　);3. 乡村情结(　　) E. 个人因素:1. 可持续生计能力(　　);2. 社会关系能力(　　);3. 其他(　　)

四、精准扶贫助力农户生计转型问题

本区 扶贫类型	1. 产业扶贫;2. 异地搬迁;3. 生态补偿(如退耕还林);4. 发展教育(教育经费、招生政策倾斜); 5. 社会保障倾斜
你对扶贫的 评价与期望	你对扶贫的总体评价:1. 很好;2. 较好;3. 一般;4. 不好;5. 很不好
	下列扶贫工作对你家生计转型的作用大小(从小到大分别记1～5分) 1. 产业扶贫( );2. 异地搬迁( );3. 生态补偿( );4. 教育扶贫( );5. 社会保障倾斜( );6. 经济适用房、廉租房工程( );7. 其他1:_____( );8. 其他2:_____( )
	你最希望得到的扶贫方式: